韓国併合

神々の争いに敗れた「日本的精神」

本山美彦

御茶の水書房

はしがき

危機は、これまで秘密にされてきた真実を暴く。事態が深刻になる前から、多くの欠陥は見えていたはずである。二〇一一年三月一一日の発生から日々深刻さの度合いを増している福島原発の事故にしろ、大震災・大津波にしろ、危機が発現するまでには、十分すぎるほどの警告があった。しかし、ほとんどの人々は、原発であれ、防潮堤であれ、構築物の安全性を強調する理論に信頼を置いていた。その理論が、素人には分からない神秘的なものであればあるほど、人々は、その理論が示す処方を正しいものと思い込んできた。いや、思い込まされてきた。

しかし、実際に大事故が起こってみると、深遠な理論がまったく役に立たないこと、しかも、安全性を監視してくれていたはずの国家機構が、業界と癒着していて、果たすべき役割をほとんど実行していなかったことを、人々は否応なく思い知らされた。構築物の一部だけが損傷されているにすぎないとの業界や監視機関の言い分を信用している間に、システムそのものが破壊してしまったことに人々は震え上がった。そして、危機が生じる度に経験してきた忌まわしい事態、つまり、政府内部での分裂という事態に人々の心が萎えた。社会的なパニックは、この過程から生じる。過去のあらゆる危機が教えてくれるように、事故を収拾する対策が遅れれば遅れるほど、危機は深刻化し、長期化する。

安全神話は、過去の通常の、ありふれたリスクを理論の中に取り込んだだけのものであり、滅多に起こらないが、起こってしまえばシステムそのものを破壊してしまう劇的なリスクを、例外的なものとして排除したことから作り出されたものでしかなかった。

一九八〇年代に入って、政府は公的な介入は正しいことではないとして、できるかぎり業界への介入を控えてきた。介入のなさが業者をしゃにむに儲け口に殺到させた。そして、介入を担うはずの役人が業者を最大の後ろ盾にするようになった。また、理論構築の責任を担うべき学者までがこの構図にどっぷりとはめ込まれていた。

一九九三〜九九年に「国際原子力機関」（ＩＡＥＡ）の事務次長を務めたスイスの原子力工学専門家のブルーノ・ペロード（Bruno Pellaud）が、産経新聞のインタビューで、「福島原発事故は、東電が招いた人災である」と切り捨てた（『産經新聞』二〇一一年六月一二日付三面）。福島第一原発を氏は弾劾した。

「東電は、少なくとも二〇年前に電源や水源の多様化、原子炉格納容器と建屋（たてや）の強化、水素爆発を防ぐための水素再結合器の設置、などを助言されていたのに、耳を貸さなかった」、「事故後の対応より事故前に東電が対策を怠ってきたことが深刻だ」。

福島第一原発の原子炉は、ＧＥ製の沸騰型原子炉マーク一型であったが、一九七〇年代から、この型の原子炉は、水素ガス爆発の危険性が高いとの見解が出されていたと氏は指摘した。スイスもこの型の原子炉を採用していたが、当時、スイスで原発コンサルタントをしていた同氏の提言もあって、格納容器を二重にするなど強度不足を補ったという。氏は、一九九二年に、東電に対して上記のことと、排気口に放射性物質を吸収するフィルターの設置を進言した。

しかし、東電は、「ＧＥが何も言ってこないので、マーク一型を改良する必要はない」との姿勢であった。東電の、この頑な姿勢は、ペロード氏がＩＡＥＡの事務次長になってからも変わらなかった。

二〇〇七年には、ＩＡＥＡの会合で、福島原発の地震・津波対策が十分ではないと指摘され、その席上で、東電は

「自然災害対策を強化する」と約束した。

津波対策としては、溝を設けて送電線をそこに埋め込むという作業などが含まれるはずであった。しかし、東日本大震災で露呈したことは、東電がこのような初歩的な措置すら施していないという事実であった。既設の送電線がなかったので、東電は、震災後、慌てて臨時の送電線を引く工事をした。この工事に一週間以上も要したのである。その間、原子炉は致命的な損傷を被った。氏は、それは「理解できないことである」と断じた。

「チェルノブイリ原発事故はソ連型事故だったが、福島原発事故は世界に目を向けなかった東電の尊大さが招いた東電型事故だ」と氏は言い切ったのである。

危機が深刻になればなるほど、事故の情報は歪曲される。例えば、一九八六年四月のチェルノブイリ原発事故。事故の真の原因は原子炉そのものの構造的欠陥であったが、西側諸国は反原発運動の激化を恐れて、運転員の規則違反行動が事故の原因であるとしたソ連政府側の発表を黙って受け入れた。事故の真因は隠蔽され、歪曲されたのである。それは、客観的事実の検証とともに、作業に携わった当事者たちの意識を分析することの重要性を示している。

岩手県宮古市姉吉（あねよし）の海抜六〇メートルの小高い丘に津波の石碑がある。そこには、「高き住居は児孫の和楽、想え惨禍の大津浪、此処（ここ）より下に家を建てるな」と刻まれている。一八九六年の「明治三陸地震」と一九三三年の「昭和三陸地震」で、姉吉地区は激しい津波被害に遭った。「昭和三陸地震」では、海抜約四〇メートル近くまで押し寄せた大津波により、地区の生存者はわずか四人だけであった。その生存者たちが、津波到達地点より、さらに二〇メートル高い場所に石碑を建立した（http://miharablog.seesaa.net/article/194131123.html）。ちなみに、宮沢賢治も一九三三年の津波を経験している。「被害は津波によるもの最も多く海岸は実に悲惨です」と同年三月、宛先不明（詩人・大木実宛？）の葉書の下書きに記している（宮沢賢治全集』ちくま文庫、第九巻、五七三ページ）。この石碑の戒めはほとんどの日本人の脳裏からは消え去ってしまっていた。

さて、本書のテーマである「日本的精神」について、災害との関連で説明しておきたい。「危機」を理由に「民族の一体化」を声高に示した戦前の集団心理を、私は「日本的精神」と表現したい。「危機」との関わりで「日本的精神」を褒めそやすことは、昔からナショナリストたちによって多用されてきたものである。今回の大災害についての渡辺利夫の次の寄稿文はその典型例にある。

「人間は安寧な自然の中で生成したのではない。私どもは過酷な自然の中に遅れて生まれ来たる者なのである。天変地異によって、万が一、民族の半分が消滅してしまったとしても、残りの半分は自然の冷酷な仕打ちを怨（うら）みながら、しかし、生き存（ながら）えて次の世代に日本という存在を継いでいかなければならない。苦境に陥ったときほど生きて在ることをより鮮やかに確認し、生命力を漲（みなぎ）らせる民族の連綿たるを証さねばならない。強靱なる民族とはそういうものなのだろう。日露戦争の戦端が開かれたときの明治大帝の、広く知られた御製にこうある。

しきしまの　やまとこころの　をゝしさは　ことある時ぞ　あらわれにける

個々の生命体は必ず滅する。しかし死せる者の肉体と精神は遺伝子を通じて次の世代に再生し、永遠なる生命が継承されていく。その個々の生命体がすなわち民族である」（渡辺利夫「三月一一日を〈国民鎮魂の日〉に」、『産經新聞』二〇一一年六月一〇日付、第一三面）。

渡辺は、〈危機こそが民族結集の好機である〉と理解している。〈日本民族は、危機を幾度も乗り越えた経験のある、雄々しい遺伝子の集合体である。危機発生に際して、日本民族は結集しなければならない〉。〈危機は自然だけでなく、国際関係にもある。その中で、「民族」が生き延びるためにも強力な「やまと心」を日本は持たなくてはならない〉。

渡辺の主張はこのようにまとめることができるだろう。

　渡辺のこの主張は、戦前の「日本的精神」と重なる。「日本的精神」なるものは、つねに新たな高揚の口実を探してきた。

　その傾向は、第二次世界大戦の敗戦とともに消え去ったわけではない。中国脅威論、朝鮮共和国(北朝鮮)敵視論が、「民族」意識高揚を狙って声高に叫ばれる。脅威には、同盟国との連携が必要であるとされる。「日本的精神」高揚の手法は、戦前といささかかも変わってはいない。同盟国の相手が変化しただけである。

　韓国併合一〇〇年の二〇一〇年とその翌年の二〇一一年、日本は朝鮮半島の文化や社会を破壊したのではなく積極的に現地に貢献していたという説が臆面もなく流布されるようになった。〈鉄道を敷き、鉱工業を興し、学校を建て、朝鮮の近代化に貢献した。巨大な水豊ダム建設によって、大規模な発電、巨大コンビナートを発展させた。鉄鉱石鉱山、炭鉱なども開発した。朝鮮語を奪ったどころか、朝鮮語の教科は一九三八年までは必修、一九四一年までは任意科目にした。学校では、日本語の唱歌と並んでハングルによる日本の唱歌の翻訳と朝鮮語の歌も唱歌として採用した。ハングルを普及させたのは朝鮮総督府の貢献である〉(藤岡信勝「正論」、『産經新聞』二〇一〇年八月一八日付、第一三面)との議論がその典型である。さらに、大東亜戦争擁護論が、韓国併合一〇〇周年の二〇一〇年から執拗に語られるようになった。自分たちは正しかった。米軍に敗れただけであると嘯く。そこには、日本人が東アジア大陸から締め出されてしまったことへの自省心のかけらも見られない。

　何百万人の戦死者を前にして責任を取って自決した軍部指導者は、ただ一人であった。責任の所在がつねにあいまいにされ、自らとは異質な存在を尊敬の念でもって抱え込む姿勢がなく、自らのみを中心に置く「無責任な主我主義・集団和同主義」を、私は、「日本的精神」と表現したい。この「日本的精神」が東アジアの民衆から拒絶されてきたし、いまもそうなのである。

本書は、この点を、日本型宗教の東アジア布教の挫折という事例を踏まえて検証したものである。

本書は、赤いチャンチャンコの次に紫の座布団に座る年齢になった自己を顧みつつ、普遍的で清い精神が私たちに宿ることを願って書き下ろしたものである。

日本社会は沈没してしまうのではないかという不安にさいなまれるこの非常時に、あえて本書の出版を引き受けて下さった御茶の水書房の橋本盛作・社長に心より感謝を申し上げる。

二〇一一年六月一一日　東日本大地震から三か月経った日に

本山美彦

韓国併合　目次

目次

韓国併合

――神々の争いに敗れた「日本的精神」――

序章　韓国併合一〇〇周年

はじめに

二〇一〇年は、日本による韓国併合一〇〇周年に当たる年であった。日清、日露という二つの戦争を経て、韓国を日本の植民地として組み込んだ韓国併合こそは、その後、日中戦争、太平洋戦争に向かって、日本が破滅の道をまっしぐらに走って行くことになった原点である。日本人が、当時持っていた「日本的精神」とは一体何だったのかと自省しなければならない非常に大事な節目が二〇一〇年である。この大事な二〇一〇年を挟み、三年にわたって、司馬遼太郎の「坂の上の雲」が、ＮＨＫの日曜日のゴールデン・アワーで放映されることになった。日本に侵略された地域の人々の憤激を買ってまで、この時期に、韓国を巡る二つの戦争を遂行していた当事者たちを賛美する青春ドラマを放映するＮＨＫの狙いがどこにあるのかは不明だが、これでまた、日本には、過去の戦争を聖戦であったとする宣伝が吹きまくることになるのだろう。

「このながい物語は、その日本史上類のない幸福な楽天家たちの物語である」、「楽天家たちは、そのような時代人としての体質で、前をのみ見つめながらあるく。のぼってゆく坂の上の青い天にもし一朶（いちだ）の白い雲がかがやいているとすれば、それのみをみつめて坂をのぼってゆくであろう」（司馬［二〇〇四］、第一巻「あとがき」、四四八〜四九ページ)。

言葉の使い方に統一がないことはまだ許せる。許せないのは、史実であると読者に広言しながら、そのじつ、小説の架空の世界を展開するという詐欺である。

「この作品は、小説であるかどうか、じつに疑わしい。ひとつは事実に拘束されることが百パーセントにちかいからであり、この作品の書き手——私のことだ——はどうにも小説にならない主題を選んでしまっている」(司馬[二〇〇四]、第四巻「あとがき」、四九九ページ)。

この文章を読めば、私たちは、『坂の上の雲』が、史実に忠実に書かれた歴史物であると、素直に信じてしまう。実際、史実とは何かということを確定することは難しい。

沖縄の普天間基地撤去運動を例に引こう。二〇一〇年、沖縄基地反対運動が日本の全国で盛り上がった。逆の基地必要論も右翼的知識人から盛んに流された。つまり、二つの異なる論調が二〇一〇年の日本には存在した。ところが、将来、例えば、二〇三〇年になって、過ぎ去った二〇一〇年前後の沖縄の歴史を書く際に、ある作家が、マスコミの基地必要論のみを取り上げげて、基地反対運動を無視し、あの時代には基地必要論が沖縄県民の心情であったという内容の小説を発表したとしよう。二〇一〇年時点で、確かに基地必要論もあったのだから、作家が、嘘の叙述を行なったわけではない。しかし、同時に存在していた基地反対運動を黙殺して、二〇一〇年を、基地必要論が支配していた時代であったと決めつけてしまえば、それはれっきとした詐欺である。司馬は堂々とこの種の詐欺を働いた。

本当に、日本には、日清、日露戦争に踏み切る以外の選択肢がなかったのかを、真摯に自省してみることが、いまの日本には、とりわけ必要なことである。「あの時代はよかった」ではなく、「あの時代、東アジアを日本が地獄に叩き込んだ。どうすれば贖罪ができるのか」という自省が日本には求められているのに、その日本で「坂の上の雲」賞賛のオンパレードがあるとは、何たることか。

遠くから日本を眺めていたネルーの次の言葉が、当時のアジア人の偽らざる心境を伝えている。

「(日清戦争の日本の勝利によって)朝鮮の独立は宣言されたが、これは日本の支配をごまかすヴェールにすぎなかった」(ネルー[一九九六]、一七〇ページ)。

「日本のロシアにたいする勝利がどれほどアジアの諸国民をよろこばせ、こおどりさせたかを、われわれはみた。ところが、その直後の成果は、少数の侵略的帝国主義諸国のグループに、もう一国をつけくわえたというにすぎなかった。そのにがい結果を、まず最初になめたのは、朝鮮であった。日本の勃興は、朝鮮の没落を意味した」(同、一八一ページ)。

当時の日本にも、朝鮮にも、足を踏み入れたことのないネルーですら、このように事態を正しく見抜いていた。ネルーの透徹した眼とは対照的に、今の日本の保守的イデオロギーの持ち主たちは、朝鮮人民に与えた塗炭の苦しみへの贖罪の気持ちを一片も持ち合わせていない。持ち合わせていないどころか、罪は朝鮮側にあるとまで言い切る。つまり、清国とロシアに挟まれた朝鮮の地理的空間が罪であるとする司馬の小説が、多くの保守的イデオロギーの持ち主たちの心を捕えている。朝鮮を他の強国に取られてしまえば、日本は自国を防衛するのが困難になっていたとの主張を展開した『坂の上の雲』関連の書籍が書店で平積みされている。

一　NHKの司馬遼太郎特番に呼応する風潮

司馬を使ったNHKの狙いは成功している。「日本的なもの」を復古させ、その上で軍事力強化による「安全保障」

という使い古された国民世論形成の仕掛けが、保守を標榜するジャーナリズムで大規模に作られているからである。

例えば、佐伯啓思（さえき・けいし）は言う。要約する（〈　〉内）。

〈坂本龍馬や秋山好古（あきやま・よしふる）・真之（さねゆき）兄弟を扱ったNHK大河ドラマは、行き詰まった幕末に、「めずらしく大きな構想力と行動力をもった若い下級武士たちが現れ、『国の将来』を憂えるその純粋な行動力が、旧態依然たる支配体制を覆して新生日本をうみだした。それに続く先見の明をもった明治の指導者たちは、アジアの植民地化をもくろむ列強の中にあって、日本を列強と並ぶ一等国にまでもちあげた」、「明治の近代国家形成は、世界的視野と健全な愛国心をもったすぐれた政治指導者によってなされ、近代日本の栄光の時代であったが、昭和に入って、軍部の台頭と過剰な愛国心によって日本は道を誤った」という「ものがたり」である〉。

佐伯はさらに言う。

〈（佐伯自身は）「この『ものがたり』を認めるのにやぶさかではない」、しかし、事実は、「列強と肩を並べれば」、「列強との摩擦を引き起こす」、「いずれは列強との戦争になる」という事態を出来させた。急激な「西欧模倣型近代化の帰結は」、「列強との強い軋轢を生み出し、他方では『日本的なもの』の深い喪失感を生み出していった。その両者が相まって、強烈なナショナリズムへと行き着くのである」、「われわれは、国の方向が見えなくなり、自信喪失に陥ると、しばしばこの『ものがたり』を思い起こそうとする」、「それはそれでいいのだが」、しかし、「（それだけでは）困る。西欧型の近代化と、『日本的なもの』の喪失というテーマは、今日でも決して消失したわけではないからである」〉。

佐伯の文章は、慎重に言葉を選び、「あの若くて元気で希望に燃えた日本を思いださせてくれる」単純さを戒め、戦争という歴史の冷徹な「論理」を強調する。「複雑」思考を装いながら、しかし、そのじつ、佐伯の叙述は、「日本的な」復古への必要性を訴えるという構図になっている（佐伯［二〇一〇］、二面）。

このような構図の文章は、軍事力強化という「冷徹な論理」を復古的思潮状況の創出によって人々に意識させようとする保守的ジャーナリズムが好んで使用する常套手段である。

軍事力強化の冷徹な論理を訴える渡辺利夫の文章も、上の文章と同じ日に発表された（渡辺［二〇一〇］、九面）。要約する（〈　〉内）。

〈「（政治指導者に求められるのは）平時にあってはきたるべき危機を想像し、危機が現実のものとなった場合にはピンポイントの判断に誤りなきを期して恒常的な知的錬磨を怠らざる士たること、これである」、「開国・維新から日清・日露戦争にいたる緊迫の東アジア地政学の中に身をおいたあまた指導者のうち、位を極めたものはすべてがこの資質において傑出した人物であった。象徴的な政治家が陸奥宗光である」、「三国干渉という煮え湯を飲まされるまでの、国家の存亡を賭した外交過程を凛たる漢語調で記した名著が『蹇蹇録』である」、「三国干渉」が、「軍事力の相違」の結果であることを「国民にめざめさせ、『臥薪嘗胆』の時代を経て日露戦争へと日本を向かわしめたのも往事の政治指導者の決断であった」〉。

このように、「進むを得べき地に進（む）」という陸奥の言葉を渡辺は非常に高く評価する。その上で、緊迫したアジアの軍事情勢下では、「『進むを得べき地』は」、「世界最大の覇権国家米国との同盟以外にはあり得ない」と断じ、「日米同盟は」、「有事に備えるための地域公共財でもある。日米同盟なき東アジアはいずれ中国の地域覇権システムの中に身をおくことを余儀なくされよう」と渡辺は断定する。

佐伯の屈折した文章とは対照的な単刀直入的な渡辺の文章は、佐伯よりも明確に、冷徹な軍事力の必要性を打ち出している。

陸奥宗光（むつ・むねみつ）の『蹇蹇録』（けんけんろく）は、「心身を労し、全力を尽して君主に仕える」という意味の『易経』にある「蹇蹇匪躬」（けんけんひきゅう）から採られたものであることと、『蹇蹇録』には、次の文言があることを付言しておく。

「この際如何にしても日清の間に一衝突を促すの得策たるべきを感じたるが故に、（一八九四年）七月一二日、大鳥公使に向かい北京における英国の仲裁は已に失敗したり、今は断然たる処置を施すの必要あり、いやしくも外国より甚だしき非難を招かざる限り何らの口実を用ゆるも差支えなし、速やかに実際の運動を始むべしと電訓せり」（陸奥［一九八三］、七三ページ）。

これが、「資質において傑出した人物」の文章である。

事実関係を説明しておこう。一八七五年、明治政府は江華島（Kanghwa-do）に艦砲射撃を行なった。江華島事件である。じつは、江華島に対しては、日本よりも米国が先に攻撃していた。米国は、一八七一年に同島に艦砲攻撃を行なっていたのである。理由は不明だが、この時に、日本は長崎港を米国側に艦隊の出撃基地として使わせた。米国艦隊は朝鮮の防衛線を破ることができずに撤退したのであるが、その四年後、日本が同島を攻撃している。その際、米国側から同島周辺の海図の提供を受けた。明治政府は、国交がなかった国に何の予告もなく近づき、朝鮮側から砲撃されたので応戦したと説明してきたが、それは挑発以外の何ものでもなかった。

この事件のあった翌年の一八七六年、「日朝修好条規」が結ばれた。それは、朝鮮を開国させる不平等条約であった。この条約は、当時の欧米が日本に押しつけていた条約よりも、はるかに朝鮮側に対して不平等なものであった。日本と欧米との不平等条約では、関税自主権がなかったが、それでも、日本側は関税を外国からの輸入品にかけることができていた。しかし、日朝不平等条約は、関税をかけること自体を、朝鮮に許さなかったのである（高井［二〇〇九］、七〜八ページ)。

それに反発した朝鮮軍は、一八八二年(壬午)に反日のクーデターを起こした。「壬午(Im-O)事変」である。これは、朝鮮の兵士と市民が、日本の公使館を襲撃した事件である。日本の業者が朝鮮米を買い占めて日本に輸出していたために米価が暴騰したことから、日本人への怒りが爆発したものと言われている。日本は、軍隊を派遣して乱を鎮圧し、その後、引き揚げたが、清は、守旧派と言われる閔氏(Min-shi)政権の要請に応じて、国内の治安を維持すべく朝鮮に軍を駐在させた。

当時、清と朝鮮との関係は、朝貢体制であった。朝貢体制というのは、中国の皇帝を頂点とし、他国は、中国に頭を下げる宗属国という地位に甘んじるという関係を指す。しかし、こうした上下関係はあくまでも建て前であって、実際には、他国は独立を保ち、清からの指令を受けていなかった。しかし、壬午事変が、事情を一変させた。清は朝鮮の政治に介入するようになったのである。

これに反発したのが金玉均(Gim Okgyun)などのいわゆる開化派であった。彼らは欧米列強の力を借りて朝鮮を近代化させようとしていた一派であった。

この動きに日本が乗った。日本は軍を派遣して、開化派のクーデターを支持し、閔氏政権を打倒しようとした。これが、一八八四年の「甲申(Gap-Shin)政変」である。日本軍は、朝鮮王宮の景福宮(Gyeongbokgung)を警備したが、清の袁世凱(Yuan Shikai)軍の介入によって、日本軍は撤退し、クーデターは失敗した。一八八五年、日清間で天津(Tianjin)条約が締結され、日清双方とも軍事顧問の派遣中止、軍隊駐留の禁止、しかし、止むを得ず朝鮮に派兵する場合の事前通告義務、などが取り決められた(高井[二〇〇九]、九ページ)。

一八九四年(甲午)二月、「甲午(Gap-O)農民戦争」が発生した。それは、民衆に根づいた新しい考え方(東学)に傾斜していた農民反乱であった。東学（Tonghak）とは、天を尊敬し、自らの心の中に天が存在するという朝鮮の古来からの思想を奉じる考え方であり、この思想に共鳴した民衆は、西欧と日本を排斥する運動に参加するようになって行った。

農民軍は、一八九四年五月三一日、全羅道（Jeolla-do）全域を占領した。追いつめられた朝鮮政府は、清に応援を依頼した。これに対して、明治政府は、「公使館と日本人居留民保護」を口実に出兵し、首都・漢城（Hanson、現在のソウル）を占領した（高井［二〇〇九］、一四ページ）。

陸奥の日記にある一八九四年七月一二日の指示は、この甲午農民戦争と関連したものである。明治政府は、天津条約を盾に、止むを得ない状況が起こったとして出兵したのである。日本軍の出兵は一八九四年六月二日に閣議決定された。反乱軍は、日清両国の介入におののき、朝鮮政府と和解した。これで、日本は軍を朝鮮に駐留させる口実がなくなった。

朝鮮政府は、日清両軍の撤兵を要請したものの、両軍とも受け入れなかった。一八九四年六月一五日、伊藤博文（いとう・ひろぶみ）内閣は、朝鮮の内政改革を日清共同で進める方針であるが、それを清が拒否すれば日本単独で指導するというシナリオを閣議決定させた。

六月二一日、清が日本の提案を拒否すると、伊藤内閣と参謀本部・海軍令部は、合同会議で、いったん、中止していた日本軍の残部の輸送再開を決定した。英国が調停案を提示したが、七月一一日、伊藤内閣は、清との国交断絶を表明した。こうして、日清開戦の危機が一気に高まった。この時、英国は、日本の側に立ち、七月一六日、「日英通商航海条約」に調印した（ただし、この条約が公表されたのは、六週間後の一八九四年八月二七日）。

陸奥外相による上記の指示は、このように緊迫した時期に出されたのである。それは、開戦の口実を探せという、とんでもない命令であった。陸奥の指示を受けた大鳥圭介（おおとり・けいすけ）公使は即座に行動した。七月二〇日、大鳥公使は、朝鮮政府に対し、朝鮮の「自主独立を侵害」する清軍の撤退と清朝間の「宗主・藩属関係」の解消について、三日以内に日本に回答するように申し入れた。七月二二日夜、朝鮮政府は、「改革は自主的に行なう」、「乱が治まったので日清両軍には撤兵してもらう」という当然の内容の回答を大鳥公使に渡した。

日本軍はただちに行動を起こした。七月二三日午前二時、日本軍の二個大隊が漢城の電信線を切断し、朝鮮王宮の景福宮を占領した。そして、政府内の閔氏一族を追放した上で、閔氏によって追放させられていた興宣大院君（Heungseon Daewongun）を担ぎ出して新政権を樹立した。強引に作った朝鮮の新政権に日本に清軍撃退を要請させるためであった。日清両軍が朝鮮内で衝突した直後の八月一日、日清両国ともに宣戦布告をした（藤村［一九七三］、参照）。陸奥は、狙い通りに、口実を設けて、清を叩くための戦争を起こすことに成功した。

日清戦争によって、朝鮮から清の勢力を排除した日本であったが、朝鮮の単独支配には成功しなかった。閔氏一族がロシアの支援を受けて朝鮮で復権してきたからである。それを阻止すべく、王妃の閔妃（Min-pi）虐殺事件が起こり（一八九五年一〇月）、親日政権ができた。親露、親日派による血みどろの内紛の後、一八九七年に、それまでの国王・高宗（Kojong）を皇帝とする新政権が成立し、「大韓帝国」という国号になった。そして、新政権は、一九〇〇年、ロシア人顧問を退去させ、日本に対して新生韓国の中立維持の交渉を開始した。ロシアも一九〇一年に韓国の中立を保証する協議を日本に提起した。しかし、日本はロシアの申し入れを拒否した。日本が、新たに国号を改称した韓国の単独支配を狙っていたからであることは言うまでもない。

一九〇二年、「日英同盟」（Anglo-Japanese Alliance）が成立する。英国からの全面的支援を受けることになった日本は、その翌年の一九〇三年、日露交渉で強硬姿勢を取った。ロシアに対して、韓国における日本の権益確保については、いっさい、文句を言わさず、満州において、多少の譲歩をするというシナリオであった。交渉が決裂すれば、対露開戦に踏み切る覚悟を、日本政府は決めていたのであろう。事実、一九〇四年二月、日本は交渉を一方的に打ち切り、ロシアに宣戦布告をした（一九〇四年二月六日）。

対露戦争に踏み切る一方で、日本は韓国に軍を進めた。日露戦争に対して、ただちに局外中立を宣言した韓国に圧力をかけるべく、一九〇四年二月二三日に「日韓議定書」を締結した。さらに、八月、「第一次日韓協約」を強要して韓国の内政・外交のほとんどを、日本が掌握することになった。日露戦争を遂行する過程で、日本は韓国の植民地化を着々と進めていたのである。さらに日本は、抗日闘争の強かった地区に対して、軍事的占領を行なった。それだけではない。日本は、日露戦争中、韓国の各地で労役・物資の調達、土地の収容なども行なったのである。

日露戦争後のポーツマス講和条約（一九〇五年九月五日）によって、日本は、ロシアに、日本による韓国の単独支配を認めさせた。そして、一九〇五年一一月一七日、「第二次日韓協約」によって、韓国を完全に保護国化してしまった。保護国とは、国際法上、国家主権をなくした国のことである。ただし、保護国にしてしまうには、公使などを交換し合って、韓国と外交関係を持つ諸国の同意を得る必要がある。日本は、米国のフィリピン領有、英国のインド領有を認める代わりに、韓国の保護国化を英米に認めさせたのである（高井［二〇〇九］、一二ページ）。

「第二次日韓協約」は、軍事的威嚇下で強要されたもので、無効であると韓国皇帝の高宗が諸外国に働きかけていたことを理由に、一九〇七年、日本は、高宗の廃帝、韓国軍隊の解散を強行した。当然、韓国人による抗日闘争は激化した。一九〇七年から韓国併合が行なわれる一九一〇年までのわずか三年間で、韓国人の義兵と日本軍との衝突回数は、二八〇〇回を超えたという（高井［二〇〇九］、一三ページ、韓国併合までの経緯については、本書第二章、注（1）を参照されたし）。

二　時代と闘った二人の事例

保守主義的イデオロギーは、古今東西を問わず、悠久の古代の神話によって民族的アイデンティティーを鼓舞するものである。明治政府は、古代の神武天皇神話に復古しようとするイデオロギーを国是とした。それは、朝鮮を領有したいとの欲望が生み出したものであった。

その欲望は、紙幣にも表現されている。明治政府は、一八八一年に、一円の改造政府紙幣[2]を発行した。人物像が印刷された紙幣としては、日本で最初のものであった。その人物とは、神話の神功（じんぐう）皇后であった。この人は、仲哀（ちゅうあい）天皇の皇后で、応神（おうじん）天皇の母である。『日本書紀』では気長足姫尊（おきながたらしひめのみこと）、『古事記』では息長帯比売命（おきながたらしひめのみこと）・大帯比売命（おおたらしひめのみこと）と記されている。神功皇后は、神のお告げによって、新羅（Silla）、高句麗（Goguryeo）、百済（Baekje）という三国を服従させたという神話上の女性英雄である。ちなみに、私が住む、御影石で名高い御影（みかげ）という地区名は、神功皇后が、遠征の帰途、立ち寄った泉（沢の井）に自分の姿（み影）を写して髪を整えた場所という神話から採られたものである。現在、泉の石碑から「三韓征伐」という字は削り落とされている。

国家権力の象徴に朝鮮征伐の神話を表象化した点に、明治政府による朝鮮領有意思が見て取れる（中塚［二〇〇九］、一九二ページ）。

明治の初めにも、当時の日本にあった征韓論を批判する人がいた。中でも特筆すべきは、田中正中（たなか・せいちゅう）である。じつに、一八七五年という早い時期に、彼は、征韓論批判を展開していた。ただし、彼の論文を見出した中塚明ですら、彼が、どんな人物なのか不明であると書いている（中塚［二〇〇九］、一五九ページ）。

それは、佐田白茅（さだ・はくぼう）という外交官が一八七五年に編集した『征韓評論』に収録されている。佐田自身は、征韓論の西郷隆盛に心酔していて、一八七一年に官吏を辞任した人である。当然、『征韓評論』は圧倒的に征韓論で占められていたのに、田中はそこに批判論文を寄稿したのである（『征韓評論』は、明治文化研究会編［一九二九］に収録されている）。

以下、田中の主張を要約する（〈　〉内）。

〈①朝鮮領有は、ロシアの進出を阻止するためであるという主張は、「戦」（いくさ）の無知から出たものである。朝鮮の攻略はできても、朝鮮人の心を掴むことはできない。

②朝鮮の占領に成功しても、それはかえって周囲に反日という敵を作り出すだけである。

③朝鮮を占領しても、ロシアの進出を防ぐことはできない。

④占領によって朝鮮に日本の文明を押しつけようとしても、何も問題を起こさない弱小国を攻略するのは不義である。

⑤ことさら朝鮮でことを起こせば、人命が失われるし、費用もかかり、兵糧もいる。費やされる財貨のことごとくは抜け目のない外国商人によってかすめ取られるであろう。

⑥心根の美しい朝鮮人を何故ひどい目にあわせる必要があるのか〉（中塚［二〇〇九］、一五九～六二ページより引用）。

このように成熟した思想の持ち主が、当時にもいたということは、軍事力による他国への威嚇を嫌悪する多くの現代日本人にとっての大きな救いである。

時代が下った一九一九年に、当時、朝鮮に在留していた日本人に対して、激越な批判を展開したもう一人の日本人を紹介しよう。

日本基督教会に属する全羅北道（Jeollabuk-do）群山（Gunsan）教会に鈴木高志（すずき・たかし）という牧師がいた。一九一九年三月一日の朝鮮における三・一独立運動直後の五月、彼は、日本基督教会機関誌『福音新報』（一九一九年五月八・一五日）に以下のような日本人批判を寄稿している。これも田中論文に通じる良識ある考え方で、今日の私たちにも感動を与える文である。

鈴木論文は、長い格調高い旧文体ではあるが、現代的には読みにくいので、平たく要約させていただく。タイトルは「朝鮮の事変（独立運動）について」である（〈　〉内）。

〈暴動は鎮圧できるであろう。しかし、鎮圧できないのが、朝鮮人の精神、つまり、彼らの排日思想である。排日思想という彼らの感情は根深い。

そうした感情が生まれたのには、いろいろな要因がある。遠因としては、朝鮮人の対日軽蔑、倭寇への憎悪、豊臣秀吉への怒りがある。近因としては、併合への反感、日本の独善的（主我的）帝国主義への反発、政治的不満、経済的不安、社会的差別への反感、日本人の道徳のなさへの反感、などが考えられる。

しかし、もっとも大きな要因は日本の主我的帝国主義への反発である。根本には日本の国是に対する反発がある。これは、朝鮮だけの反発ではない。中国、米国、豪州でも同じである。世界に存在している排日思想は、日本の主我的帝国主義が生み出したものである。それは日本の帝国主義が生み出している影である。影を憎む前に、先づ自身を省みる必要がある。「国威を海外に輝かす」、「大いに版図を弘める」、「世界を統一する」とかが日本の理想とされ、それを主義として進んできた結果が、隣近所をすべて排日にしてしまって、日本の八方塞がりを招いている。

朝鮮人も人間である。国民的自負心もあり国家的愛着心もある。ところが、日本人は、愛国心を日本人のみの専売特許のように思い込んでいる。「日本主義」を謳って、日本人は、傍若無人に振る舞ってきた。そうするかぎり、日本に対する彼らの反感は止むはずはない。私たちは、このような日本主義的精神から擺脱（ひだつ、注・脱すること）して、「自分を愛するように隣人を愛する」という愛の道徳に立たねば、東洋での位置を確保できなくなるであろう。ところが、日本の学校では、倭寇、征韓の役の武勇伝が、年少者たちの血を沸かす題目になっている。朝鮮では、この題目が排日思想の種子蒔となっているのである。当然である。倭寇は、沿岸のいたるところで家を焼き、物を奪った。虎よりも恐しいものは日本人であった。征韓の役にいたっては、全国焦土となり、朝鮮はこの役以来、疲弊して復興することができなくなったのである。朝鮮人としては日本を恨まざるを得ないのである。

にも拘わらず、日本の国民教育方針は一〇年経っても、二〇年経っても、依然としてこの主我的帝国主義の外に出ない。日本の教育における修身、歴史読本、唱歌のいずれの教育科目も、旧式日本の愛国心を鼓舞（涵養）するだけである。日本の愛国心は、自国本位、無省察、唯物的である。日本だけを知って、他国のことを考えないものである。その結果、海外に住むのに非常に不向きな日本人を造り出してしまった。朝鮮に来ている日本人は、婦女子にいたるまで威張ることのみを知って、愛することを知らない。取り立てることを知って、与えることを知らない。「われわれは日本人なり」とふんぞり返り、下に立つ道徳を知らない。それどころか、「上に立つ者は権力を握る」という意識で朝鮮人を圧倒し、蹂躙する。それが日本魂であるかのように心得ている。

朝鮮人は、買物に行っても、役所に行っても、つまり、どこに行っても、日本人に敬愛されることがない。いつも、日本人によって蹂躙され、馬鹿にされ、虐げられているという感覚のみを味わう。併合への反感、総督政治に対する不満もある。日本人が資本の威力を発揮して、広大な土地を買い占め、利益を貪るのを見て、経済的不安の念に駆られ、日本人駆逐すべしと言う朝鮮人もいる。すべての朝鮮人は、社会的に悪く待遇されていることから日本人に反感を抱いている。だからこそ、今回の独立運動は、燎原の火の勢いで各地に波及したのである。その根本原因は帝国主義の中毒にある。今日の学校、今日の軍隊の教育方針では、水原（Suwon）事件のようなことが生じるのは必然である。いくら総督府で善政を布こうとしても駄目である。日本人の素質が変わらねばならないのである。

例外はあるが、在鮮日本人の道徳には遺憾なる点が少なくない。大多数の日本人は、神を畏れず、恥を知らず、金儲け以上の高尚な理想を持っていない。鮮人の無知と貧乏とを奇貨とした悪辣な輩が多い。実業者の道徳の低さは内地でも困った問題であるが、そうした道徳の低い連中が日本の代表者である。たまったものではない。米国人などに日本が見くびられる一つの原因は彼らの不道徳である。日本の商人は量をごまかし、衡（はかり）をごまかしている。日本人が入って来たために、朝鮮人の道徳は甚だ悪くなった。この頃は鮮人もまた量や衡をごまかすようになった。

男女間の道徳面での同胞の淫逸放蕩な様は慨嘆に耐え難い。公私宴会の醜態には驚くべきものがある。それを植民地における特権のように心得ている。私はある光景を見た。汽車に乗っていた時、某駅で、ドヤドヤと後からきたものがある。見れば、其地方の一部長（道長官の補佐役、内地でいう内務部長）と警務部長とが、あるべきことか、各々、左右から数名の酌婦に抱き抱えられて、佩剣（はいけん）を引きずり、酔歩蹣跚（すいほまんさん）して、ようやく乗車した、否、させられた。しかも、発車するまで、白昼に、酌婦たちと戯れていた。見送りのために、郡守や憲兵隊長をはじめ、幾名かの役人が見ていた。多くの乗降客群が見ていた。その大多数は、白衣の鮮人であった。私は、じつに恥かしかった。官吏にして然り。その他は推して知るべしである。

こういう為体（ていたらく）でどうして朝鮮人の尊敬を得ることができるのだろうか。私たちは、朝鮮人が親日になってくれることを願う。しかし、親しむということは、相手に対する愛か敬があって、初めてできるものである。愛は、ただ、愛によって起こる。しかし、日本人は前述の通り、愛ということを知らない。どうして彼らに、私たちに対する愛が起こり得ようか。敬についてはどうか。日本人の今日の道徳をもってして、どのようにして、彼らの敬を要求することができようか。朝鮮問題を考えれば考えるほど、問題は精神的なものに移る。日本の国家的理想において、教育の方針において、国民個々の品性と道徳において、いずれも、根本的な革新が必要であることは明白である。日本は、どうしても、いま、生れ変らなければならないのである〉（『福音新報』第一二四六号、小川・池編［一九八四］、四五六〜六一ページ）。

彼の日本人批判を読むと、私たち日本人が九〇年経っても近隣の人々に対する姿勢において、ほとんど進歩していないことを思い知らされる。

おわりに

日本人の海外展開とともに、いわゆる海外神社が各地の日本人居住区に建立された。海外神社という名称は、菅浩二（すが・こうじ）によれば、神職で神社研究者の小笠原省三（おがさわら・しょうぞう）によって初めて使われたものであるという（菅［二〇〇四］、一、五一ページ）。日本の敗戦時に海外神社の多くが現地の人たちによって焼き討ちにあったことに衝撃を受けた小笠原省三は、日本の海外神社が初発から日本の侵略の先兵であったとの贖罪の気持ちを率直に吐露している（小笠原［一九五三］、三ページ）。小笠原は、後述する朝鮮神宮の造営に対して、神功皇后を祭神とするという日本政府の方針に強く反対し、朝鮮には朝鮮の土着の神を祀るべきだと主張した神官であった（菅［二〇〇四］、五二ページ）。

本書では、韓国併合時に露骨に表現された「日本的精神」なるものの独断性、他を顧みない唯我独尊性、つまり、

「主我主義」が破綻して行った態様を描くことを主題としている。

第一章　朝鮮領有が大前提であった日本の帝国主義

はじめに

日清戦争以前には、海外神社は、両大戦間期に本格化するような露骨な「国家神道」を志向するものではなかった。むしろ、大陸侵略を想起させる怖れのある神社建設には現地の日本人は臆病であった。ほとんどの海外神社は、現地に居留する日本人によって自前で造営されていて、祀る対象は平和的で航路の平安を願う神々であった。けっして、「日本的精神」を鼓舞する類のものではなかったのである。

例えば、対馬藩が造営した金比羅神社などがその典型である。対馬藩は、韓国との交易の窓口として、釜山（Busan）に倭館（Waegwan）を置いていた。同藩は、一六七九年、釜山の龍頭山（Yondosan）に金比羅神社を造営した。祭神の金比羅大神は、航海の安全を守る守護神であった。一九四五年の日本の敗戦で神社は破壊されたが、この金比羅神社は、少なくとも、対馬の宗氏（そうし）による交易の安全祈願のために建てられたもので、何らかの政治的意図が込められたものではなかった。それ以外の神、例えば武力を象徴する八幡信仰の神である応神天皇も、明治時代以前にあっては、祭神として東アジアの地に祀られることはなかった。金比羅さんの他は、大物主（おおものぬし＝大国主）なども祀られていたが、この神も非政治的なものであった。

しかし、韓国併合が現実になる可能性が出てくると、日本の海外神社は、急速に日本帝国の意志を海外に押しつけるものとなって行った。

一　倭館の変質

それはまず、倭館の変質に現れた。純粋に交易の窓口であったはずの倭館は、明治政府による対韓国強硬政策の犠牲になった事例を示すものである（田代［二〇〇二］と村井［一九九三］に依存した）。

倭館は、李氏朝鮮（朝鮮王朝）時代に朝鮮半島南部に設定されていた日本人居留地のことである。豊臣秀吉による朝鮮侵略（文禄・慶長の役、韓国では壬辰倭乱（Imjinwaeran）・丁酉再乱（Jeongyujaeran）と呼称）以前には複数存在していたが、江戸時代には釜山に限定され、対馬藩が管理していた。

朝鮮半島は、中世以降、海賊の倭寇にずっと苦しめられてきた。一三九二年に成立した李氏（I-si）の朝鮮王朝（Choson-Wangjo）も、日本船の入港地と日本人居住地区を、当時の富山浦（Busanpo）・現在の釜山広域市（Busan-Gwangyeoksi）、同じく、当時の乃而浦（Neipo）・現在の慶尚南道鎮海市（Gyeongsangnamdo-Jinhaesi）、そして、当時の塩浦（Yonpo）・現在の蔚山広域市（Ulsan-Gwangyeoksi）という三つの港地区（三浦＝Sampo）に制限しようとしていたが、これも、一五一〇年、居留日本人の暴動（三浦の乱＝さんぽのらん）などによって、日本人を押さえ込むことに失敗し続けた。反乱の中心勢力は、倭寇の拠点であり、朝鮮との交易に利益を持つ対馬の宗氏であったと言われている。

在留日本人は、朝鮮王朝に税も払わず、田畑を耕作し、一種の治外法権的な勢力を持っていた。これを取り締まろうとした朝鮮王朝に対して、対馬からの援軍によって日本人が暴動を起こしたのが、三浦の乱であった。表面的には三浦の乱は、朝鮮王朝によって鎮圧されたことになっているが、実際には、朝鮮に居住する日本人は対馬の支配者宗氏の統治に従うことになっただけのことである。つまり、三浦の乱以前には、九州・中国地方の諸勢力も、朝鮮王朝から許可を受けて比較的自由に朝鮮と通交していたが、三浦の乱を境に通交権は宗氏に集中し、宗氏が日朝貿易を独占してしまったのである。そして、日朝交易から締め出された勢力の一部が明の海商と結びついて、倭寇として朝鮮半島でますます略奪を繰り返すようになっていた。建て前的には、一五八八年に豊臣秀吉が海賊停止令を定めて倭寇は消滅したとされているが、それは刀狩りの一環であって、秀吉は、民間の武装勢力の一掃を狙っただけのことであったし、対馬の宗氏を配下に置いた上で、朝鮮出兵の準備をしたのである。

一五九二〜九八年という七年間に及んだ秀吉による文禄・慶長の役によって、朝鮮は荒廃してしまった。朝鮮王朝は、日本と断絶したが、しかし、断絶状態は長くは続かなかった。対馬藩が、執拗に要請して、一六〇七年に対馬藩を窓口とした日朝交易を再開させたのである。この時に、対馬藩は、釜山に豆毛浦倭館（Dumopo-Waegwan）を新設している。さらに、対馬藩は、江戸幕府から朝鮮外交担当を命じられ、新設された倭館における朝鮮交易の独占権を付与された（http://english.historyfoundation.or.kr/?sub_num=119）。

その後、この建物が手狭になったので、一六七八年に移転・拡張して草梁倭館（Choryang -Waegwan）になった。この草梁倭館は、現在の龍頭山公園一帯にあって、一〇万坪もの敷地面積であった。同時代の長崎の出島が約四〇〇〇坪であったから、その二五倍に相当する広大なものであった。敷地には館主屋（かんしゅおく＝迎賓館）、開市大庁（交易場）、裁判庁、浜番所（海の関所）、弁天神社、東向寺（とうこうじ）、日本人（対馬人）の住居があった（http://www.e-trip.info/korea/busan-wakan.html）。

二　海外神社の政治化

明治時代に入って、日本人の韓国進出が活発になると、対馬藩が造営した上記の金比羅神社は、一八九四年に「居留地神社」と改称され、さらに、一八九九年に大造営されて「龍頭神社」になった。

この時に、祭神として、神功皇后が追加されたのである。それだけではない、同時に朝鮮人にとって、もっとも忌まわしい侵略者である豊臣秀吉までもが「豊国大神」として祀られることになった（龍頭神社社務所［一九三六］、三六～四一ページ、及び、菅［二〇〇四］、一七〇～七一ページ）。ちなみに、一九〇一年には官幣大社の台湾神社が建設されている。神社組織は、キリスト教に対抗して、明確に清・韓の民衆を懐柔するために、伊勢神宮を頂点と仰ぐ海外神社建設の促進を決議した（佐伯［一九〇五］、一～六ページ）。

一九〇六年には、韓国に神社を建設して「国民的教化」を行なうべきことが、福本日南（ふくもと・にちなん）などによって、関西（くわんせい）連合会第一回大会で決議された（菅［二〇〇四］、五六ページ）。ちなみに、福本は、陸羯南（くが・かつなん）と共に一八八九年に新聞『日本』を創刊し、「忠臣蔵」ブームを起こした人である。

しかし、そうした動きに対して反対する神職もいた（〈　〉内に要約）。

〈韓国人は礼儀をわきまえた人たちである。この人たちに、「我が天祖の神宮を礼拝せよと命」じることは、韓国民の嫌悪を招くだけであり、「我が外交政策を誤解」させる媒介になるおそれがある〉（菅、同上書、五六ページ、及び、木田［一九〇六］、四五～四九ページ）。

そうした少数の反対意見もあったが、明治政府は、日本の神道導入を進めるために、併合と同時に、儒教に基づいて古来から韓国で存続していた、「仲春」（春三か月の中の月、陰暦二月の異名、仲陽）、「仲秋」（秋三か月の中の月、陰暦八月の異名)、「祈穀」(一年の豊作を祈るために正月上旬の辛(かのと、十干(じっかん＝甲・乙・丙・丁・戊・己・庚・辛・壬・癸の一〇個の要素の順列)の八番目)の日に行なう祭事)、「祈雨」(雨乞い)などの祭祀を禁じた。それらは、「正しく我が国体と相容れざるもの」だという総督府の判断から出された措置であった(徳富[一九二九]、二九七～九九ページ)。一九一一年以降、すべての伝統的祭祀は公の場では禁じられた。そして、一九一一年度末の日本の政府予算案に朝鮮神宮造営関係のものが登場することになったのである。

日本政府は、この頃から韓国におけるキリスト教を強く意識するようになっていた。現在の韓国のクリスチャンは、カトリック、プロテスタントを合わせて人口の三分の一を占める。これは日本に比べて非常に大きな数値である。韓国ではナショナリズムとキリスト教とが強い結びつきを持っていたことに特徴がある(Grayson [1993], p. 13)。

この点について、初期の日本の為政者たちは熟知していたので、キリスト教との共存を図っていた。一九〇五年の「第二次日韓協約」によって、日本は、韓国の外交権を事実上奪い、統監府を設置したが、初代統監の伊藤博文は、メソジスト(Methodist)の宣教師に対して、朝鮮人の精神生活を豊かにするように依頼するという宣教師懐柔を試みた。宣教師の本国への影響力を重視していたのである(朝鮮総督府[一九二二]、六ページ)。懐柔策は一定の効を奏して、韓国は他の列強に支配されるよりは日本に支配された方がよいという宣教師まで出ていたという(姜[一九七六]、三四ページ)。

周知のように、半島は、長い間、朱熹(Chu-Hsi、朱子は尊称、1130～1200)によって創設された朱子学が社会の支配層の必須の教養となっていた。民衆宗教として仏教があったものの、社会へのその影響力は微々たるものであった。ローマ・カトリックは一八世紀末に半島に伝来したが、朱子学の祖先祭礼を拒否したために迫害され続けていた。しかし、一三九二年に成立した李朝支配下で繁栄していた朱子学も、一九一〇年の韓国併合時までには急速に衰えを見せていた。

韓国の社会的・経済的疲弊によって、多くの韓国民衆は新しい精神的拠り所を求めていた。それに呼応できたのがキリスト教、とくに、プロテスタントであった。彼らの成功は、新訳聖書の出版を漢字でなくハングルで行なったことによる(1)。一九一〇年の韓国併合までには、ミッション・スクールが小学校から大学まで出揃い、韓国のキリスト教的啓蒙思想が急速に普及した。悲惨な状態に民衆が喘ぐ時、哲学的な朱子学の「太極」(the Great Ultimate)という観念よりも、人間の姿をしたイエスの表象の方が民衆の心を掴めたのだろうとの推測もある(Grayson [1993], p. 15)(2)。

伊藤博文の暗殺(一九〇九年一〇月二六日)後、日本政府と朝鮮総督府は、外国人宣教師への警戒感を強め始めた。韓国のキリスト教は、韓国併合に反抗する強力な組織と決めつけられた。例えば、朝鮮総督府は、一八六五年、アーサー・サリバン卿(Sir Arthur Sullivan)によって作曲されたという賛美歌、「進めキリストの兵士たちよ」(Onward Christian Soldiers)やプロテスタントの国際的な福音伝道組織である「救世軍」(Salvation Army)などを嫌悪していた(Clark [1971], p. 187)。この救世軍というのは、メソジスト教会牧師、ウィリアム・ブース(William Booth)が一八六五年に設立した「東ロンドン伝道会」(East London Christian Mission)が始まりで、一八七八年に改称したものである。

確かに、韓国・朝鮮時代を問わず、現地のクリスチャンたちは、日本の支配に強く抵抗していた。明治政府が、「韓国併合に関する件」を閣議決定したのが、一九〇九年七月六日であった。

「韓国を併合し之を帝国版図の一部となすは我が実力を確立するための最確実なる方法たり。帝国が内外の形成に照らし適当の時期において断然併合を実行し半島を名実共に我が統治の下に置き諸外国との条約関係を消滅せしむるは帝国百年の長計なりとす」(吉岡 [二〇〇九]、六七ページより引用)。

これは、日本が、韓国併合でアジアの列強として欧米に認知させ、当時の不平等条約改正を一〇〇年の計として狙っていたことを率直に吐露した決議である。

この閣議決定を受けて、各国との調整を始めた明治政府は、一九〇九年一〇月、伊藤博文をロシアとの交渉に当たらせた。しかし、一九〇七年七月二四日、日本軍の武力で威嚇的に調印させられた「第三次日韓協約」で軍隊を解散させられた韓国では、両班（Yangban）層とクリスチャンたちが義兵（Uibyeong）闘争を本格的に展開していた。

その典型が、両班出身で、カトリック信者の安重根（An Jung-geun, 1879～1910）であった。彼のクリスチャン・ネームはトマス・アン（Thomas An）であった。東学（Tonghak、一八六〇年から韓国民衆に流布した農民の平等思想）に反対していた安は東学党から追われて、カトリックに属するパリ外国宣教会（Société des Missions Etrangères）のジョゼフ・ウィレム（Nicolas Joseph Marie Wilhelm）司祭に匿われて洗礼を受けた。そして、安は、一九〇七年大韓帝国最後の皇帝・高宗の強制退位と軍隊解散に憤激し、ウラジオストク（Vladivostok）に亡命、抗日闘争に身を投じる。そして、一九〇九年一〇月二六日、ハルビン（哈爾浜、Harbin）駅構内において、ロシア蔵相のウラジーミル・ココフツォフ（Vladimir Nikolayevich Kokovtsov）と会談するために現地に赴いていた伊藤博文（当時枢密院議長）に対し安重根は群衆を装って近づき拳銃を発砲、大韓帝国の国旗を振って、韓国独立を叫んだ。留置中に伊藤の死亡を知った際、安重根は暗殺成功を神に感謝して十字を切り「私は敢えて重大な犯罪を犯しました。私は自分の人生をわが祖国に捧げました。これは気高き愛国者としての行動です」と述べた。彼は、日本の食を拒否して絶食したという（Keene [2002], pp. 662-67. 邦訳［二〇〇七］第四分冊、二六九ページ）。

一九一〇年八月二二日、日韓両政府の間で「韓国併合に関する条約」の調印があった。条約の第一条には、韓国皇帝による日本皇帝への「統治権の譲与」が明記された。文面は、

「第一条 韓国皇帝陛下ハ韓国全部ニ関スル一切ノ統治権ヲ完全且永久ニ日本国皇帝陛下ニ譲与ス」、「第二条 日本国

皇帝陛下ハ前条ニ掲ケタル譲与ヲ受諾シ且全然韓国ヲ日本帝国ニ併合スルコトヲ承諾ス」という、韓国側の尊厳を踏みにじる冷酷なものであった。ここに、李朝五〇〇年の歴史が事実上閉じた。その一か月後、勅令「朝鮮総督府官制」により、朝鮮総督府が設置され、それまでの統監・寺内正毅（てらうち・まさたけ）がそのまま初代朝鮮総督に任命された。

「併合」という用語は、当時、一般的なものではなかった。この用語は、一九〇九年三月に、外務省政務局長・倉知鉄吉（くらち・てつきち）が、外相・小村寿太郎の命で作成した「対韓大方針」草案の中で使われていた。対等の合邦でもなく、さりとて、完全隷属させるという雰囲気を避けつつ、日本が韓国を支配下に置くという政治的に配慮した用語が「併合」であった（海野［一九九五］、二〇九ページ）。ちなみに、一八九五年の台湾割譲は、清朝のお膝元を意味する「直隷」が日本の直轄地に変更されたという意味で「改隷」という用語が使われた。

当時、伊藤博文は併合には躊躇していたと言われている。この点を次節で確かめておきたい。

三　韓国併合を巡る伊藤博文

伊藤博文（一八四一～一九〇九年）は、一九〇六年から一九〇九年まで韓国の初代統監を務めたが、韓国併合に対する姿勢を明確にすることは晩年まで躊躇していた（馬場［一九三七］、一六一ページ）。それでも、韓国を日本の支配下に入れるべきであると、彼が見なしていたことに変わりはない。一九〇五年一一月一五日、伊藤は当時の韓国皇帝・高宗に対して、日清、日露の二つの戦争で血を流した日本には、韓国を支配する権利があると、申し渡していたのである（金［一九六四］、第六巻、一九～二七ページ）。

そして、本書序章第一節と本章第二節でも触れたように、一九〇五年一一月一七日の「第二次日韓協約」が結ばれ、韓国の外交は、すべて日本の指令に従わざるを得なくなった。外交だけではなく、警察、金融、宮廷関係にも日本人役人が入り込むことになった。そうした費用を負担すべく、日本政府は、一九〇六年初めまでに、韓国政府に一〇〇〇万円を供与していた。一九〇八年三月にはさらに二〇〇〇万円を供与している（Lone [1991], pp. 145, 151）。

さらに、一九〇七年五月、伊藤は、韓国の内閣改造を図り、首相に李完用（I Wanyong）、農商大臣に一進会（Ilchinhoe）の指導者、宋秉畯（Song Pyonjun）を就けた(3)。新内閣の閣僚就任式で、伊藤は次のように語った（〈　〉内に要約）。

〈東アジアの勢力地図は変わった。中国はもはや強国ではなくなった。その広大な国土は列強によって食い散らかされようとしている。韓国が日本の監督なしに、独自外交を展開するようになれば、韓国もまた列強の餌食になってしまうだろう。それは、日本の安全も脅かす。無私の姿勢で韓国を保護できる国は、日本をおいてない。よって、韓国民は、日本に対して善意を持ち、日本に自国の運命を委ねるべきである〉（金［一九六四］、第六巻、四八二～八三ページ）。

伊藤から首相を命じられた李完用は、伊藤のこの言葉に答えて次のように挨拶した（〈　〉内に要約）。

〈私たちは、日本と協同関係に入ったことを喜んでいます。国家というものは、人間と同じく、強い力なくして立つことができるものではありません。つまり、力なくして国家の独立を望むのは愚かなことです。力のない韓国にとって、地理的に近く、運命においても密接に結びついている日本との協同関係を持つことがもっとも有益です。これが、日韓が協同をする一つの理由です。いま一つの理由は、中国や他の国に従属しても何の益もないという点にあります。日本には韓国を併合する力がありますが、そうしなくて、韓国と協同関係を日本が維持してくれれば、韓国は力を蓄えることができるのです。韓国にとって、日本との協同関係こそが自国を守る最上の方策なのです〉(金[一九六四]、第六巻、四八四ページ)。

李完用のこの発言について、森山茂徳は言う(〈 〉内に要約)。

〈李の挨拶は、伊藤への単なる追従ではない。いろいろな場所で、伊藤が韓国併合について積極的でないニュアンスの発言をしていたので、他の日本人政治家によって韓国が統治されるよりも、伊藤による統治の方が望ましいとの判断を李はしていた〉。

事実、李は、伊藤に向かって、もし伊藤が統監を辞める時は、自分も首相を辞めるとまで言い切ったという〉(森山[一九八七]、二〇一ページ)。

高宗帝を退位させた直後の一九〇七年七月二八日、伊藤は、新聞記者に語った(〈 〉に要約)。

〈併合など日本は望んでいない。韓国に必要なことは自国の自治である。韓国に日本と韓国の国旗が並べて掲揚されるべきである〉(小松[一九二七]、第二巻、四五五~五九ページ)。

李完用ほどの日本への傾倒ぶりこそ示さなかったものの、日本の力に依存しなければ韓国の自立はできないといった考え方は、クリスチャンである尹致昊(Yun Chiho)にもあった(姜[一九八二]、四四二ページ)(4)。

しかし、伊藤は、一進会などの愛国者精神を怖れていた。いかに、対日協力の立場を採っていても、日本が韓国を併合してしまえば、彼らは断固として日本批判に結集するであろうとの危惧を、伊藤は、当時の駐韓英国領事、ヘンリー・コックバーン(Henry Cockburn)に伝えている(F.O.[1908], 410/52; Lone[1991], p. 148)。

一進会については、当時の日本の首相・桂太郎も、伊藤と同じような認識を持っていた(〈 〉に要約)。

〈一進会は、強烈な愛国心の持ち主だが、韓国の政治状況から彼らはその感情を抑えている。日本は彼らに文明を教えているが、彼らが豊かになり、文明を学習すれば、彼らは必ずや自らの足で立とうとするであろう〉（黒龍会［一九六六］、第一巻、二六九～七〇ページ）。

伊藤は、列強と韓国人による日本への反発に対してかなり神経質になっていた。一九〇八年一二月二六日、東洋拓殖会社が漢城（Hanseong、現在のソウル、Seoul）に設立された。すでに、韓国人農民から土地を略取する日本人の冷血ぶりは英国のジャーナリスト、プトナム・ウィール（Putnam Weale）によって報じられていたし（*North China Herald*, 15 December, 1905）、一九〇九年一月七日付の『大韓毎日新報』（*Taehan Maeil Sinbo*）などは、四〇万人を超す日本人農民を韓国に移入するのではないかといった警戒心を示していた（両新聞ともに、Lone［1991］, p. 150より引用）。外交感覚に優れていた伊藤は、東洋拓殖会社の設立に批判的な意見を持っていたし、大量の日本人移民には反対していた。列強と韓国人の反発を買ってしまえば、必ず将来に禍根を残すと警告していたのである（小松［一九二七］、第二巻、四四四ページ。及び、新渡戸［一九三一］、三〇七～一〇ページ）。

伊藤を怯えさせていた大きな要因は、韓国人の反日ゲリラ闘争であった。一九〇七年八月一日、韓国国軍は解散させられた。これが、義兵闘争を刺激した。義兵に対する日本の軍隊の行為は目をそむけたくなるほどの残虐さであったと当時の英国の通信員をしていたカナダ人ジャーナリストのF・A・マッケンジー（McKenzie）が、一九〇七年九月二一日付で『デイリー・メール』（*Daily Mail*）に打電したが、この電文は、日英同盟によって、公表されなかった（F.O.［1907］, 371/383, No. 34377には収録されている。Lone［1991］, p. 151）。これは、先述の駐韓英国領事・コックバーンの指示であったと思われる。コックバーンは、マッケンジーの電文が大袈裟で事実を正確に伝えていないと批判し、日本軍は誰も拘束しなかったと日本のために本国に弁明したのである（F.O.［1907］, 371/383; Lone［1991］, p. 152）。しかし、在東京の通信員、マクドナルド（MacDonald）は、日本政府の公式資料として、一九〇七年七月～一九〇八年一〇月の日本人死傷者が四五二人、韓国人死者一万四三五四人という数値を本国に打電している（F. O.［1908］, 410-53; Lone［1991］, p. 152）。

オーストラリア防衛力アカデミー・歴史部門（Dept. of History Defence Force Academy）のスチュアート・ローン（Stewart Lone）は、朝鮮半島を侵略してきた歴史を持ちながら、その歴史が生み出した韓国人の対日憎悪を解消する努力を日本人はまったく払わず、ただ、韓国の近代化に向かって韓国人を教育するという一人よがりの弊に陥っていたと当時の日本の為政者たちを厳しく批判している（〈　〉に要約）。

〈韓国の歴史には日本の侵略が散りばめられている。中世には倭寇と呼ばれる海賊が跋扈していた。一六世紀には秀吉の侵略があった。近年では一八七六年の江華条約（Kanghwa Treaty）につながる砲艦外交があった。韓国人は重視する。仏教も漢字も日本人は韓国から学んだことを。韓国人は日本人の芸術を軽蔑している。その多くが日本に連行された韓国人芸術家が伝えたものだからである。韓国人の心の奥底には日本人へのこのような憎悪がある。しかるに、日本人は、韓国人を教育するという「幼稚な道具」（primitive tools）で、韓国人を慰撫しようとしている。十分な時間をかけて慎重に韓国人の憎悪を解明しなければならないのに、日本人の視点は「あまりにも定まっていない」（too uncertain）〉（Lone［1991］, pp. 152-53）。

一九〇八年当時の伊藤の姿勢は、韓国人を激昂させないことを旨とする融和的なものであった。表面的なものであったとしても親日姿勢を示す李完用を重用しながらも、李よりも対日強硬路線の宋秉畯を内閣に入れるという二面作戦を伊藤が採ったのも、一進会の先鋭化を防ぎ、激化する韓国の反日闘争を鎮静化させようとしていたからである。当然、伊藤は、日本の対韓強硬派から激しく攻撃されていた。ところが、伊藤が頼みとする李と宋との間は険悪であった。それでも、伊藤は、両者ともに内閣から出て行かないように腐心していた（Lone［1991］, p. 153. 一九〇八年一

二月六日付、桂太郎宛伊藤博文書簡、桂［一九五一］、一八―三八）。

韓国の対日融和派も民衆の怒りを買っていた。一進会はその代表であった。とくに、一進会の指導者である宋への民衆の反感は強かった。当時の軍事参事官であった長谷川好道（はせがわ・よしみち）は、一九〇八年一月二七日付、陸軍大臣・寺内正毅宛書簡で、そのことを危惧していた（Lone, *ibid.* 寺内［一九六四］、三八―三〇）。

一九〇八年、追い詰められた伊藤は、武力行使に踏み切ってしまった。一進会との絶縁を決意したのである（黒龍会［一九六六］、第一巻、三六九〜七八ページ）。義兵鎮圧のために、伊藤は、本国に歩兵二個師団の増派を要請した。そして、義兵鎮圧後も軍隊を韓国から撤退させなかった（桂宛一九〇八年一二月六日伊藤書簡、桂［一九五一］、一八―三八）。

これまでの融和派から武断強硬路線に転換したことから、韓国の穏健派は、伊藤に裏切られたという感情を持つようになった。かつては伊藤の宣伝紙であったはずの『京城日報』[5]ですら、激しく伊藤を攻撃するようになって、一九〇八年に何度も発禁処分を統監府から受けている（Lone［1991］, p. 154）。

他方、融和姿勢を示していた時の伊藤への対韓強硬派の日本人は、統監府非公式顧問の内田良平（うちだ・りょうへい）、韓国金融副大臣の木内重四郎（きうち・じゅうしろう）、右翼の杉山茂丸（すぎやま・しげまる）の面々であった[6]。併合は、山県有朋（やまがた・ありとも、歴史的表記は山県、本人署名は山縣）ら陸軍系人脈が推し進めたものであったと思われる。

四　満州の鉄道への米国の執心

併合に至る道筋は、確実に敵を作る過程であった。日清戦争後、当時、征清総督府参謀長（後に陸軍大将に昇進）であった川上操六（かわかみ・そうろく）は、一八九七年一二月一日に、武昌（Wuchang）駐在の総督・張志東（Chang Chitung）に使節を送り、ロシアからの脅威を防ぐためには、日英と合体しなければならないと強要した（Lone [1991], p. 160）。つまり、日本は、この時点で英国と協同で東アジアを分割統治しようとしていたのである。一八九八年、米国がハワイを強引に併合してしまったのは、日本による領有を怖れていたからであるとローンなどは言う（Lone, *ibid.*, p. 164）。太平洋はすでに一九世紀末から波が高くなっていたのである。

一九〇五年九月五日のポーツマス条約（Treaty of Portsmouth）以後、米国は、急速に中国大陸での利権確保の動きを見せるようになっていた。鉄道王のエドワード・ハリマン（Edward Henry Harriman）が、条約締結直後に来日して、ポーツマス条約で獲得した南満州鉄道の日本との共同経営を持ちかけた。ユニオン・パシフィック鉄道（Union Pacific Railroad）やサザン・パシフィック鉄道（Southern Pacific Railroad）の共同経営者であった銀行家のハリマンは、日露戦争中には日本の多額の戦時公債（一〇〇〇万円とも言われている）を引き受け、ポーツマス条約締結直後に来日し、財政援助を持ちかけて、南満州鉄道の共同経営を申し込んだ。日本側も乗り気でポーツマス条約で獲得した奉天（Fengtian）以南の東清鉄道（Chinese Eastern Railway）の日米共同経営を規定した桂・ハリマン協定（Katsura-Harriman Agreement）を結んだ（一九〇五年一〇月一二日）。桂とは、当時の首相・桂太郎のことである。この協定は、外相・小村寿太郎の反対により破棄されたが（一九〇五年一〇月二三日）、これは米国資本の満州への執着の強さを示すものであった（吉村［一九七九］、参照）。

ハリマンの試みが挫折した後、今度は米国務長官（Secretary of State）のフィランダー・ノックス（Philander Chase Knox）が、全満州鉄道の中立化計画を打ち出した。日露が支配する鉄道を清朝に譲渡し、列強の権益争いから中立化させるという名目であったが、鉄道の管理に米国資本の導入を意図していたのである(7)。

その一方で、中国、とくに、満州から日本を追い出すためのあらゆる画策を米国は行なってきた。一九〇五年には「日本人・韓国人排斥同盟」（Japanese and Koreans Exclusion League）が米国に結成された。それが、一九〇八年に「アジア排斥同盟」（Asiatic Exclusion League）になり、一九一三年のカリフォルニア州でアジア人排斥の法制化がなされ、一九二四年には「排日移民法」（US Restriction on Japanese Immigrants）に結実してしまうのである（Danniels［1962］、参照）。日本が自国移民の送り出し先をハワイや米本土から東アジアに振り替えることになったのも、米国の移民法のためである。自国の領域から日本人を排除しながら、米国は、東アジアでの権益確保に執心していた。

日露戦争の勝利によって韓国での排他的権益をロシアに認めさせた日本は、さらに、一九〇七年七月三〇日、第一回日露協約を結び、ロシアと東北中国の勢力範囲分割に関する密約を交わした（信夫［一九七四］、第一巻、二三三〜三四ページ、Matsui［1972］, pp. 42-44）。日露会談はその後も定期的に継続されていた。

このことは、英米を焦らせた。日露間で東アジアの分割が実施されることを怖れていたからである。

一九〇八年二月には、英国の日本大使館は、米大統領のセオドア・ローズベルト（Theodore Roosevelt）の日本人不信が大きいことを伝えている。ローズベルトは言った（〈　〉内で要約）。

〈日本人は、どんな遠隔地にも移民し、米国政府の寛大さに応えようともしない。もう日本に寛大さを示すことは止す。日本政府は日本人を日本国内に閉じ込めておくべきだ〉。

ただし、ローズベルトのこの発言は、日本人嫌いの、上述の英国外務省駐日通信員のマッケンジーの報告にあるものなので、信頼に足りるものではない。しかし、英国外務省の公式文書でこうした悪意ある文が保存されていたことは、英国の対日警戒感を示すものである（一九〇八年二月の記録、F. O. [1908], 371/471; Lone [1991], p. 164）。

米国政府の対日憎悪は凄まじかった。本章の注（7）でも説明している「桂・タフト協定」の米国側の当事者、ウィリアム・ハワード・タフト（William Howard Taft）が、セオドア・ローズベルトの後を継いで、一九〇八年に米大統領に就任した。彼は、一八九八年の米西戦争（Spanish-American War）でスペインから米国に割譲されたフィリピンの文民政府の初代知事（the first Civilian Governor-General of the Philippines）を務め（一九〇一〜〇四年）、その後、セオドア・ローズベルトによって、陸軍長官（Secretary of the Army、Secretary of Warとも呼称される）に指名された。陸軍長官時代に訪日して、件の「桂・タフト協定」を日本と結んだ。そして、ローズベルトから指名されて大統領になったのである。大統領になったタフトは、上で説明したように、国務長官にフィランダー・ノックスを指名し、対アジア政策チームを英国外務省からのアドバイスで作り、その長に筋金入りの日本人嫌いであるハンチントン・ウィルソン（F. Huntington Wilson）を据えた（Esthus [1966], pp. 240-41）。

日本側の韓国併合に向けての動きも急ピッチになった。首相の桂太郎と外相の小村寿太郎は、一九〇九年四月一〇日、一時帰国していた伊藤博文を説得すべく、大磯の自宅を訪問した。韓国併合に逡巡する伊藤に決断を迫ったのである。意外にも伊藤は、すぐさま、首相と外相の韓国併合論に賛成した。ただし、列強の反発を買わない工夫とタイミングが必要であると力説したという（信夫[一九四二]、三〇〇ページ）。

桂は、伊藤の同意を受けて、元帥陸軍大将・山県有朋にも報告している。山県は、当時の日本における最高指導者であった。一九〇九年四月一七日付の山県宛書簡において、桂は、韓国皇帝が何らかのミスを冒してくれれば併合がしやすくなるのだがとの、陰謀工作を示唆することを書いている。徳富蘇峰（とくとみ・そほう）の『桂伝』には陰謀を示す桂の言葉は意図的に除外されているが（徳富［一九一七］、下巻、四五四ページ）、山辺健太郎（やまべ・けんたろう）の資料にはこの言葉が収録されている（山辺［一九六六］、二二六ページ）。

そして、本章第二節で説明したように、一九〇九年七月六日、韓国併合の方針が閣議で了承された。閣議で、桂首相は、鍵を握っているのは、ロシアとの合意であり、ロシアの合意を得られ次第、併合に踏み切ると語った（徳富［一九一七］、下巻、四六五ページ）。

当然ながら、韓国併合を決意し、ロシアを引き込もうと工作している日本に英米は反発した。同盟国の英国側を懐柔すべく、統監の伊藤博文は、ロシアとの交渉の中身をある程度は英国に伝えておくようにと小村寿太郎に要請したが（一九〇九年一〇月一日付伊藤の桂宛書簡、徳富［一九一七］、下巻、四六六ページ）、効果はなかった。

上述の米国のハンチントン・ウィルソンは、一九〇九年九月に満州・韓国問題で清・露と協議していた日本の動きを、米国が推進する門戸開放政策に敵対するものだと牽制した（Hunt［1973］, p.205）。

第二次桂内閣の逓信大臣であった後藤新平（ごとう・しんぺい）が、当時のロシアとの太いパイプを持っていたらしい。彼の斡旋で、伊藤・統監がロシアの大蔵大臣・ココフツォフに面会すべく、一九〇九年一〇月一四日、ハルビンに向けて旅立ち（Lone［1991］, p. 160）、ほぼ二週間後の一〇月二六日、既述のように、ハルビン駅頭で安重根によって射殺されたのである。

伊藤暗殺を知らせる電報が入った時、桂は英国の駐日大使・クロード・マクドナルド（Claude MacDonald）と面会していた。桂は、伊藤暗殺後も日本の対外姿勢に変化はない、つまり、対英協調を継続しつつ韓国併合は行なうと明言したとマクドナルドが、英国の外務大臣（Foreign Secretary）・エドワード・グレイ（Edward Grey）に報告している（F. O.［1909］, 410/54, MacDonald to Grey, 28 October, 1909）。

桂の姿勢を見た英米は、日本の新たな満州権益を阻止する点で協同行動を採ることになった。一九〇九年一一月九日には、米国務長官・ノックスが英国の外務大臣・グレイに、当分の間、満州鉄道を国際的協調団による共同管理に委ね、然るべき時がくれば清に買収させるという米国案への賛成を求めた（Hunt［1973］, p. 205）。

小村寿太郎は、一九一〇年三月一九日、セント・ペテルスブルグ（St. Petersburg）駐在の日本大使・本野一郎（もとの・いちろう）にロシアとの第二回の対話再開を行なうように指令した（第一回協約は一九〇七年）。しかし、ロシアの外務大臣・アレキサンダー・イズボルスキー（Alexander Iswolsky）は、一九一〇年四月段階では、韓国に関する現状のいかなる変更も許さないとの強硬姿勢であった。しかし、本野一郎が、一九〇七年段階でロシアは日本の韓国領有は認めていたはずだと突っぱね、イズボルスキーも、当時の皇帝（Tzar）・ニコライ二世（Nicholai Aleksandrovich Romanov）を説得してみると折れた（http://www.mofa.go.jp/mofaj/annai/honsho/shiryo/j_russia_2005/2_4.html）。

一九一〇年五月には、駐日英国大使のマクドナルドは、韓国併合は認められない、その点では米国も同様であると何度も桂首相に警告し、本国に状況が急展開しそうだと打電している（F. O.［1910］, 410/55, MacDonald to Grey, 19 and 22 May, 1910）。

しかし、最終的には、一九一〇年七月四日、「第二回日露協約」と「秘密協約」が調印され、日露間で満州・韓国問題の秘密合意が成立した（徳富［一九一七］、下巻、四四〇～四二ページ）。

おわりに

第一次世界大戦中、有名な「石井・ランシング協定」（Ishii-Lansing Agreement）が日米間で交わされた。これは、一九一七年一一月二日、ワシントンで、特命全権大使・石井菊次郎（いしい・きくじろう）と米国務長官・ロバート・ランシング（Robert Lansing）との間で締結された協定である。建て前的には中国に領土保全を保証し、中国における各国の商工業活動の機会均等という従来からの米国の主張を日本が承諾したことになっていたが、実際には、満州と内蒙古・東部における日本の「特殊の権利または特典」を米国が承認するという日本側に有利な内容であった。この日本に有利な協定は、ワシントンで締結された一九二三年四月一四日の「九か国条約」で廃棄された（池田［一九九四］、参照）のであるが、「石井・ランシング協定」を含め、ランシングの独断専行は当時の大統領のウッドロー・ウィルソン（Woodrow Wilson）を悩ませ、一九二〇年にはウィルソンはランシングに辞任を命じた（http://www.firstworldwar.com/bio/lansing.htm）。

「石井・ランシング」協定は、第一次世界大戦に全面的に参戦する米国が、太平洋での安全保障に不安を抱き、ハワイの防衛を日本に委任しようとしていたからであるとも言われている（Macmurray［1935］、参照）。

いずれにせよ、日本による韓国併合が、西太平洋・東アジアの緊張関係の中心にあったことが、当時の国際関係史を簡単に振り返るだけでも理解できるだろう。

第二章　内鮮一体化の破綻

はじめに

一九一〇年九月三〇日、韓国は朝鮮と再度、改称させられ、日本に併合された(1)。統治を行なう機関として朝鮮総督府が設置され、翌日の一〇月一日、筆頭である朝鮮総督に就任したのが寺内正毅であった。彼の姿勢は、朝鮮における憲兵警察制度の実施に象徴されるように、「武断統治」であった。それでも、朝鮮でのクリスチャンの政治的な影響力の大きさも十分に認識していた寺内は、武断統治への欧米系宣教師の反発を警戒していた。彼らが韓国人に与える影響力、とくに、キリスト教会が運営するミッション・スクールの力を、寺内は、強く意識していたのである（朝鮮総督府［一九一七］、三三八ページ、韓［一九八八］、八七ページ）。そして、寺内は、キリスト教そのものを韓国で禁止できないことも認識していた。

一　一〇五人事件

一九一〇年一二月二九日、朝鮮北西部の宣川（Sonchon）などを寺内が視察した時、寺内暗殺未遂事件があったと報道された。総督府系の新聞、『毎日申報』(Maeilsinbo、朝鮮語)、『京城日報』(日本語)、*Seoul Press*(英語)などの大々的な報道は、クリスチャンたちが寺内暗殺を計画していた、とくに長老教会系の米国人牧師が、その計画に関わっていたという内容であった。朝鮮総督府は、一九一一年九月までに約七〇〇人の朝鮮人を逮捕し、証拠不十分で釈放された人たち以外の一二二人が翌一九一二年に裁判を受けた。米国政府やニューヨークに本部があった長老教会は、事件との関わりを否定し、逆に朝鮮総督府が自白を得るために逮捕者を拷問していると言い立てた。当時の京城(Gyeongseong)地方法院(裁判所)は同年九月二八日、一二二人の中で一七人だけを無罪とする一方、残りの一〇五人に懲役刑を言い渡した(一〇五人事件、宣川事件、尹[一九九〇]、梁[一九九六]、参照)。うち、九八人がクリスチャンであった。また、一九一二年一〇月には、長老派(Presbyterian)によって経営されていた京城の京信(Kyonsin)男子高校の教師と生徒が破壊活動の嫌疑で逮捕されている(Blair & Hunt [1977], pp. 115-16)。

その後の控訴審では、一九一三年一〇月に、一〇五人の中で九九人が無罪を言い渡された。一方、尹致昊(Yun Chiho)などの六人には懲役刑が確定した。しかし、その六人も一九一五年二月、大正天皇の即位式にちなんだ恩赦によって釈放された。

併合前には、ミッション・スクールに対する統制は強くなかった。それでも、韓国統監府は、一九〇八年に「私立学校令」を出し、韓国の教育は、日本の教育勅語に則るものでなければならないと布告していた。そして、併合直後の一九一一年に、朝鮮総督府は、「第一次朝鮮教育令」、「私立学校規則」等々を公布し、朝鮮における教育統制を強めることになった。しかし、一九一一年時点では、ミッション・スクールはこの指令では除外されていた。ただし、「朝鮮教育令」の作成に携わった東京帝大の穂積八束(ほずみ・やつか)などのように、キリスト教と国体とは相容れないために、ミッション・スクールは強く監視されるべきであると言う教育関係者も結構存在していた(大野[一九三六〕、四九ページ)。

そして、一九一五年の「改正私立学校規則」になると、ミッション・スクールも教育勅語に従わねばならなくなった。さらに、聖書科目が禁止され、教育のすべては、日本語のみで行なうことが強制された。最終的には、すべての私学は、朝鮮総督府の認可を得なければならなくなった。

さらに、宗教教団の人事について厳しく監督する「布教規則」が、一九一五年に、当時の総督府政務総監・山県伊三郎(やまがた・いさぶろう)によって出された。教団管理者の認可権とともに解任権を総督府が握ることが法令として決められたのである。(2) 対象にされた教団は、神道、仏教、キリスト教であった。この時、キリスト教を表記するのに、「基督教」という用語が使用された。これが、日本の法令の中での基督教という文字掲載がなされた最初のことであった(平山〔一九九二〕、四九七ページ)。

この規則への対応を巡って、朝鮮のキリスト教徒は割れた。メソジスト(Methodist)は総督府の方針に従う意思を表明したが、長老派は抵抗し続けていた(李〔二〇〇六〕、一一～一二ページ)。メソジスト派の学校は、世俗的エリート養成を主眼としていたことに対して、長老派の学校は、キリスト者の育成に力点を置いていたという違いがあったことが、両者の対応を分けたのかも知れない(李、同書、一八九～九二ページ)。ちなみに、メソジストには、「几帳面な人たち」、「堅苦しい人たち」というニュアンスがある(http://d.hatena.ne.jp/keyword/%A5%E1%A5%BD%A5%B8%A5%B9%A5%C8%C7%C9)。

そして、一九一九年三月一日、三・一独立運動が発生した。一九一九年三月一日の独立宣言に署名した三三人のうち、一五人がプロテスタントであった。朝鮮のクリスチャンたちは、第一次世界大戦の平和会議と、ウッドロー・ウィルソン(Woodrow Willson)の民族自決論に大いに鼓舞されていた。

朝鮮総督の斎藤実（さいとう・まこと）は、その運動が宣教師によって扇動されたものであったとの認識を、翌年に示した（姜［一九六七］、六四七ページ）。それまでの斎藤は、三・一独立運動を鎮めるべく、一時は、騒擾中に、宣教師たちと会合を持ち、彼らを懐柔しようとしていたのだが（朝鮮総督府［一九二一］、三九〜四〇ページ）、一九二〇年に入って、その方針を転換し、キリスト教会が、三・一独立運動の主要な組織者であったとして、キリスト教会への苛烈な弾圧を加えるようになったのである。

この弾圧によって、四七ものキリスト教会が破壊された。朝鮮京畿道水原（Gyeonggi-do Suwon）の堤岩里（Jeamli）教会では、閉じ込められた村人が教会ごと焼き殺された。当時、朝鮮のクリスチャンは、人口比で、わずか一・三％しかいなかったのに、三・一事件で検挙された人のうち、クリスチャンは一七・三％もあった。クリスチャンに独立運動家が多かったこともあるが、一九一八年の日本の米騒動で被差別部落の人たちが多く逮捕されたことと、それは通じるものであった。朝鮮におけるクリスチャンが総督府によって狙い撃ちされたのである（韓国基督教歴史研究所［一九九五］、四一ページ、松尾［一九六八b］、四九ページ）。総督府による苛烈な弾圧の模様は、中国に逃れた宣教師たちによって、世界に報じられた（Lee［1984］, pp. 338-45）。

当時の本土の日本人は、朝鮮人たちの日本支配に対する怒りを正しく認識していなかった。当時の大正デモクラシーの旗手・吉野作造（よしの・さくぞう）は、三・一独立運動に対する日本人の反応の鈍さに対して憤りを示した。この運動が勃発する前の一九一六年にも、吉野は満州・韓国を視察して、その感想を述べていた。

「一方には汝等は日本国民なりといひ、一方には汝等は普通の日本人と伍する能わざるひくい階級の者なりといふ。斯くの如くにして朝鮮人の同化を求むる、これ豈（あに）木に縁（よ）つて魚を求むるの如きものではあるまいか」（吉野［一九九五］、二九ページ）。

そして、吉野は、三・一独立運動について、「対外的良心の発揮」というタイトルで激烈な日本の識者批判を展開した。

「今回の暴動が起こつてから、所謂識者階級の之に関する評論はいろいろの新聞雑誌等に現れた。然れども其ほとんど総べてが、他を責むるに急にして自ら反省するの余裕が無い。あれだけの暴動があつても尚ほ少しも覚醒の色を示さないのは、如何に良心の麻痺の深甚なるかを想像すべきである」（吉野［一九九五］、五八ページ）。

米国の宣教師たちが、純粋に朝鮮人の独立を支援したと断定することは甘すぎるだろう。宣教師たちの背後には、それぞれの母国政府の政治的思惑が働いていたことは否定できないからである。一九〇九年二月一六日付『朝日新聞』（一九〇八年一〇月一日に大阪朝日新聞と東京朝日新聞が合併）には、米国宣教師たちが、韓国人の反日感情を煽っているという一進会の指導者・宋秉畯（Song Byungjoon）の激しいキリスト教批判が掲載された。

この記事が出されたことに対して、当時の駐日米国大使のエドワード・オブライエン（Edward C. O'Brien）は、直ちに伊藤博文に抗議したが、伊藤はその抗議にかなり動揺していたと、英国の通信員が英国外務大臣に報告している（F. O.［1909］, 371/646; Lone［1991］, p. 157）。

いずれにせよ、三・一独立運動の背景には、米国政府の後押しを受けた米国人宣教師がいると、総督府は決めつけた。しかし、朝鮮総督府が徹底的な弾圧をクリスチャンに加えた事件は、日本非難の格好の材料を列強に与えた。騒動鎮圧の不首尾を糾弾された朝鮮総督・長谷川好道（はせがわ・よしみち）と政務総監・山県伊三郎は辞任に追い込まれた（徳富［一九二九］、三五四ページ）。以後、総督府は、朝鮮人を慰撫すべく、日本と朝鮮とは、誕生時から同じ神を戴いているという「同祖論」と「内鮮一体化論」（内地の日本と朝鮮は同じ民族であるという宣伝）を強引に展開するようになった（金［一九八四］、一八七〜八八ページ）。

二　神道による内鮮一体化の試み

朝鮮人民に独立意欲を駆り立てるキリスト教に対抗して意識的に打ち出されたのが、「日朝同祖論」だった。使われたのは、素戔嗚尊（すさのおのみこと）神話であった。新羅（Silla）に降誕した日本神話の素戔嗚尊が、朝鮮の始祖・壇君（Tangun）のことであるという論法が執拗に語られた。あるいは、素戔嗚尊は、出雲と朝鮮を往復していた「漂泊神」であり、朝鮮を開拓した神であるという説も動員された（菅［二〇〇四］、三五二ページ）。

壇君は、紀元前二三三三年に朝鮮を建国したという朝鮮神話上の神である。壇君は、人間の女になった熊と神との間で生まれた人間で、朝鮮を開いた始祖であるとの神話が朝鮮にはある（http://cookpad.com/diary/1096944）。いずれにせよ、明治時代の日本側の日朝同祖論は、朝鮮の独立を阻止すべく、同じ始祖を持つのだから、朝鮮は弟として日本とつき合うべきであると、懸命になって朝鮮民族を説得するものであった。

三・一独立運動の四か月後、朝鮮神宮の設立方針が公表された。そこでは、天照大神（あまてらすおおみかみ）と明治天皇が祭神であった。天照大神は日本と朝鮮を創った皇祖神であり、日朝の両方の始祖である。明治天皇は、分裂していた両民族を併合という形で再統合した神であるとの解釈を日本政府は強引に打ち出した。皇祖神たる天照大神は日朝民族の祖であり、帝国の祖が明治天皇である。このような二神を祀る朝鮮神宮こそは、伊勢神宮と明治神宮とを合わせ持つ中心神宮であるとされたのである（菅［二〇〇四］、三五五ページ）。

そして、京畿道（Gyeonggi-do）京城府（Kyongsong-pu）南山（Namsan）に、九二〇〇〇坪の境内、一〇万坪の神域という広大な朝鮮神宮が創建された。官幣大社朝鮮神宮の鎮座式は、一九二五年一〇月一五日に挙行された。朝鮮支配の重要人物たちが列席したという（横田［一九二六］、四八～五〇ページ）。さらに、朝鮮人の氏子（うじこ）作りにも朝鮮総督府は熱心であった（菅［二〇〇四］、一六七ページ）。

当時の朝鮮総督・斎藤実は、神道は宗教ではなく、祖先崇拝の証であるとの詭弁を弄して、祖先崇拝の名の下に、朝鮮人も神社に参拝すべきであるとして、天皇を頂点とする先祖崇拝を朝鮮人に強制したのである。

一九四五年までに朝鮮には一一四〇もの神社があったと言われている。神社への参拝強要が、朝鮮人には日本による支配の象徴として映っていたのである（Vos［1977］, SS. 218-24）。新設された日本の海外神社は、朝鮮人のナショナリズムにとっての呪い（anathema）であった（Copplestone［1973］, p. 1195）。

朝鮮神宮に参拝する朝鮮人の数は、加速度的に増加した。一九三三年には五五万人、一九三六年には一一七万人、一九三七年には二〇〇〇万人、そして一九三八年には二六九〇万人という激増ぶりであった（国立公文書館［一九三九］、二一A・一一・類二二七五、菅［二〇〇四］、三六一ページ）。

東アジアにおける日本の軍事的プレゼンスの増大と軌を一にした参拝者の激増は、朝鮮人の日本の神道への宗教的帰依が強まったからであるとして開き直ることを許さない数値である。強制参拝という冷厳な事実が、内鮮一体化＝同祖論の内実であった。

世界の日本批判の反応にひるんだ総督府は、一時的にではあるがミッション・スクールの懐柔策を出した。一九二〇年には、宗教教育に限り、朝鮮語使用が認められた。しかし、一九二三年には、総督府が認可した「認可学校」よりも一段と低いレベルであるとする「指定学校」という範疇を新たに作った。そして、ミッション・スクールは指定学校に区分されることになった。これまで「認可学校」であったミッション・スクールは、新たに、「指定学校」に指定されるために総督府に申請しなければならなくなった。ただし、指定を受けることが難しく、無事に指定学校になっても、公式の認定学校よりも一段低く評価されることになった。これは韓国人子弟のミッション・スクール熱を冷まさせる意図を狙ったものであった(Clark[1971], pp. 190-96)。

しかし、依然として、クリスチャンたちは、日本政府にとって脅威であった。そして、キリスト教に対抗すべく積極的に動員されたのが、国家神道であった。

韓国における最初の神社は、一八八三年、仁川(Inchon)に設立された天照大神神社であるが、これは、厳密な意味での国家神道ではなかった。韓国に居住する日本人が民間レベルで設立したものだからである。

民間レベルではなく、国家が全面的に普及に乗り出したのが国家神道である。国家神道は、宗教の上位に置く一種の国教的な色彩を持つものであった(佐木[一九七二]、二七〇ページ)。大日本帝国憲法では文面上は信教の自由が明記されていたが、政府は、上述のように、神道は宗教ではない(神社非宗教論)という解釈を押し通し、官幣社は内務省神社局が所管し、新たな官幣社の造営には公金が投入された。府社、県社、藩社、郷社、村社といったいわゆる民社の神社の例祭には地方官の奉幣が行なわれた。神道を梃子とする内鮮一体化の試みが本格化したのである。

「海外神社」という用語を創った小笠原省三は、米国からの宣教師の活動が朝鮮人の反日感情を増幅しているとして、神道の朝鮮への導入を本格化すべきであると主張していた。そのためにも、「日鮮同祖論」による「内鮮融和」が必要だと説いた。そして、小笠原は、「排日移民法」を成立させた米国を「醜悪なヤンキーイズム」と侮蔑していた(小笠原[一九二五]、菅[二〇〇四]、一五五ページ)。

「内鮮一体化」は、一九三〇年代に入って日本の支配層の主たるイデオロギーになった。とくに、一九三五年一月一六日、当時の朝鮮総督・宇垣一成(うがき・かずしげ)は「心田開発」という新造語によって、朝鮮人に、心の田を開発する運動を展開することを呼びかけた。物的生活の向上も大事だが、精神的な豊かさを持つことも大事である。物心両面において安心立命の境地に立つことによって、半島は初めて楽園になるという、まことに得て勝手な思い付き論を臆面もなく現実の政策として実現させたのである。宇垣の命によって、一年後の一九三六年一月一五日、「心田開発委員会」が設置された。この委員会が神社への強制参拝の推進者になったのである（菅［二〇〇四］、一七四〜七五ページ）。

さらに、一九三八年四月、朝鮮総督・南次郎（みなみ・じろう）が、「内鮮一体化」を口実として、盧溝橋事件（一九三七年七月七日、七七事変=Qi Qi Shibian）一周年の一九三八年七月七日、「国民精神総動員朝鮮連盟」を結成した。この連盟は、各団体ごとに神社に強制参拝させる大きな力を発揮した（菅［二〇〇四］、一八七ページ）。

御神体などが祀られている祠（ほこら）や社（やしろ）など、神道の形式に則って御神体が祀られている施設を神祠（しんし）というが、この神祠が、一九三九年以降、猛烈な勢いで朝鮮で創設された。菅が引用している資料によれば（菅［二〇〇四］、一八六ページ。原資料は、『朝鮮総督府官報』、韓国学文献研究所覆刻版、彙報欄）、一九一七〜二六年までに創設された神祠は七〇であったのに、一九二七〜三六の次の一〇年間には、一八二になった。その後、加速度的に増え、日中戦争に突入して行く時代になると、一九三九〜四一年のわずか三年間で四五五も設立されたのである。如何に日本の権力者が、神道による内鮮一体化に血道をあげていたかが、この数値によって窺い知ることができる。

当時、日本の権力者たちが重用していた日本の知性は、こうした精神総動員運動を賛美していた。例えば、柳田国男は書いた。

「日本の二千六百年は、ほとんど一続きの移住拓殖の歴史だったと言ってもよい。最近の北海道・樺太・台湾・朝鮮の経営に至るまで、つねに隅々の空野に分かち送って、新たなる村を創出せしめる努力があったことは、ことごとく記録の上で証明せられてゐる。神をミテグラによって迎え奉ることがもしできなかったら、どのくらい我々の生活は寂しかったかも知れない。だから今でもその心持ちが、朝鮮神社となり、また北満神社となって展開しているのである」(柳田[一九四二]、八七〜八八ページ)。

ここで、「ミテグラ」と呼ばれているものは、「幣帛」と書く玉串のことであり、榊(さかき)に紙垂(かみしで)をつけて神に捧げるための供え物で、神への恭順の心を表し、神とのつながりを確認するためのものである。紙垂は神の衣を、榊は神の繁栄を表す象徴である。柳田は、朝鮮神宮に対して無邪気に高い評価を与えていたのである。

三　神社参拝を拒否した朝鮮のミッション・スクール

こうした日本の権力者による内鮮一体化政策には、キリスト教宣教師たちが、当然だが、反対していた。一九二四年一〇月、中清南道(Chungcheongnam-do)江景(Ganggyeong)普通学校で神社参拝が問題となった。これを『東亜日報』が一九二五年三月一八日と一九日に「強制参拝」問題というタイトルの記事を掲載し、教育現場における神社への強制参拝を批判した。ただし、まだこの時点では、朝鮮総督府は、宣教師の批判をあまり気にしていなかった(韓[一九八八]、一六〇〜六二ページ)。

神社参拝を拒否するミッション・スクールと宣教師たちの職を奪うという大弾圧が恒常的に行なわれるようになったのは、一九三〇年代に入ってからであった。平壌(Pyeongyang)にあった朝鮮における最初のミッション系四年制大学であった元、連合崇実(Soongsil)カレッジ(Union Christian College＝戦後は崇実大学＝SSUとして復帰)で、当時は専門学校に格下げさせられていた崇実学校の校長・ジョージ・マッカン(George S. McCune)博士が一九三五年に朝鮮から退去させられた(Grayson[1993], p. 20)。

この連合崇実カレッジは、韓国・朝鮮におけるミッション・スクールとしては最大の成功例であった。これは、韓国における二大プロテスタントの長老派とメソジストの共同事業であったからでもある。韓国の布教活動で大きな足跡を残したウィリアム・ベアード（William M. Baird）が創設した。米国インディアナ州出身（一八六二年生まれ）のベアードは、米国北部長老派教会（Northern Presbyterian Church of America）の宣教師として、一八九一年九月、釜山（Busan）に上陸し、自宅で教育を始めた（http://www.soongsil.ac.kr/english/general/gen_history.html）。一八九七年、平壌に移り、そこでも、自宅で教育した。これを舎廊房（Sarangbang、サランバン）教室という。「サランバン」とは、韓国語で「主人の居間を兼ねた客間のこと」であり、また、「サラン」は「愛」を指す言葉である（http://blog.livedoor.jp/hangyoreh/archives/526225.html）。これが一九〇一年一〇月に平壌における長老派の学校、四年制の高等学校、崇実学堂（Soongsil Hakdang）に結実する。「崇実」とは、SSUのウェブ・サイトによれば、「真実と尊厳の祈り」（worship of the truth and integrity）を意味する。それは科学的な心理と成熟した敬虔な精神を目標としていると説明されている（http://www.soongsil.ac.kr/english/general/gen_history.html）。ベアードは、学校は単なる慈善事業ではなく、完全に教会の基盤の上で運営されること、つまり、クリスチャン養成を使命としていた（李［二〇〇六］、六四〜六五ページ）。

一九〇五年、崇実学堂は、崇実高校（Soongsil Junior High School）と崇実カレッジ（Soongsil College）に分離した。そして、一九〇六年、メソジストの宣教師がカレッジの運営に加わり、カレッジは、一九〇八年に上述の連合崇実カレッジと呼ばれるようになった。連合（Union）という名称があるのは、長老派とメソジストとが合同でこのカレッジを運営したからである(3)。

二〇世紀に入って、プロテスタントを中心とするキリスト教の教会一致運動が、欧米で起こった。これをエキュメニカル運動（Ecumenical Movement）といい、「世界教会一致運動」と訳される。キリスト教の超教派による対話と和解を目指す主義をエキュメニズム（Ecumenism、世界教会主義）という。

そして、一九一二年三月、朝鮮総督府はこのカレッジを正式に認可した。朝鮮初の正式認可されたカレッジであった。同時に、このカレッジの運営に、米国の北部伝道本部だけでなく、北米南部長老派教会伝道本部（Southern Presbyterian Church Mission of North of America）も加わることになった。

しかし、崇実学堂は、民主主義、民族独立、革新の三原則の維持を標榜して、総督府に対立していた。そのために、正式に認可されたとはいえ、つねに当局の監視下にさらされていた。一九一二年という認可されたまさにその時に、いわゆる一〇五人事件の嫌疑で多くの学生・教師が総督府に拘束された（本章、注（1）、参照）。戦闘的な長老派と袂を分かつべく、メソジストは、一九一四年に同校の運営から身を引いた（李［二〇〇六］、一三五～三六ページ）。

一九一九年の三・一独立運動にも、このカレッジの全校生徒が参加し、教師と生徒の多くが拘束されることになった。

一九二五年、総督府は、崇実カレッジを大学から各種専門学校に格下げした。これに対して、崇実側は、朝鮮初の三年制の農学教科の新設を申請した。そして、一九二八年九月、先述のマッカンが学長になった。一九三一年には農学部の新設が許可された。しかし、マッカン校長が退去させられた後、一九三六年、米国北部長老教会の宣教本部（mission headquarters）が、総督府の宗教政策に反対して同会が運営する学校閉鎖を決定した。一九三八年三月、崇実校は、最後の卒業生を送り出して閉校となった。総督府による神社参拝に強力に反抗し続けていた崇実校も、三九年の歴史を閉じたのである（http://www.soongsil.ac.kr/english/general/gen_history.html）。

北部米国長老派の朝鮮における学校閉鎖の決定を受けて、南部長老派も、一九三七年九月、同じく朝鮮における学校を閉鎖した。

しかし、ミッション系の学校教育を完全に閉じてしまっていいのかとの論争がクリスチャンの間で闘わされた。一九三七年、朝鮮のメソジストは神道祭礼に形式的に参加することによって、学校を残す方針を採った。その方針は、翌、一九三八年六月、本国の伝道本部の承認を得た。神社参拝は信仰のためではなく、愛国的表現であるとの総督府の言い分を認めたのである。ただし、この方針は、朝鮮人の愛国心を逆撫でするものであった（Copplestone［1973］, p. 1196）。

メソジストよりも強硬派であった長老派に対しては、総督府は、猛烈な弾圧を加えた。一九三八年の韓国長老派教会総会は、日本の官憲の厳しい監視下で開催された。しかし、こともあろうに、そこで、神社参拝が決議されてしまったのである。反対意見を陳述できる雰囲気ではなかった。それは、韓国併合条約調印が武力による威圧下で実施された時の状況と同じであった（Blair & Hunt［1977］, pp. 92-95）。

融和的な姿勢を取っていた韓国メソジスト教会は自主規制策として、一九四〇年末、反日的・親米的傾向を持つ牧師たちを休職させ、一九四四年には旧約聖書と「ヨハネ黙示録」（Revelations of St. John）を禁書とした。それが政治的な破壊活動に資する恐れがあるというのが理由であった（Sauer［1973］, pp. 101-09）。

他方、一九〇八年のプロテスタント教会間の「棲み分け合意」（Comity Agreement of 1908）によって、朝鮮半島の北部に布教拠点を置くことが決められていた長老派は、半島南部の妥協的なメソジストに反発して、新天地、満州に拠点を移していた（Clark［1986］, p. 13）。それは、ナチス・ドイツに反抗する「告白教会」（Confessing Church, Bekennende Kirche）を彷彿とさせるものであった。(4)

ところが、朝鮮総督府によるクリスチャン弾圧に対して、日本のクリスチャンは激しい抗議の声をあげることができなかった。愛国心がないと政府から嫌疑を受けて、教会が攻撃されることを恐れていたからである（Best［1966］; Copplestone［1973］, p. 1197）。一八九一年に起きた内村鑑三の不敬事件についても、[5]日本のクリスチャンたちが激しい抗議を示さなかったのも、当局によるキリスト教会への弾圧を恐れたからであった（Caldarola［1979］, p. 169）。

おわりに

神職の小笠原省三は言った。

「日本人のあるところ必ず神社あり。神社のあるところまた日本人があった」（小笠原［一九五三］、三ページ）。

そして、敗戦。一六〇〇社あった海外神社のほとんどが廃絶された。

「終戦と共に暴民の襲撃を真っ先に被ったものも亦神社であったことを知らねばならない。……社殿は焼かれ財物は略奪された。中には奉仕神職及び家族が殉職した神社もある。……海外神社は遂に壊滅したのである」（小笠原［一九五三］、四ページ）。

朝鮮における日本の神社への強制参拝に対する告発は、数多く出されていた。中でもD・C・ホルトン（Holton）の著作は、連合軍の対日占領政策に大きな影響力を持った（Holton［1943］）。占領下の日本の「神道指令」はこの書をテキストにしたものである。

「神道指令」とは、一九四五年一二月一五日に連合国軍最高司令官総司令部（General Headquarters＝ＧＨＱ）による「国家神道、神社神道ニ対スル政府ノ保証、支援、保全、監督並ニ弘布ノ廃止ニ関スル件」という覚書のことである。信教の自由、軍国主義の排除、国家神道の廃止が指令された。「大東亜戦争」とか「八紘一宇」の用語も使用禁止になった（http://www004.upp.so-net.ne.jp/teikoku-denmo/html/history/kaisetsu/other/shinto_shirei.html）。

韓国併合前後の東アジアを巡る国際関係を振り返る時、日本を悲惨な壊滅に導いた太平洋戦争は、強引な韓国併合に大きな原因があったことが分かる。歴史はつねに複雑な要素を包み込んで進行するものなので、一刀両断的な歴史解釈は危険である。それでも、韓国併合とは何だったのかは問い続けられなければならない重要問題である。何故、強大国・米国に日本が戦争を仕掛けたのかという問いも大事だが、何故、韓国を併合しなければならなかったのかの問いの方がはるかに重大な意味を持つ。韓国を併合したいために清と、そしてロシアと、戦争をした。併合した韓国の利権を守るために、満州、華北をも統治下に置こうとした。当然、列強の反発を買う。反発を乗り切るべく、列強間の亀裂を利用した駆け引きに終始したのが当時の日本の外交であった。当然、友人はいなくなってしまった。世界からの冷たい視線に耐える唯一の支えが、「神国日本」という幻想であった。神がつねにわが日本の危機を救ってくれるという逃避的思い込みに、権力者も多くの市井の人も耽溺していた。当時、隣国・韓国（朝鮮）の歴史・文化・心を真剣に学ぼうとする日本人は少なかった。時代への抗議の文は、非常に少ない。

日本人は、文化を伝えてくれた師たちを輩出してきた地、私たちの父祖の地の人々の心をついに掴めなかった。日本の権力者を批判することはたやすい。しかし、彼らを権力の座に押し上げたのは日本の庶民である。韓国併合一〇〇周年。同じことを私たち日本人は繰り返している。

専門家だけでなく、素人も、自己の生活感覚に基づいて時代に異議申し立てをしなければならない時がある。いま、自分たちが冒してしまった行動に対する自省を言葉にしなければ、私たち日本人はかなりの長期に亘って、歴史の闇に押し込められることになるだろう。時代は、私たち日本人に対して苛酷な試練を与えている。こんな大事な時に、「坂の上の雲」？

第三章　韓国併合と対外摩擦―関税、移民、鉄道

はじめに

英国陸軍中将のエドウィン・コレン（Sir Edwin Collen, Lieutenant-General）が、カナダ人ジャーナリストのF・A・マッケンジー（F. A. McKenzie）の文書、『韓国における日本の植民地支配』（McKenzie［1906］）を紹介している。マッケンジーは、『デイリー・メール』（*Daily Mail*）のアジア特派員であり、一九〇三年に日本と韓国を訪れた。韓国訪問は日露戦争勃発の数日前であった。韓国滞在中に、日露海戦に遭遇した。仁川（Inchon）沖海戦がそれである。マッケンジーの文書では、この海戦は、済物浦の戦い（Battle of Chemulpho）と表記されている。済物浦とは、仁川の港の名前であり、日本統治下前の仁川の旧称である。(1)

日清戦争によって大韓帝国ができた。それまでの朝鮮国は、一八七五年の江華島（Ganghwa-do）事件により、翌一八七六年に日本の圧力で「日朝修好条規」(2)を結ばされていた。それはひどい不平等条約であった。一八八二年、壬午事変（Im-Ogun ran）(3)(4)が起こり、日本と清の両国はこれを鎮圧することを理由として出兵、日本と清が対立し、一八九四年に日清戦争が勃発した。一八九五年に日本の勝利で下関条約が締結した。この条約により、日本は清国に対する貢・献上・典礼等を廃止させた。朝鮮国王の高宗（Gojong）は、一八九七年、国号を大韓帝国と改め、自らをそれま

での国王ではなく皇帝と名乗ることになった。

当時、満州を勢力下に置いたロシアが朝鮮半島にも利権を拡大していた。閔妃（Minpi）は、ロシアに、鍾城（Chongsong）の鉱山採掘権や朝鮮北部の森林伐採権、関税取得権などを売り払った。あわてて、日本政府がこれを買い戻したが、日露は対立し続けた。

ロシアは、一八九八年に旅順・大連を清から租借し、旅順に旅順艦隊（第一太平洋艦隊）を配置した。

一九〇〇年、義和団事変を契機にロシアは満州の全土を占領下に置いた。日英米がこれに抗議し、ロシアは撤兵を約束したが、撤兵の履行期限を過ぎても撤退を行なわず、駐留軍の増強を図った。ロシアの南下に危機感を募らせていた英国は、ボーア戦争（Boer War）で財政難に陥っていて、対ロシアの軍事行動を起こせなかった。そこで、英国は、一九〇二年に日英同盟を結ぶことになった。日本政府内では小村寿太郎、桂太郎（かつら・たろう）、山県有朋らの対露主戦派と、伊藤博文、井上馨（いのうえ・かおる）ら戦争回避派との論争が続き、民間においても日露開戦を唱えた戸水寛人（とみず・ひろんど）ら七博士の意見書（七博士建白事件）や、『万朝報』（よろずちょうほう）紙上での幸徳秋水（こうとく・しゅうすい）の非戦論といった議論が発生していた。

一九〇三年四月二一日、山県の京都の別荘・無鄰菴（むりんあん）で伊藤・山県・桂・小村による「無鄰菴会議」が行なわれ、戦争も辞さないとの合意が成立したとされている（ただし、伊藤の慎重論が優勢であったとも言われている。徳富［一九六九］、一三九～四一ページ）。

日露戦争前後の経緯を振り返っておきたい。一九〇三年八月からの日露交渉において、日本側は、朝鮮半島を日本、満州をロシアの支配下に置くという妥協案、いわゆる満韓交換論をロシア側へ提案した。しかし、韓国における利権を確保しようとしていたロシアはそれを拒否、一九〇四年二月六日、外務大臣・小村寿太郎がロシア公使を外務省に呼び、国交断絶を言い渡した。

日露戦争勃発が不可避と判断した韓国は、「局外中立宣言」を出した。これに対して、一九〇四年二月二三日、韓国における軍事行動を可能にすべく、日本政府は韓国に「日韓議定書」を押し付けた。開戦後の八月には「第一次日韓協約」を締結し、韓国の財政、外交に顧問を置き、条約締結には日本政府の許可を必要とさせた。

日露戦争は、一九〇四年二月八日、旅順（Lusun）港に配備されていたロシア旅順艦隊（第一太平洋艦隊）に対する日本海軍駆逐艦の奇襲攻撃に始まった。さらに、日本海軍・第三艦隊の巡洋艦群が、仁川港外でロシアの巡洋艦を砲撃し（仁川沖海戦）、二月一〇日、日本政府からロシア政府への宣戦布告がなされた。

マッケンジーは、黒木為楨（くろき・ためもと）大将率いる日本陸軍の第一軍と行動を共にした（McKenzie［1906］, p. 1）。この軍は、朝鮮半島に上陸し、一九〇四年四月三〇日、安東（Andon、現・丹東、Dandon）近郊の鴨緑江（Yalujiang）岸でロシア軍を破り（鴨緑江会戦）、そのまま進軍を続けて、八月には満州の拠点、瀋陽（Shenyang）を落としている。

一九〇五年に、マッケンジーは一度英国に帰国したが、その年、再度、極東に来て、日本、韓国、中国北部を旅行している。韓国情報を提供したのは、伊藤博文を統監とする韓国統監府であった（*ibid.*）。

韓国統監府は、大韓帝国を日本の保護国にすることを定めた、一九〇五年一一月の「第二次日韓協約」（韓国側では乙巳（Ulsa）保護条約と呼ぶ）によって設置されたものである。

一　韓国税関長、マックレービ・ブラウン

マッケンジーは、日本の急激な膨張ぶりにまず驚嘆した。日本の人口は、明治維新以後の二〇年間で、三六〇〇万人から四八〇〇万人へと二五％も増加した。わずか二〇年間で一二〇〇万人も増えた人口を養うべく、日本は、海外に移住地を探し求めざるを得なかった。マッケンジーによれば、最大の移住候補地は満州であった。満州の各地に日本人社会が形成された。遠からずして、満州人と中国人を合わせた数よりも多くの日本人が居住するようになるだろうとマッケンジーは予測していた（*ibid.*, p. 2）。

すでに、韓国は、一九〇四年二月から事実上、日本の支配下に入っていた。鎖国時代の朝鮮は、「隠者王国」（Hermit Kingdom）と呼ばれていた。この王国が、一八七六年に日本の手によって開国され、英米がそれに続いた。

こうした経緯を説明した後、マッケンジーは、韓国の税関長のマックレービ・ブラウン（McLeavy Brown）のことに触れている。

一八九五年の閔妃暗殺事件（乙未（Ulmi）事変）の後、反日運動の高まりで、当時の穏健派の首相、金弘集（Kin Hongjip）が民衆によって虐殺され、皇帝の高宗は、一八九六年二月にロシア公使館に逃げ込み、李完用（Lee Wanyong）が親露派政権を樹立した。ロシア政府は、韓国への介入を強固にすべく、それまでの公使、カール・ウェーバー（Karl Ivanovich Weber）を一八九七年九月に更迭し、アレクセイ・スペイヤー（Alexei Nikolaevich Speyer）を後任者に据えた。慎重な性格であったウェーバーは、ニコライ二世（Nicholai II, Nicholai Aleksandrovich Romanov）に疎んじられていたのである。後任のスペイヤーは、事実、性急に事を運ぼうとした。

スペイヤーは、李完用政権に命令して、ブラウンを解任させた。この時、英国海軍が、軍艦を済物浦港に入港し、

ロシアに軍事的圧力をかけたことによって、ブラウンを復帰させたとの記述がある。ブラウンの指揮下でヨーロッパ人たちが税関業務を担っていたというのである（*ibid.*, pp. 4-5）。単なる顧問ではなく、税関長であるということは、非常に大きな歴史的意味を持っている。

英国人が税関長のポストを確保できるようになったのは、アヘン戦争の勝利による。この戦争によって、英国は香港租借以外に、清の多くの港を開港させたばかりでなく、清から関税自主権を奪い、税関業務を英国が掌握したのである。韓国開港とともに、英国は韓国の関税業務をも掌握したのである。

ちなみに、ロバート・ハート（Robert Hart）というブラウンの上司がいた。ハートは、太平天国の乱（Taiping Rebellion、一八五二～六四年）が燃え上がっていた一八五三年に、一九歳の時に駐清英国領事館の助手兼通訳として、中国の地を踏み、後、義和団事変（Boxer Uprising、一九〇〇年）、清王朝の崩壊を目撃している。香港、寧波（Ningbo）、広東（Guangdong, Canton）の英国領事館勤務を経験した、一八五九年に領事館を辞め、広東税関の副長官になる。一八六三年には清政府税関長（Inspector General of the Chinese Imperial Maritime Customs Service）に抜擢され、一九一一年の死去まで四八年間も税関長を務めた。

税関長官という重要ポストが外国人に委ねられたのは、貿易港が、外国人による治外法権地域であったことと、関税率が外国人の話し合いによって決められていたからである。中国に発言力はなかったのである。

しかも、海関税収入を集める権限を英国が持つということは、それが清政府収入になるので、税関長官は清政府の財政顧問という役割をも担っていた。関税収入は、郡の近代化、鉄道敷設、郵便システムの構築などに投じられた。そして、税関の管理は完全にハートの手に握られていたのである。清に与えるハートの影響力の大きさがここからも分かる（http://www.sacu.org/hart.html）。

ブラウンが韓国の税関長になったのは、ハートの推薦による。ブラウンは、一八三五年、アイルランドのリスバーン（Lisburn）に生まれた。一八七三年清の税関に入り、翌七四年広東税関副長官になった。朝鮮の開港とともに、韓国税関部長、皇帝・高宗の財政顧問となり、一八九三年に税関長になる。日本政府もこの人事を承認した。しかし、一八九五年閔妃殺害事件があってから、皇帝はロシア公館に逃亡するが、その際、辛うじて、ブラウンに条約締結の全権限を与えるという書面に署名できた。ロシアにとってこれは痛手であった。皇帝を掌中にしたのだから、韓国はロシアの支配下に入るはずであった。事実、親露政権もできた。しかし、皇帝の勅許状を持つブラウンの存在は、ロシアにとって邪魔であり、ロシアはブラウンを一九〇一年に排除した。上述のように、英国海軍の圧力によって、ブラウンは、いったんは税関長の地位を保全されたが、日露戦争で勝利した日本が本格的に韓国を支配するようになった一九〇五年八月、韓国を去った。一九一三年、ブラウンは駐ロンドン中国公使の顧問となり、一九二六年の死まで、その職に留まった（http://www.worldlingo.com/ma/enwiki/en/John_McLeavy_Brown）。

二　日英同盟と関税自主権の完全回復

義和団事変以後、中国大陸からなかなか撤兵しないロシアを巡って日本の指導者たちは二つに分かれていた。立憲政友会の伊藤博文や「三井の大番頭」の井上馨らがロシアとの妥協の道を探っていた。他方、山県有朋、桂太郎、「三菱の大番頭」の加藤高明（かとう・たかあき）らはロシアとの対立は避けられないとの立場から、英国との同盟論に傾斜していた。結果的に、日露協商交渉は失敗し、外相小村寿太郎の交渉により「日英同盟」が締結された。

「第一次日英同盟」における内容は、交戦時の中立条件を決めたものであり、秘密交渉では、日本は単独で対露戦争に臨む方針を伝え、英国は好意的中立を約束した。

一九〇五年の「第二次日英同盟」では、英国のインドにおける特権と日本の韓国に対する支配権を認め合うとともに、清国に対する両国の機会均等を定め、さらに、互いに戦争で助け合うとした攻守同盟を定めた。

一九一一年の「第三次日英同盟」では、米国を交戦相手国の対象から外した。これは日本、英国、ロシアを強く警戒する米国への配慮を示したものであった。また、日本は「第三次日英同盟」に基づき、連合国の一員として第一次世界大戦に参戦した。

一九二三年、いわゆる「四か国条約」で、米国の強い要請で「日英同盟」は解消させられた。この年、一八九四年以来の通商条約改定がなされた（http://www.netwave.or.jp/~mot-take/jhistd/jhist2_4_7.htm）。

日本の不平等条約改正の足取りを整理しておこう。明治政府にとっての重要な外交課題は、幕末に締結された安政の仮条約が不平等条約であったために、その改正、つまり、治外法権の撤廃、関税自主権の回復であった。

明治政府は、一八七一年、岩倉具視（いわくら・ともみ）使節団を派遣し、条約改正予備交渉に着手したが失敗した。

欧米諸国を相手にしての正式の関税自主権の回復交渉は、一八七八年、寺島宗則（てらしま・むねのり）外務卿の時に開始された。この時、米国が賛成したが、英国、ドイツの反対で交渉は不成功に終わった。

一八八六年、第一次伊藤内閣の外務大臣・井上馨が条約改正のための会議を諸外国の使節団と持った。しかし、井上提案は外国人判事の任用などの譲歩を欧米に示したため、小村寿太郎、鳥尾小弥太（とりお・こやた）、法律顧問・ボアソナード（Gustave Emile Boissonade de Fontarabie）がこれに反対意見を提出し、井上は、民権派による抗議・爆弾テロで負傷し、一八八七年に辞任、改正交渉は失敗した。

一八八八年、外務大臣・大隈重信（おおくま・しげのぶ）が、治外法権廃止を目指して交渉に臨み、米国、ドイツ、ロシアの賛意を得たが、交渉に際して、大審院に限定したとはいえ、外国人判事を任用するとしたために、憲法違反であるとの反対をうけ、彼も爆弾テロで負傷して、一八八九年辞職した。

一八九一年、外務大臣・青木周蔵（あおき・しゅうぞう）が、六年後に治外法権撤廃・関税自主権回復させるという交渉に臨み、治外法権については、英国の同意は得たものの、大津事件のために同年辞職を余儀なくされ、またまた、交渉は中断することになった。

一八九四年、第二次伊藤内閣の外相・陸奥宗光が、治外法権撤廃に照準を定め、各国別に交渉し、日清戦争直前に治外法権を完全に撤廃した「日英通商航海条約」の調印に成功した。さらに関税率の一部引き上げにも成功し、居留地の廃止と外国人の内地雑居が実現した。

陸奥外相の条約改正後は、残された関税自主権の回復が眼目となったが、一九一一年、第二次桂内閣の外相の小村寿太郎が、日露戦争後の国際的地位の向上を利用して、関税自主権回復にやっと成功した（http://note.masm.jp/%C9%D4%CA%BF%C5%F9%BE%F2%CC%F3/）。

一八九四年の通商条約では、欧米からの輸入品にかける日本の関税水準は、まだ日本に不利なものであった。しかし、一九〇九年二月、日本政府は英国製品の輸入関税を五〇〇％に引き上げるという法外な提案を英国に対して行なった（Hotta-Lister［1999］, p. 43）。当時は、内外で保護主義が高まり、自由貿易を国是とする英国は大きな岐路に立っていた。ドイツ、米国の保護主義によって、英国製品は世界市場から駆逐されるという恐怖を英国産業界は抱いていた。関税率交渉を巡る大議論が英国内で沸騰しているまさにその局面で日本政府が英国に対して居丈高な要求をしたのである。そもそも関税の自主権がなく、それまでの交渉がことごとく失敗してきたのに、一九〇九年に五〇〇％課税という法外な要求をしたのは、日本側に勝算があったのだろう。

日本との関税改革交渉は、英国にとって非常に重要な課題であった。後に保守党で首相になったアンドリュー・ロー（Andrew Bonar Law）が、一九一〇年一一月、マンチェスター・自由貿易・ホール（Manchester's Free Trade Hall）で保護主義の導入を呼びかける講演をした。そして彼は、日本の工業力の台頭への恐れを表明した。日本のよく組織された安価な労働力が日本の綿産業を支えている。いまは目立たないが、いずれは、インド市場などで日本の綿製品が溢れるようになり、英国製品は強力な厳しい競争にさらされることになるだろう。こうした事態の到来を避けるためにも、特恵を供与できる体制を作っておく必要があると訴えたのである（Law［1910］）。

英国が実際に自由貿易原則を棄てるのは、第一次世界大戦中の一九一五年のマッケナ関税（McKenna duties）[5]まで待たねばならないが、少なくとも二〇世紀に入ってからの関税論議は英国経済の斜陽化を示すものであった（Hunter［2003］, p. 16）。

将来の基幹産業になるはずだが、その時点では国際競争力を持たず、幼稚産業を保護しなければならなかった日本が関税自主権を回復することが至上命令であったことは当然である。

ちなみに、一八七〇年から第一次世界大戦勃発前の一九一三年にかけての世界の輸出額は、年平均で三・四％の伸びを示していた。ところが、英国の輸出の伸びは小さかった。同期間の英国の輸出額は年率二・八％の伸びにすぎなかった。日本は八・五％であった（Maddison［2001］, p. 362）。

貿易だけではない。一八九〇年代から一九〇〇年代には、成熟国から新興国への国際的な資本移動も活発であった。日本について言えば、一八九七年に金本位制を採用した効果が大きかった。金の裏付けのある円は、投資家の信用を得る強い武器であった。

「日英同盟」下で、日本の中央政府はもとより、地方自治体、公共団体が積極的にロンドンで起債した。ただし、規模から言えば、日本への英国資本の流入は他地域に比べてまだまだ小さかった。

「日英同盟」によって、国際金融市場であるロンドンから資金を呼び込もうとする意図が日本政府にあったのは当然であろう。しかし、日本の期待に反して、国際資金の日本への流入は芳しくなかった（Nish［1966］, pp. 253-55）。日本政府も日本企業もロンドン金融市場からの借入には困難を覚えていたのである。

一九一四年の国際資本移動に占める英国資本のシェアは四三％もあった。しかし、そのほとんどは米国、ラテンアメリカ、英国自治領、英領植民地に向かい、非英連邦域には、二％前後でしかなかった（Kenwood & Lougheed［1994］, pp. 27-29）。たとえ、日英同盟が結ばれていても、ロンドンの金融界は日本に魅力を感じていなかったのである。

それでも、日露戦争の軍事費調達に当たっては、よく知られているように、クーン・レーブ商会（Kuhn Loeb & Co.）のジェイコブ・シフ（Jacob Henry Schiff）[6]の貢献が大きかった。当時の日本銀行副総裁・高橋是清（たかはし・これきよ）によるの起債活動をユダヤ人のシフが応援し、第一回起債予定額一〇〇〇万ポンドのうち、五〇〇万ポンドを引き受けたのである。

当時、政府の戦費見積もりは四億五〇〇〇万円であった。日清戦争時、戦費の三分の一が海外に流失したので、日露戦争でも一億五〇〇〇万円の外貨調達が必要と推計された。当時の日銀保有の正貨は五二〇〇万円しかなく、約一億円を外貨で調達しなければならなかった。発行額一億円の外貨起債の担保には、関税収入を当てることとし、一〇年据え置きで、満期四五年、金利五％以下との条件で、高橋是清が外債発行団首席として外国の銀行と交渉することになった。

しかし、開戦とともに日本の既発の外債は暴落しており、初回に計画された一〇〇〇万ポンド（一億円）の外債発行もまったく引き受け手が現れない状況であった。これは、当時の世界中の投資家が、日本が敗北して資金が回収できないと判断していたためである。

最初は米国の銀行と交渉していたが、まったく相手にされず、一九〇五年四月にロンドンに渡り、額面一〇〇ポンドに対して発行価格を九三・五ポンドまで値下げし、一か月以上交渉の末、ようやくロンドンでの五〇〇〇万ポンドの外債発行の成算を得た。しかし、予定の一〇〇〇万ポンドにはまだ五〇〇万ポンド足りなかった。

この時、たまたまロンドンに滞在中であり、帝政ロシアを敵視する米国のユダヤ人銀行家、ジェイコブ・シフの知遇を得、ニューヨークの金融街として残額五〇〇万ポンドの外債引き受け及び追加融資を獲得した。

第一回は一九〇四年五月に仮調印した。シフの応援によって、当初の調達金利を上回る七年償還、七％の好条件であった。応募状況はロンドンが大盛況で募集額の約二六倍、ニューヨークで三倍となった。一九〇四年五月に日本軍の優勢が明らかになると、第二次以降、日本の外債発行は順調に推移し、結局日本は一九〇四年から一九〇六年にかけ合計六次の外債発行により、借り換え調達を含め総額一万三〇〇〇ポンド（約一三億円弱）の外貨公債を発行した。この内最初の四回、八二〇〇万ポンド（八億二〇〇〇万円）の起債が実質的な戦費調達資金であり、後の二回は好条件への切り替え発行であった。なお日露戦争開戦前年の一九〇三年の一般会計歳入は、二億六〇〇〇万円であったた。いかに巨額の起債がなされたかが分かる。ちなみに、日露戦争の戦費総額は、一八億二六〇〇万円強であった（http://www.mof.go.jp/jouhou/soken/finance/zaisei07.pdf; http://www.mof.go.jp/jouhou/soken/finance/monogatari.htm）。

一九〇六年三月八日、シフは日本政府に招聘され、三月二八日、明治天皇より最高勲章の旭日大綬章を贈られた。

ロンドンだけに限定すると、一九〇〇～一三年までの日本政府の起債額は六五〇〇万ポンド（六億五〇〇〇万円）強であった。これは、全世界の政府のロンドン起債総額の二〇％も占めていた。ただし、一九一四年から「日英同盟」が解消される一九二三年までは、日本政府起債はない（Suzuki［1994］p. 11）。つまり、ロンドンでの日本の政府起債は、日露戦費調達によるものであった。

一九〇二年から第一次世界大戦までの日本の地方自治体によるロンドンでの起債額は、一億七七〇〇万円であった。日本の民間会社の起債は二億円であった。民間会社による起債といっても、その三分の二は南満州鉄道によるものである。国策会社の東洋拓殖会社は二〇〇〇万円を起債している(Suzuki[1994], pp. 200-3)。

同盟の存在にもかかわらず、英国企業と日本企業との合弁は、非常に少なかった。一九〇二～二三年の同盟期間内で、日英合弁会社は五つしかなかった。米国が七、ドイツが四つあった。フランスは一つであった(Udagawa[1990], pp. 6-10)。

事実、一九二〇年以降は、日本にとって米国の方が英国よりも重要な経済パートナーであった。一九三一年の製造業における直接投資件数は、英国の二一件に対して三六件あったという調査結果が出ている(Mason[1992], p. 44)。

しかし、日本政府は、第一次世界大戦中に英国の戦費を補助すべく、一九一六～一九年に二億八三〇〇万円の英国債を購入している(Moulton[1931], p. 395)。

三　日英同盟と英連邦の白人至上主義

一九世紀末から二〇世紀初頭にかけての年代は、一大移民の時代であった。蒸気汽船や電信の発達により、人間の移動が容易になったためである。日本人移民も多かった。一八八五～一九〇七年の期間で、五〇万人以上の日本人が移民した。一九〇八～一九二四年の期間ではさらに加速した。この期間の移民は、六四万三〇〇〇人であった。ハワイ、米国が主たる移民先であったが、次第に南米はもとより、朝鮮半島や満州への移民も多くなって行った(Kenwood

& Lougheed［1992］, pp. 56-58)。

初期の海外流出者の多くは、年季契約者で、契約年が終わると帰国していたが、次第に現地に留まるようになり、白人至上主義の英自治国にも多くの移民が流入するようになった。

英国は、一八九四年、「日英通商航海条約」(Treaty of Commerce and Navigation)を日本と結んだ。これは、オーストラリアには衝撃であった。この条約が、移住の自由を含んでいたからである。クイーンズランド州以外のオーストラリアの各州は、条約への加入を拒否した。

元々、オーストラリアのクイーンズランド州には、真珠貝採取産業があり、日本人潜水夫が雇用されていた。真珠貝は、ボタンの材料で、北オーストラリアの木曜島(Thursday Island)が拠点であった。一八八三年、真珠貝産業への日本人移民がオーストラリア政府によって正式に認められた。木曜島には、一八九二年、一〇〇人の日本人が住み、一八九四年には、七〇〇人を超えた。一九〇九年には同じく真珠貝産業の盛んなブルーム(Broome)の人口、約二〇〇〇人のうち、一〇〇〇人弱が日本人であった。一九一〇年が、オーストラリアの真珠貝採取産業のピークであった(http://opinion.nucba.ac.jp/~kamada/H21Australia/australia21-4.html)。

オーストラリアには、白豪主義(White Australia policy)があった。一九〇一年の「移住制限法」(Immigration Restriction Act)制定から一九七三年の「移民法」(Immigration Act of 1973)までこの政策方針が維持された。一八六三年、ノーザンテリトリーが南オーストラリア植民地として編入されると、南オーストラリアは当初日本人を入植させる計画を採り、日本からも真珠貝採取や砂糖農園における技術系労働者が流入した。一八九八年のクイーンズランドで就労していた日本人は三二〇〇人を超えた。しかし、日本の移住希望者にも「ヨーロッパ言語による書き取りテスト」を課して、実質的に流入を阻んできた。

一九〇一年、オーストラリアは連邦制になった。この年に、移住制限法、帰化法、太平洋諸島労働者法等を成立させ、白豪主義政策を目指すようになった。連邦政府の最大の問題が移民労働者問題であった。しかし、一九〇二年の「日英同盟」によって、豪連邦初代首相のエドモンド・バートン（Edmund Barton）は、日本に対して格別の配慮をするようにと、当時の英植民地相のジョセフ・チェンバレン（Joseph Chamberlain）から要請された。バートンは、その要請を受け入れた。バートンは、「日英同盟」がオーストラリアの対日貿易を増進させるし、英連邦（Commonwealth）の北部地域の安全保障にもなると説明した。しかし、第二代豪首相のアルフレッド・ディーキン（Alfred William Deakin）になると、「日本人は優秀であるがゆえに危険であり、排除されねばならない」として、バートンの対日宥和政策は撤回させられた（http://www.nla.gov.au/barton）。貿易や地域安全保障よりも白人の優位性が優先されたのである（Walker［1999］, pp. 68-76）。

同じようなことが、カナダでも生じた。カナダのブリティッシュ・コロンビアには、一九〇〇年まではほぼ五〇〇〇人の日本人がいた。一九〇〇年以降、ハワイから日本人がこの地に流入するようになった。とくに鉄道建設が進むカナダには低賃金労働者の需要が高まっていた。一九〇〇～一五年の間に一万六〇〇〇人の日本人の入国がカナダ政府によって認められ、うち、八〇%がブリティッシュ・コロンビアに向かった。ただし、その多くは定住を許されなかった（Kelley & Trebilcock［1998］, p. 143）。定住が許されて、国籍を得ても、日本人移民への差別は大きかった（*ibid.*, pp. 143-44）。ついには、バンクーバー（Vancouver）で日本人を排斥する暴動が起こった。一九〇七年のことである。

一九〇五年、「アジア排斥同盟」（Asiatic Exclusion League＝ＡＦＬ）が米国とカナダで結成された。これは、アジア系移民を排斥する同盟である。

「同盟」は、まず、サンフランシスコの六七の労働組合によって結成された。この組織は、反アジア、とくに、日本人、中国人、韓国人が標的になった。

この同盟は、一九〇七年九月八日にバンクーバーの中華街を襲撃した。カナダの「アジア排斥同盟」は、一九〇七年に結成され、「東洋人をブリティッシュ・コロンビアに入れるな」(to keep Oriental immigrants out of British Columbia)であった。九〇〇〇人もの白人が暴れまくった。群集は日本人街にも乱入し、日本人は棍棒で反撃したと言われている(http://ja-jp.facebook.com/pages/Asiatic-Exclusion-League/134719629893800)。一九一二年にはカナダ政府と日本政府との間で「紳士協定」(Gentlemen's Agreement)が成立し、日本からのカナダへの移民を自主的に日本政府が抑制することになった(Sugimoto［1972］, pp. 95-96)。

そして、一九二三年、中国系移民を実質的に排斥する「華人移民法」(Chinese Immigration Act)がカナダで成立した。この法案の成立にアジア排斥同盟は四万人のメンバーを擁して圧力をかけた(Kay［1995］, p. 128)。

いずれにせよ、日本人移民排斥の白人市民の意識が、つねに日英同盟廃棄の圧力として働き続けたのである(Lowe［1969］, pp. 267-92)。

四　南満州鉄道平行線建設問題

日英同盟の存在にもかかわらず、清政府は、一九〇七年、英国のボウリング商会(Bowling & Co.)との間で、「南満州鉄道」と対立する新鉄道を建設する契約を交わした。新民屯(Hsinmintun)–法庫門(Fakumen)間に南満州鉄道に平行した鉄道がそれである。これが建設されれば、日本が支配する南満州鉄道による大連(Dalian)に物資を運ばなくても、中国がまだ支配権を持っている天津(Tianjin)に物資を運ぶことができる。これは、南満州鉄道への日本の排他的権益を認めるという一九〇五年の「日中秘密協定」を侵犯するものであるとして日本政府は清政府と英国政府に強く抗議した。しかし、英国側の反応は鈍かった。日本が満州の権益を独占することへの反発があったからである。日本も英国側のそうした反発を意識せざるを得なかった（Franke［1923］, SS. 290-91）。

辛亥革命（Xinhai Geming）の進行時、日本政府は一九一一年に北京・奉天（Mukden、満州語）間の京奉鉄道への排他的管理権を主張したが、英国政府はそれを認めようとはしなかった（http://202.112.150.129/mt/mtyj/mtyj2009No3.pdf）。

この間の経緯について、『リットン調査団報告』（*The Lytton report*; Sokolsky［1932］[7]）の第三章第三節「満州に於ける日支鉄道問題」が簡潔に叙述している。以下、その内容を要約する。

満州の権益争いのほとんどは鉄道に関するものである。利権のみで鉄道が意識され、この地域をどう発展させるかの意識は中国側にも日本側にもない。関連する諸国への公文書による協定も一切ないまま、鉄道が建設され続けた。

満州に於ける鉄道の建設は、ロシアによる「東支鉄道」（East China Railway）が最初である。これは、日露戦争後南部で日本が管理する南満州鉄道に引き継がれた。満鉄は、経済的利益よりも、政治的な機能を優先させていた。

これが中国人の憤激を買った。とくに、中国側が自力で鉄道建設に乗り出そうとして、日中間の軋轢が大きくなった。例えば打虎山（Dafushan）・通遼（Tongliao）線の建設がそれであった。これは、張作霖（Zhang Zuolin）が日本を牽制するために建設したものである。張学良（Zhang Xueliang）もまた父の日本敵視政策を踏襲した。これらすべては、南満州鉄道をめぐるものであった。

日本は、一九〇五年一一月、清政府に対して、南満州鉄道の存在を脅かす競合鉄道の建設をしないことを約束させていたのである。

日本政府がこの約束を清政府が破ったとして攻撃した最初の競合鉄道建設は、一九〇七年の新民屯・法庫門鉄道である。中国側は、日本政府の度重なる抗議を無視して競合路線を建設し続けた。

利権争いだけではない。満州の鉄道問題を複雑にしているいま一つの要因は、鉄道建設資金を日本が中国に貸し付けたことにもある。「柳条湖（Liutiaohu）事件」が発生した一九三一年九月時点での日本の貸付は延滞利子を含めて一億五〇〇〇万円あった。これは、南満州鉄道とは競合しない狭軌の線路建設資金であった。しかし、中国側は、新線が日本の政治的・軍事的目的に合わせるように意図されたものであり、新線建設が中国の利益になっていないことを理由に、借り入れの支払いを渋っていた。しかも、南満州鉄道の意向に沿う線路であって、正当な審査手続きを踏まえた貸付ではないとの抗議をも中国側は行なっていた。中国側からすれば南満州鉄道によって新線建設を強引に押し付けられたことになる。償還の見込みが立たない時にすら、満鉄は中国への借款供与を縮小しなかった。

南満州鉄道は当初支線を持っていなかった。そのために扱う旅客も貨物も大きくは伸びなかった。これを中国側に建設させようとしていたのである。

これに反抗した中国側が、南満州鉄道ではなく、自国の独自の鉄道、つまり、南満州鉄道と競合する線路建設に日本側からの借款を投じる行動に出たために、日本側との衝突が一九三一年前後に生じたのである。

「対華二一か条要求」に見られるように、鉄道利権に関するかぎり、日本の対中要求は、非常に露骨なものであった[8]。この要求によって、例えば、吉林（Jilin）と長春（Changchun）を結ぶ「吉長鉄道」が南満州鉄道会社の支配下に置かれることになった。

また、「満蒙四鉄道協定[9]」によって、一九一八年、二〇〇〇万円がいわゆる「安徽（Anhui）派[10]」軍閥政府に対して前渡しされた。しかも、使途は指定されなかった。これが有名な「西原借款[11]」の一つとなった。そもそも、「満蒙四鉄道協定」では、鉄道建設を促進させるための日本側からの借款供与だったはずなのに、西原借款は、安徽派への梃子入れを狙った政治献金以外の何物でもなかったのである。

新しい西原借款は別として、鉄道新線を中国が建設するという過去の合意を履行しないと日本側は非難し続けた。最大の焦点は、満州の中部から朝鮮半島の港まで新線を建設して、満州の物資を日本に運びやすくするという日本側の要求を中国が無視したという事件である。一九〇九年九月の「間島協定」(Jiandao (Kando) Agreement)[12]で中国側が新線建設に同意したのに、まったく着手しようとしていないというのが日本側の批判点であった。

その一つが、吉林・延辺の敦化(Dunhua)より朝鮮北部の会寧(Hoeryong)に至る「敦会線」建設に関する問題である。日本は、この鉄道建設に中国が協力するのは、間島協定で合意を得たことなので、日本側が資金供与をするから建設に着手しろと迫っていた。協定に基づき、一九一八年に一〇〇〇万円を中国政府に前渡ししたはずだと、日本側は、主張していた。しかし、当時の内乱状態下で、しかも、安徽派支援の西原借款への反感があった中国は、日本側の要求を素直に受け入れられなかった。以上が、『リットン調査団報告書』の鉄道に関する個所の要約である。

おわりに

日本は、北京撤退前の張作霖に新線建設契約への署名を迫った。署名しなければ、張作霖・張学良親子の北京撤退を阻止すると脅迫を加えていた。張作霖は、署名を拒否し、爆死した。奉天に退いた張学良も同じく拒否した。脅迫された契約は無効であると日本側の要求を一蹴したのである。一九二八年五月のことであった。敦会線建設に中国側が抵抗したのは、新線に託す日本の軍事戦略目的を恐れたからである。日本に対抗すべく、中国側は南満州鉄道に依拠しない独自の鉄道建設を続けていた。これが満鉄に競合する線路だとして、中国側は、日本側の激高を買っていたのである。

そして、一九三一年九月一八日、奉天（現瀋陽）郊外の柳条湖で、南満州鉄道の線路爆破事件（柳条湖事件）に端を発し、関東軍による満州全土の占領を経て、一九三三年五月三一日の「塘沽（Tanggu）協定」に至る、日本と中華民国との間の満州事変となったのである。関東軍はわずか五か月の間に満州全土を占領した。

南満州鉄道の運賃は、日本人貨物を差別的に優遇し、日本製品輸入にも無関税であった。つまり、日本の支配地域では日本企業の独占的権益が定着することになった（British Chamber of Commerce［1916］, p. 98）。加えて、一九一五年一月一八日の「対華二一か条」である。これは、日本の権益が満州に限定されず、中国の他の地域、とくに、英国が権益を確保していた揚子江（Yangzijiang）デルタへの拡大を要求したものであった。当然、英国人のみならず、アジア人の日本政府への憤激は高まった（Hyndman［1919］, pp. 278-79）。

日露戦争後、東アジアにおける英国の権益が著しく縮小されたことへの英国人の怒りは大きく、国内に「日英同盟」破棄の気運が高まったのである。「日英同盟」が英国の対日貿易を増進させるという当初の期待が完全に裏切られたからである（Lawton［1912］, vol. 2, p. 114）。

第四章　韓国併合と米国人宣教師

はじめに

一八七六年、駐露公使（Minister to Russia）であった榎本武揚（えのもと・たけあき）[1]は、当時の外務大臣・寺内宗則（てらうち・むねのり）[2]に書簡を送り、日本にとって、朝鮮の経済的貢献は小さいが、安全保障の視点からすれば非常に重要な政治的・戦略的位置にあると語った（田中［一九九七］、六一ページより引用）。

経済的利益はないが、安全保障の見地からは、朝鮮は、戦略的重要な位置にあるというのが、当時の元老たちの共通認識であった。しかし、史実はそうではない。明治政府は朝鮮半島から経済的利益をむさぼり取ろうとしていた。それは、すでに、一八七六年、日本と李氏朝鮮との間で結ばれた「日朝修好条規」に現れていた。第三章でも説明したが、この条約は一八七五年の江華島事件後に結ばれたことから「江華条約」（Treaty of Ganghwa）とか、一八七六年が丙子の年に当たるので、丙子条約（Treaty of Byon-Ja）とも呼ばれている。

「修好条規」は、漢文と日本語で書かれている。条規は全一二款からなり、付属文書一一款、貿易規則一一則、公文からなる。条規第一款は、「大日本国」と「大朝鮮国」が相互に自主独立の国であること。条規第四款で、すでに日本公館が置かれている釜山（Busan）は言うに及ばず、即時に、元山（Wonsan, 一八八〇年開港）、仁川（Inchon, 一八八三年開港）をも開港させる。条規第九款で貿易制限禁止。条規第一〇款で、日本人の治外法権が定められた。付属第七款で開港場における日本の貨幣使用が認められた。貿易規則第六則では、それまでは禁止されていた朝鮮から日本への米の輸出が認められ、公文では朝鮮の関税自主権を奪い、日朝間の貿易は無関税になることが宣言された（http://www.archives.go.jp/ayumi/kobetsu/m09_1876_01.html）。日本が欧米列強によって押し付けられた不平等条約ですら、無関税でなく、一定の関税がかけられていたし、また、外国の貨幣の乱用も抑制されていた。そうした日本が苦しんだ不平等をさらに拡大させた条規を日本は朝鮮に強制したのである。日本は、朝鮮を経済的に搾取する姿勢を初発から露骨に示していた。

ちなみに、朝鮮半島の植民地化によって、日本に在住する朝鮮人の数は激増した。一九一一年には二五〇〇人しかいなかったが、一九二〇年には約三万人、一九三〇年には約三〇万人、終戦直後には約二五〇万人になった（和田・石坂編［二〇〇二］、一〇二ページ）。

このように露骨に朝鮮を支配する日本に対して、当時の列強は強硬に反対しなかった。

一　朝鮮の期待を裏切ったセオドア・ローズベルト米大統領の武断外交

一八七六年の「日朝修好条規」によって、開国を強制された朝鮮は、一八八二年に米国とも「米朝修好通商条約」（Treaty of Amity and Commerce between the United States of America and Korea）を結んだ。条文の中には、両国は独立を保持するために協力するという趣旨が記されていた。しかし、米国は日露戦争に当たって日本を強く支持し、朝鮮の独立が脅かされても朝鮮を守る何らの行動をも取らなかった。

米国は、フィリピン領有を日本が認めることと引き替えに、日本による韓国支配を黙認した。「桂・タフト協定」(Taft-Katsura Memorandum) がそれである。これも、すでに本書、第一章で簡単に触れたが、いま少し詳しく説明したい。これは、当時の首相兼臨時外務大臣であった桂太郎[3]と、フィリピン訪問の途中来日した米国特使であり、後の第二七代米国大統領ウィリアム・タフト (William Taft) 陸軍長官との間で一九〇五年七月二七日に交わされた協定である。

この協定は、両国の首脳が署名した正式のものではなく、両国の合意メモ程度のレベルのものであった。しかも、公表されない秘密合意であった。協定の存在は、ほぼ二〇年後の一九二四年に、歴史家、タイラー・デネット (Tyler Dennett) によって発見され、同年の米雑誌、*Current History* で発表された (Dennet [1924])。これは、タフトが一九〇五年七月二九日に東京から当時の国務長官、エリフ・ルート (Eliha Root) に宛てた電文のコピーである。コピーは、いわゆるセオドア・ローズベルト文書に保管されていたものである (Department of State Archives [1905])。

デネットが公表したメモ[4]には以下のことが記載されていた。

①日本は、米国の植民地になったフィリピンに対して野心のないことを表明する。

②極東の平和は、日、米、英の三国による事実上の同盟によって守られるべきである。

③米国は、日本の韓国における指導的地位を認める。

④桂は、一九〇五年に停戦した日露戦争の直接の原因が韓国政府であると指摘し、もし、韓国政府が単独で放置されるような事態になれば、韓国政府は、ふたたび、同じように他国と条約を結んで日本を戦争に巻き込むだろう、従って日本は、韓国政府が再度別の外国との戦争を日本に強制する条約を締結することを防がなければならないと主張した。

⑤タフト特使は、韓国が日本の保護国となることが東アジアの安定性に直接貢献することに同意した。
⑥タフトは、ローズベルト大統領がこの点に同意するだろうという彼の確信を示した（事実、ローズベルトは、同年七月三一日、同意する電文をタフトに送った。Dennet［1924］, p. 19）。

韓国では、この覚書が日本による朝鮮半島支配を拡大させた契機となり、米国による韓国への重大な裏切り行為であったという非難が出されている（http://dokdo-research.com/temp25.html）。

ちなみに、セオドア・ローズベルトは、軍事力による武断外交の実践者であった。モロッコにおける拉致事件の解決がその一例である。

一九〇四年五月、モロッコでアーマド・イブン・ムハンマド・ライスリ（Ahmad Ibn Muhammad Raisuli）率いる武装勢力によって、タンジール（Tangier）で農園を経営していた元米国人の富豪、グレゴリー・ペルディカリス（Gregory Perdicaris）の息子、イオン・ペルディカリス（Ion Perdicaris）が誘拐された。ライスリはモロッコのスルタンに対し、「モロッコでの外国人の安全」という国の名誉と交換に、七万ドルの身代金と、ライスリたちのモロッコにおける安全通行権、そしてタンジールの一部地域の統治権を要求した。

大統領選挙を控えていたセオドアは、この報を聞いて、人質を救出すべく、すぐさま大西洋艦隊の戦艦七隻もの大部隊を派遣した。ただし、ローズベルトは、ペルディカリスが南北戦争中に米国籍を放棄していて、当時はギリシャ国籍であったという事実関係を知らなかった。大統領選挙を控えていたセオドアは、「我々は、ペルディカリスの生か、もしくはライスリの死を望む」と強硬発言をし、米国民の喝采を浴びた。モロッコ政府は、同年六月二一日、ライスリの要求を受け入れ、ライスリはペルディカリスを釈放した。セオドアは、この救出劇のお陰で選挙に勝利し、さらに次の四年間、ホワイトハウスに留まることになった。救出された人質が、じつは、米国民ではなかったという事実が一般人に知られるようになったのは、一九三〇年代に入ってからにすぎず、少なくとも一九〇〇年の初めの一〇年間は、セオドアの俊敏な行動力が賞賛されて、彼を国民的人気者にしたのである（http://www.capitalcentury.com/1904.htm）。

パナマ運河の領有権の取得も、セオドアの武断外交の事例であった。

一八一九年、コロンビア共和国がスペインから独立したが、内戦が絶えず、二〇世紀に入っても政情は安定しなかった。当時のコロンビア共和国は、現在のコロンビア、ベネズエラ、エクアドル、パナマのすべてと、ペルー、ガイアナ、ブラジルの一部を含む南米の北部一帯を占める大国家であったために、広大な領土の各地で分離を求める紛争が発生し、幾多の国家の離合集散が繰り返されていた。

そして、一八九九年から一九〇二年にかけて、パナマのコロンビアからの分離独立を巡る、いわゆる千日戦争が勃発した。この内戦での戦死者は一〇万人に達したとされている（http://www10.plala.or.jp/shosuzki/chronology/andes/colomb2.htm）。

この内戦で、一九〇〇年一一月、米海兵隊が米国市民の保護とパナマ鉄道会社の運行確保のためパナマに上陸、二週間に亘り、コロンビア領に属していたパナマを占拠した。一九〇二年九月にも米海兵隊が派遣され、二か月間、占拠を続けた。同年一二月、フランス政府がパナマ運河会社を米国に譲渡することを決定。一九〇三年、パナマがコロンビアから独立。同年一月、コロンビアと米国との間でヘイ・エルラン条約（Hay-Herran Treaty）が調印され、一〇〇〇万ドルの一時金と年二五万ドルの使用料で、一〇〇年にわたる運河建設権、運河地帯の排他的管理権を米国が得た。条約更新の優先権は米国にあり、コロンビアは、米国以外の国に運河を譲渡できないなど、この条約は、コロンビアにとっては、屈辱的な内容であった。この内容に怒った正式のコロンビア大使は交渉を打ち切り、コロンビアに帰国してしまったが、大使に同行していたトーマス・エルラン（Dr. Tomás Herrán）が代理大使として条約に調印してしまった。米国側の交渉責任者は、国務長官のジョン・ヘイ（John M. Hay）であった。

一九〇三年八月、コロンビア政府が議会に「ヘイ・エルラン条約」の批准を求めたが、すべての議員がこの条約に反対し、一〇月には、条約批准を拒否した。

同年一一月、セオドア・ローズベルトは、コロンビアを「腐敗した虐殺者の猿ども」と罵り、コロンビア政府の許可なしでも運河建設を強行すると述べた。それに呼応して、コロンビアからの独立を求めるパナマ革命委員会が反乱を開始し、セオドアも、軍艦四隻をパナマに派遣して革命委員会を支援した。反乱は成功し、臨時評議会政府が、パナマ共和国の独立を宣言した。同年一一月五日、米政府は直ちに新政府を暫定承認し、コロン市とパナマ市に軍艦九隻を配置してコロンビアを威圧、さらに海兵隊がパナマに上陸。六日、コロンビア軍が米軍の圧力に屈してパナマから撤退。同日、米政府は正式にパナマ新政府を承認した。

一九〇三年一一月一八日、「パナマ運河条約」（Panama Canal Treaty=Hay/Bunau-Varilla Treaty）締結。ただし、この交渉にはパナマの革命委員会は排除されていた。米政府と交渉したのは、レセップスの下で働いていたフランス人のビュノー・バリーヤ（Bunau-Varilla）であった。しかもこの条約は、米国とフランスとの密約であり、パナマ人はあずかり知らぬことであった(5)。

米国はパナマ政府から運河建設・運営権、幅一六キロ・メートルの運河地帯の一〇〇年間にわたる使用・占有・支配する権利を獲得。米国はパナマの独立を保障し、国内に混乱が生じた際には介入する義務を負うという内容であった。また、「パナマの完全な独立は米国により保障されるため、独自の軍を持つ必要はない」とされた。

一九〇四年二月、パナマ議会が運河条約を批准。米上院もまもなく運河条約を批准。バリーヤはただちに全権大使を辞任しフランスに去った。ジョン・モルガン（John T. Morgan）上院議員や、ウィリアム・マックドゥー（William MacAdoo）下院議員などは、パナマ「独立」は、セオドアの陰謀であると非難した（http://www10.plala.or.jp/shosuzki/chronology/mesoam/panama.htm,二〇一〇年七月六日アクセス）。

ただし、セオドアは典型的な武断外交の展開者ではあったが、バランス・オブ・パワー論者でもあった（Parker, Tom, "The Realistic Roosvelt," The National Interest, Fall 2004, http://www.theodoreroosvelt.org/life/foreignpol.htm）。

例えば、彼は、日本とロシアとの間に適切なバランスが必要であると認識していた。一九〇四年に旅順港（Port Arthur）を陥落させた日本軍の勝利を喜びつつも、共和党上院議員のヘンリー・ロッジ（Henry Cabot Lodge）宛の書簡で、「ロシアが勝利していたら、文明にとって打撃であったが、ロシアが東アジアにおける列強の地位を失っても、不幸なことであると私は思います。ロシアが日本と正面からぶつかるよりは、相互に穏やかな関係を保つのがもっともよいのです」と語った（上記ウエブサイトより）。ロシアが領土を放棄し、日本も賠償を求めないという和平条約を結ばせたことで、セオドアが米国人初のノーベル平和賞（Nobel Peace Prize）を受賞したのも、アジアにおけるバランス・オブ・パワーを維持したからであると、このサイトでトム・パーカー（Tom Parker）は指摘した。

ちなみに、日露戦争時のセオドアは、ハーバード大学の同窓生であった金子堅太郎（かねこ・けんたろう）の影響もあって、かなりの日本贔屓であったらしい[6]。

二　高まっていた米国の反日感情

セオドアは別にして、一九世紀末の米国では、排日気運が高まっていた。本土に流入する日本人が増加していたことに、米国人は嫌悪感を持っていた。統計的には、日本から米国本土に直接に渡航する日本人移民の数は、多くはなかったのだが、ハワイやメキシコを経由して米国本土に入国する転航移民が多かったのである。一八八五年に日本政府がハワイへの契約移民を正式に認めてから、ハワイへの移民は増えていた。

米国政府は、一八八二年の「排華移民法」(Chinese Exclusion Act of 1882) によって中国人の移民を停止させた。その後に、日本人移民排斥運動が起こったのである。

一八九三年、サンフランシスコの市教育委員会が、市内の公立学校への日本人生徒の入学を拒否する決定をした。「日本人生徒の年齢が他の生徒より高い」というのがその理由であった。学校に入学する日本人移民は、英語を学ぶために、実際の年齢よりも低いクラスに入る。当時一七歳以下の児童には一人当たり九ドルの補助が政府から下りていたが、一七歳以上の日本人生徒が多い学校は補助を得られなかった(伊藤[一九六九]、一五ページ)。

この決議は当時の日本領事・珍田捨巳(ちんだ・すてみ)らの運動によって取り消されたが、日本人排斥の動きはその後も活発になった。一九〇一年、カリフォルニア州とネバダ州の州議会が「日系移民を制限せよ」との建議書を連邦議会に送った。一九〇五年にはサンフランシスコに「日韓人排斥協会」(Japanese and Korean Exclusion League、後にアジア人排斥協会、Asiatic Exclusion League に改名)が組織された。

一九〇六年、またしてもサンフランシスコ学務局で以前と同じ決議が下された。日本人生徒を公立小学校から隔離し、中国人学校に編入させるという決定である。今度の理由は、同年起こったサンフランシスコ大地震の被害で学校のスペースが足りなくなったからというものだった。しかし、当時公立学校に通っていた日本人学生の数は、わずか、九三名であり、うち、二三名は米国生まれであった。残る七〇名のうち、一五歳以下が三六名であった(Wilson & Hosokawa [1980], p. 53)。その意味で、一七歳以上の日本人生徒が多すぎるという当局の主張は言い掛かりでしかなかったのである。

日系移民たちは、直ちに抗議運動を展開した。日本本国のマスコミに、この事件と、各地で頻発していた日本人経営レストランへのボイコット、日系人襲撃事件などが知らされた。

日本贔屓のセオドア・ローズベルトは、迅速に行動した。公立学校から日本人を締め出すという行為は、「日米通商航海条約」(U.S.-Japan Treaty of Commerce and Navigation、一八五八年の不平等条約、一八九四年と一九一一年に改訂)に抵触するとして、サンフランシスコ市に学童隔離の撤回を命じ、一九〇七年、日本人生徒は復学を許された。

しかし、その一方で、ローズベルトは、一九〇七年三月、大統領令(Executive Order)を出し、ハワイ、メキシコ、カナダからの日本人の転航移民を禁止した。サンフランシスコの学童隔離問題は、結局、移民制限という形で決着させられたのである。

日本政府は、このような移民排斥に強硬に抗議しなかった。それどころか、移民排出を自主的に制限してしまったのである。日本政府は、一九〇八年、「日米紳士協約」(Gentlemen's Agreement)なる取り決めを米政府と結んだ。これは、一般の観光旅行者や留学生以外の日本人に米国行き旅券を日本政府は発行しないというものであった(http://likeachild94568.hp.infoseek.co.jp/shinshi.html)。この紳士協定による自主規制の結果、以後一〇年ほどは、日本人移民の純増はほとんどなくなった。

当時の駐米・日本大使は、埴原正直(はにはら・まさなお)であった。埴原は、一八九八年、外交官試験に合格し、同年、東京専門学校(現在の早稲田大学)内で、日本で最初の外交専門誌『外交時報』を創刊した。翌年領事館補となり、廈門(Amoy)領事館に赴任。一九〇二年、駐米日本大使館の外務書記官補となりワシントンに赴任。五年後二等書記官となる。米国内の反日感情が高まりつつあった一九〇九年、埴原はコロラド、ワイオミング、ユタ、アイダホ、ワシントン、オレゴン、カリフォルニア、テキサスの八州を回って日本人居留地を視察した。日本人町が排日論者たちの目にどう映っているのかを探るためであった。視察は二か月以上に亘った。自らの足で日本人町を歩き、時には変装までして売春宿に潜入した埴原は、調査結果を『埴原報告』と呼ばれるレポートにまとめ、外務大臣の小村寿太郎宛に送った。これを読んだ外務省は、その内容に衝撃を受け、この『埴原報告』を機密文書扱いにして封印した。埴原のレポートには、日本人町の不衛生さ、下賤さ、卑猥さなどが、赤裸々に綴られていたからである。

「日米紳士協定」に話を戻す。紳士協定には「米国既在留者の家族は渡航可能」という条文があった。これが後に問題になった。当時の日本人は見合い結婚が一般的であった。親や親戚の薦めで、日本人の独身者たちは、写真を見ただけで結婚をしていた。花嫁が旅券発給を受けて入国していたのであるが、これが、米国人には「写真結婚」という擬制によって、日本人が不法移民をしているというように映った。見合結婚の習慣のない米国人にとってこの形態は奇異であり、非道徳的なものであった。カリフォルニア州を中心としてこの形態が攻撃された。米国で出生すれば、子供は、自動的に米国市民権を得ることができるので、日系人コミュニティーがより一層発展定着することへの危機感があった。結局、写真結婚による渡米は日本政府によって一九二〇年に禁止されることになった。また、一九二一年には、「土地法改正」(Alien Land Law of 1921)により、外国人による土地取得が完全に禁止された。

この一九二一年には、米国で「移民割当法」(Quota Immigration Act)が成立している。国勢調査に基づく出身国別居住者数に比例した数でのみ各国からの移民数を割り当てるとしたのである。

そして、一九二四年、日本人移民の排斥を目指す法案が議会で審議されることになった。反日意識の強いカリフォルニア州選出下院議員の手によって「帰化不能外国人の移民全面禁止」を定める第一三条C項を「一八七〇年帰化法」(Naturalization Act of 1870)に追加する提案がなされたのである。一九七〇年帰化法には、自由な白人、アフリカ系黒人の子孫のみが米国人に帰化でき、他の外国人は帰化できない「帰化不能外国人」(Aliens Ineligible to Citizenship)という定義がなされ、帰化不能外国人の移民は制限されていた。しかし、一九二〇年代には、日本人を除いて全面禁止になっていた。第一三条C項は、移民制限の徹底化であるが、当時、帰化不能外国人でありながら移民を認められていたのは、日本人のみであったから、実質的にはこの条項は日本人を対象としたものであった。

米国務長官・ヒューズ(Hughes)が、こうした議会の動きを牽制するために、日本政府は「日米紳士協定」によって、対米移民を制限しているという事実を議会に説明すればよいと埴原大使に促した。こうして、埴原がヒューズに書簡を送付、ヒューズがそれに意見書を添付して上院に回付するということになった。ところが、埴原の文面中「若しこの特殊条項を含む法律にして成立を見むか、両国間の幸福にして相互に有利なる関係に対し重大なる結果を誘致すべ(し)」(訳文は外務省による)の「重大な結果」(grave consequences)という個所が日本政府による米国への「覆面の威嚇」(veiled threat)である、とする批判が上院でなされ、日本批判の大合唱となった。結果的に、「現存の紳士協定を尊重すべし」との再修正案は七六対二の大差で否決され、クーリッジ(John Calvin Coolidge Jr.)大統領も拒否権発動を断念、日系人は「帰化不能外国人」の一員として移民・帰化を完全否定されることになった。そして、一九二四年五月、「一八七〇年移民法の一部改正法」(俗にいう「排日移民法」(Japanese Exclusion Law)が成立したのである。

埴原大使は、同年、責任を取って大使を辞職し、失意の中で一九二七年に退官し、その七年後に五八歳の若さで亡くなった(http://likeachild94568.hp.infoseek.co.jp/gunzoh.html)。

三　セオドア・ローズベルトの対日意識を変えさせた朝鮮総督府による宣教師弾圧

米国人の反日感情を高めた原因の一つに朝鮮総督府による米国人宣教師弾圧があった。米国のアジア進出は、キリスト教の布教を軸にしたものであった。米国政府は日本による韓国支配を認めてはいたが、米人宣教師を敵視する朝鮮総督府の行動には神経を尖らせていた。米人宣教師たちが反日運動を煽っているのではないかという朝鮮総督府の疑念に、米政府は危惧していたのである。事実、米国人宣教師の多くが朝鮮の独立運動に巻き込まれていたし、日本政府の米国人宣教師への警戒感は強くなっていた。

こうした事情を反映して、韓国併合時に米国務長官であったハンチントン・ウィルソン（Huntington Wilson）が米国駐日大使のトーマス・オブライアン（Thomas J. O'Brien）に併合後の対宣教師政策を日本政府に質すように指示した（Wilson [1911], pp. 320-21）。それを受けたオブライアンが、当時の外務大臣、小村寿太郎に質問したところ、小村は、一九一〇年一〇月六日に返事し、宣教師による布教活動とミッション教育については、従来通り継続させると明言した（小村［一九一〇］、七一一～一四ページ）。

しかし、キリスト教の布教活動が日本政府によって弾圧されるのではないかとの、ウィルソンの危惧は的中した。小村の明言にもかかわらず、本書、第二章第一節で述べたように、多数の韓国人クリスチャンが、初代朝鮮総督、寺内正毅（てらうち・まさたけ）暗殺計画の容疑で逮捕されるという事件が一九一一年に発生した。暗殺計画は一九一〇年の寺内の朝鮮赴任時を狙ったものであった。七〇〇人が逮捕され、朝鮮総督府によって一二二人が裁判にかけられ、うち、一〇五人が重労働の刑を科せられた。最終的には六人のみ有罪確定となり、それも一九一五年に特別放免された。これがいわゆる「一〇五人事件」である（尹［一九九〇］、参照）。

この事件は日本の官憲によってでっち上げられたものではないのかとの疑惑が、当時もいまも囁かれている。米国の長老教会系の教団は、「韓国でっち上げ事件」（Korean Conspiracy Case）として、「一〇五人事件」を糾弾するキャンペーンを米国と韓国で直ちに展開した。

米国人宣教師たちの動きが米国民の対日感情を悪化させる端緒になった。

ソウル（Seoul）にいた分離派長老教会病院（Presbyterian Severance Hospital）理事長のアビソン（O. R. Avison）、平壌（Pyongyang）にいた長老派宣教師のサミュエル・モッフェット（Samuel A. Moffett）、北の平安（Pyongan）北道の成川（Seoncheon）にいた長老派宣教師のノーマン・ウィットモア（Norman C. Whittemore）の三人が、一九一二年一月二三日、寺内と面会し、韓国のクリスチャンたちの無実を訴えた。しかし、寺内はその訴えに耳をかさなかったという（外務省調査部［一九三九］、一二八～一三一ページ）。

米国では、ニューヨークを本拠とする米国長老教会海外伝道局長（Secretary of the Board of Foreign Missions of the Presbyterian Church in the United States of America）のアーサー・ブラウン（Arthur J. Brown）が精力的に動いた。ブラウンは、日本による韓国支配には好意的な意見の持ち主であったが、それでも、クリスチャンとして「一〇五人事件」への抗議行動に立ち上がった（Nagata［2005］, pp. 161-62）。彼には、日本への傾斜とクリスチャンとしての矜持の狭間で苦しんだことを告白した著作もある（Brown［1919］）。

ブラウンは、一九一二年二月、当時の駐米日本大使館の外務書記官（chargé d'affaires）であった埴原正直とニューヨークで面会し、逮捕された韓国人への穏便な対処を懇願した。さらに、数名の長老派教会の牧師とともに、ワシントンで駐米日本大使の珍田捨巳、タフト大統領、フィランダー・ノックス（Philander C. Knox）米国務長官、ウィリアム・サルツァー（William Sulzer）下院外交問題委員会議長とも会っている。ブラウンの説明を聞いたサルツァーは逮捕された韓国人に一時は同情したが、その後で、珍田から説明を受けてからは、その同情心を引っ込めた。しかし、ブラウンの反日感情は強くなるばかりであった。日米関係を考慮して六人を除く他の逮捕者たちが日本の官憲によって無罪釈放された後も、米国長老派教会は事件になんら関与していなかったことを朝鮮総督府に執拗に訴え続けていたのである（Nagata［2005］, p. 162）。

ちなみに、「一〇五人事件」は米国の長老派教会によって企まれたものであることを自白させるために、検挙者たちに拷問を加えろと命令したのは、当時、憲兵司令官兼警務総長の明石元二郎（あかし・もとじろう）であった[7]。ただし、拷問はなかったという証言もある（Nagata［2005］, p. 163）。

結果的には、最後の六人にも日本当局は恩赦を与えた（一九一五年二月）のであるが、その背景には、本国の政府高官が朝鮮総督に米国宣教師たちの怒りをなだめるようにとの助言をしていたことがある。例えば、枢密院顧問の金子堅太郎が、当時の逓信大臣、前台湾総督府民政長官の後藤新平（ごとう・しんぺい）からの要請を受けて、新渡戸稲造（にとべ・いなぞう）に米国のキリスト教会への慰撫を依頼すると同時に、寺内正毅に事を納めるように諫めている。一九一二年から一三年にかけてのことである。恩赦は、当時の首相、大隈重信の了承による（Nagata［2005］, p. 164）。

四　三・一運動で増幅された米国人宣教師に対する朝鮮総督府の憎悪

一九一六年、寺内正毅が日本の首相に転じるとともに、後継の朝鮮総督は、長谷川好道（はせがわ・よしみち）がなった。国際環境が激動する中での日本の朝鮮支配であった。一九一七年にはロシア革命、一九一八年一月のウィルソン（Woodrow Wilson）米大統領による「平和一四原則」（Fourteen Points Adress）が世界の独立運動を刺激した。そして、一九一九年一月二一日、日本政府から徳寿宮李太王の称号を受けていた前韓国皇帝・高宗（Kojong）が死去（六七歳）。毒殺の風聞が流れて、三月三日の葬儀前の三月一日、朝鮮で反日・独立運動が大規模に発生した。

米国の伝導教会の数は、朝鮮半島南部よりも、北部の方が多かったこともあり、三・一運動は、北部の方が激越であった。日本政府は、ウィルソンによる民族自決と米国長老派教会に対してますます神経を尖らせることになった。当初は、米国政府も日本政府に気を遣っていた。駐ソウル米総領事・レオ・バーゴルツ（Leo A. Bergholz）は、朝鮮における米人宣教師たちに、朝鮮国内の問題、とくに政治問題に関与しないようにと要請したほどである（Bergholz［1934］, pp. 458-59; Nagata［2005］, p. 165）。しかし、日本の新聞は三・一事件は米人宣教師の扇動によったものであると書き立てた（Nagata［2005］, p. 166）。駐日米大使ローランド・モリス（Roland S. Morris）は、本国の国務省に、事件は米人宣教師が関与したものではなく、朝鮮人のナショナリズムの発露であるとわざわざ報告しなければならなかったほどである。朝鮮総督府側も米人宣教師を追い詰めることは、米国の反日感情を掻き立てるとして宣教師に対しては慎重な姿勢を示していた（Nagata［2005］, p. 166）。

しかし、一九一九年四月四日、朝鮮人五人をかくまったという容疑で、平壌で宣教していたエリ・モーリー（Eli M. Mowry）という長老派の牧師が日本の憲兵隊によって逮捕された。上記のバーゴルツは直ちに朝鮮総督府に抗議した。そうしたこともあって、モーリーは、四月一九日、六か月の強制労働の刑を言い渡された。しかし、同年の一二月には一〇〇円の罰金刑に減刑された（姜［一九七〇］、五八七ページ）。米国の新聞はこの事件を連日、大きく取り上げていた(8)。

日本側は、米国の反日感情を高める愚策を重ね続けた。四月一〇日、三・一運動で官憲によって負傷させられた多数の朝鮮人たちが、長老派教会が運営する病院（Severance Hospital）に収容された。しかし、日本の憲兵隊は、病院側が犯人をかくまったとして、首謀者たちの引き渡しを要求し、幾人かを憲兵隊本部に連行した。バーゴルツや長老派の牧師たちが憲兵隊に抗議したが聞き入れられなかった（Nagata［2005］, p. 167）。

四月一五日、いわゆる「堤岩里虐殺事件」が起きた。事件の起きた京畿道（Gyeonggi-do）水原郡（Suwon-gun）堤岩里（Cheam-ri）は、現在の華城市（Hwaseong-si）である。約三〇人の住民が日本軍によって虐殺された。日本側は、三〇人は、憲兵に襲いかかった暴徒を射殺したものであると説明した。日本の説明は以下のようなものであった。〈この日、憲兵隊が堤岩里の堤岩教会に、小学校焼き討ちと警察官二名の殺害の容疑者として堤岩里のキリスト教徒の成人男子二〇数名を集めて取調べをしていた。その中の一人が急に逃げ出そうとし、もう一名がこれを助けようとして憲兵に襲いかかってきたので、憲兵はこの二人を犯人だと即断して殺害してしまった。これを見た教会に集められていた人々が騒ぎ出し暴徒化。憲兵隊長は、兵卒に射撃を命じ、ほとんど全員が射殺された。教会もその後近所からの失火により焼失した〉（朝鮮総督府資料「騒密七七〇号、堤岩里騒擾事件ニ関スル報告（通牒）」大正八（一九一九）年四月二四日）。

しかし、駐ソウル米総領事、レイモンド・カーティス（Raymond Curtis）が、ソウルで活動していた長老派宣教師、ホリス・アンダーウッド（Horace H. Underwood）とＡＰニュース（Associated Press News Agency）通信員・Ａ・テイラー（A. W. Taylor）を伴って、騒動があった村落を視察し、実際には、村民たちが憲兵たちによって教会に閉じ込められ、その上で教会ごと焼き殺されたとの認識を得、その事件を告発すべく、アンダーウッドは、「チアムリ事件」（"the Cheam-ri Incident"）というタイトルのレポートを世界に向けて発信した（Nagata［2005］, p. 167）。

日本側と米国側との認識に差があるが、二〇〇七年二月二八日付『朝日新聞』は、憲兵が村民を焼き殺したことを暗示させる資料を発見したと報道した。三・一運動の際に朝鮮軍司令官だった宇都宮太郎（うつのみや・たろう）大将の一五年分の日記などがそれである。そこでは、独立運動への鎮圧の実態や、民族運動家らに対する懐柔などが詳細に記されている。宇都宮は、情報収集を任務とし、日露戦争前後に英国で世論工作に携わったほか、辛亥革命では三菱財閥から活動費一〇万円を提供させ、中国での情報工作費に充てた人である。

日記の重要な個所は、一九一九年四月一八日のものである。そこには、堤岩里事件に関して、「事実を事実として処分すれば尤（もっと）も単簡なれども」、「虐殺、放火を自認することと為（な）り、帝国の立場は甚（はなはだ）しく不利益と為り」、そして、善後策を協議する会合では、「抵抗したるを以（もっ）て殺戮（さつりく）したるものとして虐殺放火等は認めざることに決し、夜一二時散会す」という、憲兵による放火虐殺の事実を認めているのである。

独立運動が始まった当初、宇都宮は従来の「武断政治」的な統治策を批判し、朝鮮人の「怨嗟（えんさ）動揺は自然」と日記に記した。そして、後の「文化政治」の先取りとも言える様々な懐柔工作を行なった。朝鮮人の民族運動家や宗教者らと会い、情報収集や意見交換に努めたことが日記から分かる。日記以外の史料は、書簡五〇〇〇通、書類二〇〇〇点など。日露戦争期に英国公使館付武官だった時に、ロシアの革命派らを支援して戦争を有利に導こうとする「明石工作」を、資金面で支えたことを示す小切手帳もあった（http://d.hatena.ne.jp/Apeman/20070228/p5、「三・一運動鎮圧克明に、宇都宮太郎大将の日記発見、朝鮮人三〇人虐殺隠蔽、「怨嗟は自然」懐柔工作」、『朝日新聞』二〇〇七年二月二八日付）。

破壊されたのは、虐殺のあった教会だけではない。周辺の一八もの村が運動弾圧で破壊されたのである。時の朝鮮総督は長谷川好道であった（Nagata［2005］, p. 168）。

おわりに

一九二〇年頃から中国と朝鮮との国境地帯で、朝鮮独立運動が激しくなった。とくに、間島（朝鮮語でChien-do、中国語でJiandao）地域には、日本の圧政から逃れてきた朝鮮人たちが多く居住していた。当初、朝鮮では豆満江の中洲島を間島と呼んでいたが、豆満江を越えて南満州に移住する朝鮮人が増えるにつれて間島の範囲が拡大し、豆満江以北の朝鮮人居住地全体を間島と呼ぶようになった。

間島地域内の都市の一つの琿春（Hunchun）には、日本の領事館が置かれていた。この領事館が一九二〇年の九月と一〇月の二回、襲撃された。襲撃者たちは、日本の官憲によって雇われた中国人であったと言われている。これを契機に、日本政府は、現地在住日本人の安全を守るという口実で、一九二〇年一〇月一四日、この地に軍隊を派遣した。日本軍は、間島の六六もの町や村を破壊し、約二三〇〇人の朝鮮人を殺した（姜［一九七二、三五〇ページ］）。日本軍によって虐殺された人の多くがクリスチャンであった。中国、朝鮮で活動する米人宣教師たちが、この残虐行為を非難した（『東京朝日新聞』一九二〇年一二月五日付）。派遣軍の隊長、水町竹三（みずまち・たけぞう）は、初めから、琿春事件が、英米人宣教師たちの煽動によって引き起こされたものであると広言していた（『東京朝日新聞』一九二〇年一二月三日付）。

これに対して、日本政府は、水町発言を公式のものでなく水町個人の見方であると弁明したが（『東京朝日新聞』二〇一〇年一二月一二日、二七日付）、日本の当局が本音のところで米人宣教師に対して強い警戒感を持っていたことが、この事件によって示されたのである。

第五章　王政復古・日英同盟・韓国臣下論

はじめに

「日英同盟」が締結されたのは、一九〇二年一月三〇日である。同盟が締結される直前の一九〇一年一一月から一九〇二年一月にかけて伊藤博文が欧州を歴訪し、各地で大歓迎された。それも過剰なほどの接待を受けた（君塚［二〇〇〇］、三三～四八ページ、参照）。

日英同盟が検討されるきっかけを与えたのは、一九〇一年三月に、ドイツが行なった東アジアの安全保障に関する「日英独三国同盟」の提唱であった。これに対して、英国首相のソールズベリー（Robert Arthur Talbot Gascoyne-Cecil, 3rd Marquess of Salisbury）が乗り気でなかったので、ドイツはあきらめることになった。

「日英独三国同盟」の気運が消え去ると、日英の間で日英同盟の可能性が検討され始めた。つまり、日英同盟は、長年の懸案の結果ではなく、突然に構想が浮上し、瞬く間に成立してしまったのである。

ただし、ソールズベリー首相自身は、「三国同盟」案解消後に浮上した日英同盟構想にも消極的であったらしい（君塚［二〇〇〇］、三四ページ）。それでも、一九〇一年七月三一日、英国外務大臣になったランズダウン（Henry Charles Keith Petty-Fitz Maurice, 5th Marquess of Lansdowne）と在英日本公使・林董（はやし・ただす）との間で、日英同盟を両国の正式の検討事項にすることが確認された。両者の会談では、清の門戸開放・韓国における日本の優越的地位が確認された。同年一〇月一六日に両者の会談が再開されたが、フランス滞在中のソールズベリー首相の帰国まで、会談内容を進展させないように、ランズダウンは林に要請した。つまり、日英同盟案に消極的な英首相の意向を無視することができなかったのである(同、三四~三五ページ)。

この時期、ランズダウンは、清、ペルシャの問題でロシアと交渉していた。この交渉が決裂したのが一九〇一年一一月五日である。すでに帰国していたソールズベリーは、これまでの姿勢を一転させ、日英同盟の積極的推進者になった(同、三五ページ)。

まさにこの一一月時点で、伊藤博文がロシアなどの欧州を歴訪したのである。それは、「日露同盟」の成立が可能かどうかの交渉だった。伊藤は、ソールズベリーと同じく、一一月までは日英同盟に懐疑的であった。栄光ある孤立政策を続けていた英国が、何の見返りもなく日本と同盟を求めてきていることに不信感を持っていたのである(同、三六ページ)。

それにしても、この時期の伊藤を取り巻く環境は華麗であった。一九〇一年一〇月、伊藤は米国のエール大学から名誉博士号を贈られるとの通知を受けた。その授与式に出席するために米国に渡った後、欧州に行こうと旅立ったのである。それは、建て前としては、私的な旅行であった。ところが訪問先の各地で大歓迎を受けた。

伊藤は、一九〇一年一一月二七日、ペテルスブルグに到着し、翌二八日にロシア皇帝のニコライ二世(Nicholai II)との謁見を許され、一二月二~四日、ラムズドルフ(Vladimir Nikolayevich Lamsdorf)外相、ウィッテ(Selgei Witte)蔵相と会談、韓国における日本の優位をロシアに認めさせようとした。しかし、結論は、その時点では出なかった。そして、一二月一二日には日英同盟を締結するという方針が日本政府によって確認された。ベルリンに入って、伊藤は、駐独・英臨時公使・ブキャナン（George William Buchanan）と会談した。しかし、一二月一七日、ロシアのラムズドルフ外相から、ロシアは、韓国における日本の特権的地位を認められない、つまり、日露同盟は無理であるとの返事を、伊藤は受けた（同、三七ページ）。このこともあって、一九〇一年一二月二四日にロンドンに入った伊藤は、日英同盟締結止むなしとの覚悟を決めたようである（同、三八ページ）。

一二月二五日のクリスマスには、聖なる日に遠慮して、伊藤は、動けなかったが、翌二六日には、ソールズベリー主宰の晩餐会に主賓として招待された。クリスマス休暇中であるにもかかわらず、重要人物たちが伊藤のために集った。そして、二七日には、モールバラ・ハウス（Mallborough House）で、国王エドワード七世（Edward VII）の謁見を許されている。年明けの一九〇二年一月三日には、ランズダウン外相の邸宅・バウッド・ハウス（Bowood House）に招かれ、会談している。翌、一月四日、ソールズベリーの別荘、ハットフィールド・ハウス（Hatfield House）の午餐会に招かれ、各界の名士たちと会食している。その夕刻、日本公使館主宰の晩餐会が開催され、英国政府要人のほとんどが出席し、伊藤は、英国王からの最上級のバース勲章（Grand Cross of the Bath）を授与されている。一月六日午後、伊藤は英国外務省で再度ランズダウン外相と会談し、ロシアとの約束がないことを確認させられた（同、三八〜三九ページ）。その後、伊藤はサンドリナム・ハウス（Sandringham House）に国王を表敬訪問し、礼を述べて、一月七日、パリに発った。

英国政府関係者の伊藤への歓迎ぶりは、ロシア、ドイツと同程度のものであったことを、ニシュ（Ian Nish）が説明しているが（Nish［1966］, p. 201）、ロンドンでの大歓迎ぶりが他国でもあったということは、驚くべきことである。しかも、ロンドンでは年末・年始の休暇中にこれだけの規模の歓迎がなされたのである。それは、日本における伊藤の地位の高さを示すものであるし、それだけ、東アジア情勢が緊迫化していたことの証左であろう。

伊藤が、ロンドンを離れたその月末(一九〇二年一月三〇日)に日英同盟は締結された。[1] いかに慌ただしかったかが分かるであろう。

一 韓国併合を促進させた日英同盟

日英同盟のユニークさは、日本が熱望して英国に懇請したのではなく、英国側が締結を急いだという点にある。日本は、英国だけではなく、ドイツ、ロシアをも協調関係に巻き込もうとしていたのではないかというのが通説である。

日英同盟を締結したということを明治政府が日本人に知らせたのは、一九〇二年二月一二日であった。伊藤は、まだ帰国していなかった。伊藤の帰国は二月二五日であった。

日英同盟の締結日が一月三〇日だったのに、公表が大幅に遅れる二月一二日であったことの真相は不明である。しかし、二月一一日は紀元節で、当時の日本人の多くが戸口に日の丸旗を掲げる習慣があったことを計算に入れたものであろう。「天皇陛下万歳」という紀元節の唱和を翌日にそのまま利用することができたからであろうと想像される。

日英同盟祝賀会は、一九〇二年二月一四日から全国各地で数百人規模で行なわれた。それはまさに狂騒そのものであったという(「狂気の痴態を演ずる勿れ」、『都新聞』一九〇二年二月二二日付。片山[二〇〇三]、七七六ページ)。政党としては憲政本党[2]が先陣を切って党本部で祝賀会を開いた。祝賀会での大隈重信の挨拶は、彼が、日英同盟の必要性を外相時代(一八八九年一月)から訴えていた政治家であったことから、新聞でも大きく取り上げられた(「大隈伯の演説」、『日本』一九〇二年二月一五日付。片山[二〇〇三]、七六八ページ)。大隈は、清・韓国の保全、両地域における日本の経済的利益、日本を世界の大国に押し上げるという三点を同盟の効果として強調した。首相と外相を兼任していた一八九八年九月には、フィリピンを米国が領有しなかったら、日英が協同でフィリピン統治をしようとの日英提携論を提起したことがある（片山［二〇〇三］、七六八～六九ページ。伊藤［一九九九］、一二八ページ）。憲政本党は、一九〇一年一二月から満州からロシアを追い出すために日英米の三国同盟を訴えていた。

伊藤博文がまだ外遊から帰国しないうちに、大隈が、いち早く祝賀会を開いたのも、政友会（立憲政友会）への対抗意識があったからである。当時の衆議院での第一党は伊藤博文を党首とする政友会であった。衆議院議員二九七名中、政友会は一五五名を占めていた。それに対して憲政本党は六九名しかなかった。しかも、日英同盟に懐疑的であったはずの伊藤の真意を、伊藤が帰国していないために確かめることのできない政友会は、身動きが取れなかった。大隈はこれを利用した（片山［二〇〇三］、七六九ページ）[3]。

しかし、伊藤博文が日英同盟への批判者であるというのは、政党間の対立から作り出された捏造であろう。伊藤は、ロシア、ドイツ、英国という複数の国との協調路線を目指していたのであり、英国との単独同盟だけでは、満州、韓国における日本の権益を護ることが困難であるという全方位外交を目指していたのである。しかし、彼が携わっていた「日露協商」は秘密交渉であり、国民には途中経過は知らされてなかったし、伊藤の母体である政友会自体でさえ、伊藤の真意は分からなかった。伊藤が受けたロンドンでの厚遇ぶりが伝わって、やっと、伊藤が日英同盟反対論ではないことに気付いてはいたが、それでも、伊藤自身の口から真意を聞かないかぎり、軽々に同盟成立祝賀会を開けなかったのである。そうしたこともあって、日英同盟直後の世間の伊藤評価は厳しかった（「伊藤侯と日英同盟」、『日本』一九〇二年二月一四日付。片山［二〇〇三］、七七一ページ）。日英同盟成立による天皇陛下万歳の声が全国にこだまする情況が生まれ、伊藤は苦しい立場に追いやられていた。

ロシアとの協調を訴えていた伊藤は、「恐露病」と揶揄されていたという（片山［二〇〇三］、七七一ページ）。事実誤認であるが、『都新聞』（一九〇二年二月一六日付）は、「日英同盟と伊藤侯」というタイトルで、伊藤が第四次政権時に、英国からの同盟の申し入れを二度も断ったと報じている。しかし、そうした事実はないと片山慶雄は言う（片山［二〇〇三］、七七二ページ）。伊藤が日英同盟に反対していたという、こうした決めつけは、東大医学部教授であったベルツ（Erwin von Bälz）までが共有していた。親露派の伊藤が、ロンドンで日英同盟を推進したのはあり得ないことであると断じたのである（一九〇二年二月一七日付ベルツの日記、ベルツ［一九七九］、二四六ページ）。

上記で指摘したように、大国英国を日本に振り向かせたという歓喜が、稚戯に等しい万歳三唱の渦を全国に蔓延させたのであるが、それに立腹する人たちも、中にはいた。幸徳秋水は日本人の外交感覚の幼さを嘆いた（「国民の対外思想」、『長野日々新聞』一九〇二年三月二八日付。片山［二〇〇三］、七七六ページ）。

これには、伊藤博文の関与があるのではないかと片山慶雄は推測する（片山［二〇〇三］、七八三ページ）。片山によれば、『二六新報』が、ロシアやフランスとの協商を容易にする手段としてでなく、ロシアを牽制するだけの日英同盟への懐疑論を展開した（「日英同盟と英露同盟」、『二六新報』一九〇二年一月七日付。片山［二〇〇三］、七八二ページ）。

『万朝報』の日英同盟批判は激しかった。匿名記事ではあるが、幸徳秋水の執筆であろうと片山慶雄は推測している（片山［二〇〇三］、七八四ページ）。

同新聞は以下のような批判を打ち出した（〈 〉内で要約）。〈英国は、これまでの栄光ある孤立政策を維持できなくなったから「日英同盟」を結んだのである。英国を攻撃する可能性のある複数の国が出てきたからである。つまり、同盟を結んでしまったことによって、日本は自国の権益を保証されるどころか、英国の戦争に巻き込まれる可能性が高くなったのである。英国の方が日本よりも同盟利益は大きい。また、同盟が締結されたことで、将来日本の軍備が増強し、増税につながる流れができるであろう〉（「日英同盟条約（上・下）」、『万朝報』一九〇二年二月一四、一五日付。片山［二〇〇三］、七八四～八五ページ）。

『万朝報』は、内村鑑三の日英同盟批判も掲載している。内村は英国を信頼できない国として切って棄てる。ボーア戦争を見ても、英国は弱小国を利用し尽くして結局裏切る。英国は利益のみを求め、義理も人情も持たない。「弱国に対する英国の措置は無情傀恥の連続である。そうして日本人が同盟条約を締結したとして喜ぶ国は此無情極る英国である」（「日英同盟に関する所感（上）」、『万朝報』一九〇二年二月一七日付。片山［二〇〇三］、七八五ページ）。

内村は、日本の軍事侵略的体質を、日英同盟がさらに推し進めてしまうという。日本は、すでに朝鮮、遼東、台湾で大罪悪を犯しているのに、「今や英国と同盟して罪悪の上に更に罪悪を加えた」ことになる。そして、日英同盟は「罪悪であることを明言する」と内村は断言した（「日英同盟に関する所感（下）」、『万朝報』一九〇二年二月一九日付、片山［二〇〇三］、七八五ページ）。

一九〇二年四月八日、ロシアは清との間で「露清満州還付条約」を結んだ[4]。この条約は、半年ずつ、三回に分けて満州からロシア軍を撤退させるという密約であった。これは、露仏条約の延長でしかないが、当時の日本人は、この条約を「日英同盟」の成果と受け取ったのである。

『日本』（一九〇二年四月一一日付）は、「満州問題の落着」と題した記事で、日英同盟が満州問題の解決を促したと同盟の存在を絶賛したし、『東京朝日新聞』（「満州還付条約調印」一九〇二年四月一一日付）、『毎日新聞』（「満州条約の調印、東洋平和の確保」一九〇二年四月一一日付）、『東京日日新聞』（「満州還付」一九〇二年四月一〇日付）等々、多くの新聞が同様の見解を表明した（片山［二〇〇三］、七八八ページ）。日英同盟批判の論陣を張っていた『二六新報』ですらロシアのバルチック艦隊が日本を襲撃しようとしても、スエズ以東の港は英国の許可なしに利用できないので、艦隊は補給面で日本攻撃が困難になるだろうとの理由で「日英同盟」を肯定的に評価するようになった（「海軍拡張」一九〇二年八月二五日付。片山［二〇〇三］、七九一ページ）。

本章、注（1）に見られるように、「日英同盟」の前文に「極東全局の平和」が謳われ、第一条で日本が韓国において格段の利益を持つことが明記されたことは、「極東の平和」のために、韓国を侵略することの正当性を与えられたものと日本政府と軍部は解釈したがっていた。『万朝報』などがその論陣を張った（「清韓の経営」一九〇二年四月九日付、「韓国電線と日露」一九〇二年五月二六日付。片山［二〇〇三］、七九二ページ）。

『毎日新聞』は、露骨に朝鮮人は無能なので、彼の地を発展させるためには、日本人の経営に委ねるべきであると主張した（「日韓間の経済的関係」一九〇二年六月八日付）。「日英同盟」は、日本の韓国進出を促したものであるとの解釈を示したのが『国民新聞』であった（「日英同盟及其将来（二）」一九〇二年四月一二日、片山［二〇〇三］、七九三ページ）。そして、ロシアの満州撤兵は嘘であったことが日本の新聞に暴露されるに至って、日本の世論は韓国併合に向かって一直線に進むことになったのである（「北清時談」、『日本』一九〇二年一一月二一日付。「露国の満州占領」、『万朝報』一九〇三年一月一三日付、片山［二〇〇三］、七九九ページ）。

二　日露戦争の奇襲攻撃

日露戦争開戦の一か月前、ロシア側の主戦派の一人と考えられていた政治家が戦争を回避しようと「日露同盟」案を準備しているとの情報を得ながら、日本政府が黙殺していたことを示す新史料を、和田春樹・東大名誉教授が二〇〇九年一二月に発見した。日露戦争についてはこれまで、司馬遼太郎の『坂の上の雲』で展開された「追いつめられた日本の防衛戦」とする見方が日本では根強い。しかし、この新資料が正しければ、これまでの通説は崩壊する。

和田名誉教授は、サンクトペテルスブルグ（St. Petersburg）のロシア国立歴史文書館（Russian State Historical Archive）で、ニコライ二世皇帝から信頼されていた非公式貿易担当大臣の主戦派政治家ベゾブラーゾフ（Aleksandr Bezobrazov）の署名がある一九〇四年一月一〇日付の「同盟」案全文を発見した。「同盟」案は、「ロシアが遼東半島を越えて、朝鮮半島、中国深部に拡大することは、まったく不必要であるばかりか、ロシアを弱化させるだけだろう」と分析、「ロシアと日本は、それぞれ満州と朝鮮に国策開発会社を作り、ロシアは満州、日本は朝鮮、の天然資源を開発する」ことなどを提案する内容のものであった。

ベゾブラーゾフが「日露同盟」案を準備していることを日本の駐露外交官が日本の外務大臣・小村寿太郎に打電した。一九〇四年一月一日のことであった。詳しい内容が、同月一三日、小村外相に伝えられた。日本の外務省は、その電文を駐韓公使館に参考情報として転送した。和田春樹は、この転送電文を、韓国国史編纂委員会刊行の「駐韓日本公使館記録」の中から見つけた。

当時の小村寿太郎外相は日露同盟案の情報を得ながら、一月八日、桂太郎（かつら・たろう）首相や陸海軍両大臣らと協議して開戦の方針を固め、同月一二日の御前会議を経て、同年二月、ロシアに宣戦布告したのであると、共同ニュースは伝えた（共同、二〇〇九年一二月一二日付。http://d.hatena.ne.jp/takashi1982/20091207/1260192623、和田［二〇〇九］）。この文書の内容に沿ってロシアが動こうとしていたとすれば、満州支配後にロシアが韓国領有に向かおうとしていたので、それを阻止すべく日本は韓国併合に出るしかなかったという司馬遼太郎的史観は崩壊するとの見方も出てきた（*Japan Times*, December 9, 2009）。

しかし、開戦が近いことは、ロシア当局も十分承知していたであろうし、たった一本の電報で日本が開戦を思い止まると思うほど、ロシアの軍部、政府は甘くはなかったはずである。資料発見は大きな成果だが、この電文程度で、日本政府が開戦を中止したとはとても思われない。

一九〇三年八月から開始された日露交渉で、日本側は朝鮮半島を日本、満州をロシアの支配下に置くという妥協案、いわゆる満韓交換論をロシア側へ提案したが、ニコライ二世などの主戦派によってその提案は一蹴された。そして、一九〇四年二月六日、外務大臣・小村寿太郎が、ロシア公使に国交断絶を言い渡した。

戦争は、一九〇四年二月八日、旅順港に配備されていたロシア旅順艦隊（第一太平洋艦隊）に対する日本海軍駆逐艦の奇襲攻撃に始まったのだが、まだ、宣戦布告を日本側はしていなかった。日本艦隊は、同日夜、旅順港（Port Arthur）に停泊していたロシア艦隊の半数を拘束した。港外で哨戒の任に当たっていた二隻のロシアの駆逐艦が、日本の駆逐艦一〇隻から攻撃を受け、慌てて港内に逃げ込み、ロシア艦隊に急襲を知らせたが、日本の駆逐艦が船尾に張り付き、ロシアの哨戒艇や軍艦を包囲してしまった。ロシア艦隊の乗組員たちは飲酒のために上陸していて、なす術がなかった。東郷平八郎率いる日本艦隊は、機雷を港外に配置し、ロシア艦隊の脱出を妨害した。それは、後の真珠湾攻撃で米国が抱いたものと同じ憤激をロシア側に与えた（http://constantineintokyo.com/2009/12/22/112/）。

宣戦布告前の奇襲攻撃は韓国でも行なわれた。二月八日、日本陸軍先遣部隊の第一二師団が仁川（Inchon）に上陸した。日本海軍の巡洋艦群が、同旅団の護衛に当たった。日本の艦隊が、仁川港に入港する際に、偶然出港しようとしたロシアの航洋砲艦・コレーエッ（Koreets）が、すれ違う時に儀仗隊（ぎじょうたい＝捧げ銃の敬礼を行なう役目を担う隊）を甲板に並べて敬意を表した。しかし、日本の水雷艇が魚雷攻撃をかけ、コレーエッは、慌てて一発だけ砲撃して引き返した。

そして、二月九日、仁川港に停泊中のロシア太平洋艦隊所属の艦船に退去勧告を行ない、退去しない場合は攻撃を加える旨を日本艦隊が伝えた。ところが、この退避勧告によって仁川港から出航したロシア艦隊は、待ち構えていた日本艦隊に砲撃され、一等防護巡洋艦・ヴァリャーグ（Varyag）は大破し、仁川港に引き返し、乗組員を上陸させた後、コレーエツと共に自沈した（http://homepage2.nifty.com/daimyoshibo/mil/jinsen.html）。後に、ヴァリャーグは引き上げられ、二等巡洋艦・宗谷として日本海軍に編入された。

三　「万世一系」と征韓論──皇帝・天皇・王

日英同盟は、三次まで改訂された。「第二次同盟」は、一九〇五年、日露戦争後に「第一次同盟」を改訂したものであるが、四年しか続かなかった。「第三次同盟」は、一九一一年七月一三日に締結され、一九二三年八月まで続いた。この「第三次同盟」は過去の二つの同盟とは質を異にしていた。一九〇五年の日露戦争における日本の勝利と一九一〇年の日本による韓国併合という東アジアにおける地政学上の変化が、一九一一年の「日英同盟」を大きく変化させた。もはや、国威発揚に日本側が最大限利用したものになっていた。

このことを明らかにする手掛かりが、一九一〇年の五月一四日から一〇月二九日まで、ロンドン西部のシェパード・ブッシュ（Shepherd Bush）で開催された「日英博覧会」（The Japanese-British Exhibition of 1910）にある。

この博覧会は、元駐英全権大使、時の外務大臣・小村寿太郎に負うところが多かった。日本側経費は一八〇万円であった。二〇万坪の敷地に、甲園・乙園、二個所の日本庭園が六〇〇〇坪の広さで造営された。設計には、小沢圭次郎、本多錦吉郎、清水仁三郎、井沢半之助らが当たったが、甲園は小沢、乙園は本多案を基礎として、現地で井沢が監督をして作庭している。井沢は、一九〇九年一二月から、一九一〇年五月まで造営作業に従事した。植木職人三名が同道した。建築には、農商務省技師榎本惣太郎（えのもと・そうたろう）と大工四名が派遣されていた（http://www.sekkeiron.exblog.jp/2906162/）。造営作業をビクトリア女王が見学して、日本の作業者を感激させたという（*The Daily Telegraph*, 15 March, 1910）。

この博覧会は、日英同盟を記念して開催されたものである。日本政府は乗組員八〇〇名からなる巡洋艦・生駒（いこま）を、博覧会に近いグレーブセンド（Gravesend）港に停泊させた。日本海軍力の誇示である。乗組員全員が英国側の晩餐会に招かれたという（http://eprints.lib.hokudai.ac.jp/dspace/bitstream/2115/34083/.../115_PL21-58.pdf）。

二〇〇九年四月五日（日）午後九時から、NHKが、NHKスペシャル「シリーズ・JAPANデビュー、第一回、アジアの〝一等国〟」を放映した。そこで、この日英博覧会が取り上げられた。そして、NHKは、以下のようなコメントを出した。

「日本は、会場内にパイワン（注・台湾南部に住むインドネシア語系に属する原住民である高砂族の一種族）の人びとの家を造り、その暮らしぶりを見せ物としたのです」。「当時イギリスやフランスは、博覧会などで、植民地の人びとを盛んに見せ物にしていました。人を展示する『人間動物園』と呼ばれました。日本は、それを真似たのです」。

このコメントについて、NHKは後日、釈明している。

「イギリスやフランスは、博覧会などで被統治者の日常の起居動作を見せ物にすることを『人間動物園』と呼んでいました。人間を檻の中に入れたり、裸にしたり、鎖でつないだりするということではありません。フランスの研究者ブランシャール（Kendall Blanchard）氏が指摘するように『野蛮で劣った人間を文明化していることを宣伝する場』が人間動物園です。番組は、日本が、イギリスやフランスのこうした考え方や展示の方法を真似たということを伝えたものです。日本国内では、日英博覧会の七年前、一九〇三年、大阪で開催された第五回内国勧業博覧会において、『台湾生蕃』や『北海道アイヌ』を一定の区画内に生活させ、その日常生活を見せ物としました。この博覧会の趣意書に『欧米の文明国で実施していた設備を日本で初めて設ける』とあります。こうした展示方法は大正期の『拓殖博覧会』や一九一〇年の『日英博覧会』に引き継がれます」。

「日英博覧会についての日本政府の公式報告書『日英博覧会事務局事務報告』によれば、会場内でパイワンの人びとが暮した場所は『台湾土人村』と名付けられています。『台湾日日新報』には次のように記されています。『台湾村の配置は、台湾生蕃監督事務所を中心に、一二の蕃屋が周りを囲んでいる。家屋ごとに正装したパイワン人が二人いて、午前一一時から午後一〇時二〇分まで、ずっと座っている。観客は六ペンスを払って、村を観覧することができる』。また、『東京朝日新聞』の『日英博だより』（派遣記者・長谷川如是閑（はせがわ・にょぜかん））には『台湾村については、観客が動物園へ行ったように小屋を覗いている様子を見ると、これは人道問題である』」とあります。日英博覧会の公式報告書（Commission of the Japan-British Exhibition）には『台湾が日本の影響下で、人民生活のレベルは原始段階から進んで、一歩一歩近代に近づいてきた』と記されています。イギリス側も、日英博覧会の公式ガイドブックで『我々（イギリス）は、東洋の帝国が〝植民地強国〟（Colonizing Power）としての尊敬を受ける資格が充分にあることを認める』と記しています」（http://www.nhk.or.jp/japan/asia/index.html）。

帝国主義の思想的基盤は、自国が文明の担い手であるという思い込みにある。日英博覧会はその具体的な現れであった。こうした姿勢は、幕末・明治初期の征韓論にもあった。日本の天皇の「万世一系」論がそれである。

江戸時代の主流学問であった朱子学は、中国を「華」と敬い、周辺国を「夷」と卑しむ華夷思想であった。朱子学における華夷思想に「名分論」（めいぶんろん）というものがある。中国皇帝の権威を人倫秩序の淵源に見立てるという考え方がそれである。この思想によれば、日本は中国皇帝にひざまずかなければならない。こうした朱子学による中国皇帝の権威に対抗する日本独自の価値原理を打ち立てるべく、日本の天皇を尊しとする尊王思想が浮上することになる。それが、日本の天皇の「万世一系」論である。

中国の王朝は、易姓革命により変遷するとの思想があった[5]。易姓とは、ある姓の天子が別の姓の天子にとって代わられることで、革命とは、天命が改まって、王朝が交替すること。天が、命を下して、徳のある者を天子となして人民を治めさせる。天子や王朝の徳が衰えて、人民の信頼がなくなれば、天が、天変地異などを起こして、その天子や王朝を去らせ、新しい有徳者に王朝を開かせて、人民を支配させるというのが、中国の易姓革命論である。王朝は、同じ血統（姓）を続けるが、王朝交代の際には王室の姓が変わることから、易姓革命という。姓（せい）を易（かえ）命（めい）を革（あらたむ）という意である（三省堂『新明解四字熟語辞典』より。出典『史記』の『暦書』）。

この思想が中国に広く受け入れられたために、新王朝は、前王朝が天命を失ったことを証明すべく、前王朝の歴史編纂が、新王朝の重要な仕事となったと考えられる（http://www.allchinainfo.com/some/yixing.html）。

このような中国に比べて、日本は易姓革命の生じる余地がなく、万世一系の天皇家が永続しているというのが、王政復古論の背後にあり、これが、日本の道義的優越性を示すものと主張された。

ペリー来航がこの考え方を日本人に広めた。ペリー来航は、志士達の危機意識を掻き立て、近隣諸国を切り従えて日本の勢力圏を築き、これに拠って列強に対抗するべしとする拡張主義を生むに至った（本節は、吉野［二〇〇四］に大きく依拠した）。

ペリー来航により、列強と和親条約を締結する幕府の姿勢を見て、幽囚中の吉田松陰は書簡の中で「ロシアやアメリカなどの戎狄との通商条約を結ぶことによって、日本は誇りを失うべきではない。時間を稼いで国力を養い、取り易い朝鮮・満州・支那を切り従え、ロシアとの通商条約で失う利益を、鮮満の土地を切り取ることによって償うべきである〉（要約）と主張した。

松陰は、攘夷の主体としての日本、「吾が宇内に尊き所以」、「我が国体の外国と異なる所以」を認識すべきだと説いた。松陰によれば、日本の「国体」とは、易姓革命を思想の根本にすえる中国に対して、「万世一系」の天皇統治にある。中国の伝統的政治思想は、「人民ありてしかるのちに天子あり」であるのに対して、日本は「神聖ありてしかるのちに蒼生あり」である。中国における臣下は、自分を認めてくれる主君を求めて去就を決める「半季渡りの奴婢」の如きものであるのに対して、日本の場合は譜代の家臣であり、主人が死ねといえば喜んで死ぬ、絶対的な君臣関係なのだとする。

こうした松陰の理念は、遡れば「忠臣蔵」の情感に通じるものであり、近年では、太平洋戦争末期の神風特攻隊に象徴的に表現されたものである。

このような思想に立てば、日本がその「国体」を輝かせていた神功皇后や豊臣秀吉の征韓事業こそ「善く皇道を明かにし国威を張る」もので、「神州の光輝」と称揚されることになる。その意味で、征韓事業が、国体論の基礎に置かれ、日本の使命として遂行されるべき事業として神聖化されることになる（http://homepage2.nifty.com/k-todo/bunmmei/eastyourasia/japan/eastajia/seikanrom.htm）。

徳川幕府は、清との間で正式の外交関係を取り結ばなかったが、朝鮮とは、徳川将軍の代替わりごとに朝鮮国王の国書を持った朝鮮通信使を受け入れていた。その回数は一二回を数えた。その際、両国の交渉は対馬藩を介して行なわれた。

朝鮮国王と徳川将軍が交わす国書の名義が問題であった。朝鮮側は、中国の臣下を示す「朝鮮国王」でもこだわらなかったのであるが、幕府として、それは受け容れ難い。しかし、朝鮮側からすると、日本側の国書も「日本国王」名義のものでなければ対等性が保てない。しかし、日本側の征夷大将軍というのは天皇の臣下の役職であって、将軍が「日本国王」を名乗るのは天皇との関係上、難しい。また、日本側が、「朝鮮国王」と同等の「日本国王」という称号を用いると、日本が中国皇帝の権威を認めることになってしまう。そこで、将軍の国書は「日本国源家光」のような形式にして、称号を名乗らず、朝鮮国王からの国書の宛先は「日本国大君」とする形が取られていた。日本による朝鮮宛の国書には、朝鮮国王を「朝鮮国大君」と呼び、徳川将軍と朝鮮国王は対等の関係であるという配慮を徳川幕府は示していたのである。

しかし、明治維新により天皇が統治権者として復活したので、日朝関係における名分（めいぶん）問題を解決しなければならなくなった。

江戸時代には、徳川将軍と朝鮮国王は対等の関係であった。しかし、王政復古が実現した以上、徳川将軍より上の天皇が、名実共に最高の統治者になった。とすれば、朝鮮国王と日本の天皇はどういう位置関係になればよいのか。徳川将軍と同等の位置にあった朝鮮国王は、天皇に対して臣下の礼を取るべきではないのか。朝鮮は、『記紀』に記されているように、日本の属国となるべきではないのか。これが、明治に入って解決しなければならない名分問題であった。そして、対馬藩を経由して王政復古を伝える朝鮮国王宛の日本の国書の宛先は、それまでの「朝鮮大君」から「朝鮮公」に格下げにした。このことから、朝鮮は、日本側の王政復古の通知の受け取りを拒否した。征韓論はこうしたことへの日本側の憤りから発生した。朝鮮国王は、日本の最高統治者である天皇の臣下に位置づけなければならなかったのである。王政復古、万世一系、征韓論は、まさにこうした名分論から生じたものである。

清、ロシアと戦争までして領有した朝鮮こそは、王政復古の理論的帰結として日本の権力者たちは了解していたのである。

おわりに

韓国併合から一〇〇年。残念ながら、日本では、この年を契機として、アジアにおける日本の歴史的位置づけと現在の日本の選択肢に関わる大きな討論は巻き起こらなかった。むしろ、日本のナショナリズムの昂揚がマスコミによって煽られた。

韓国併合一〇〇周年の二〇一〇年、東アジアの海に緊張が走った。尖閣諸島問題もその一つである。尖閣諸島は、日本の固有の領土であるとの声が高くなっているが、沖縄返還後の尖閣諸島には、日本の実効支配を示す標識は整備されず、諸島の中の北小島と南小島の標識が入れ替わっていたことさえも気付かれなかった（『八重山毎日新聞』［一九九五］）。

沖縄返還に際して、米国務省は、米国が施政権を有する南西諸島の施政権を一九七二年中に日本に返還すること、南西諸島には尖閣諸島も含まれることと説明した。しかし、「この問題に主張の対立がある時には、関係当事者の間で解決されるべきこと」と、米国は、中国と日本との領有権争いに巻き込まれたくないとの姿勢を示していた（比嘉［二〇一〇］、一四～一五ページ）。

尖閣諸島が、日本領土であるとの公式見解は、一九七二年三月八日の衆議院沖縄・北方問題特別委員会における福田赳夫（ふくだ・たけお）外務大臣（当時）の答弁であった。要約する。

（一）　一八八五年以降、調査を継続していた日本政府は、尖閣諸島が無人島で清国の支配が及んでいないことを確認、一八九五年一月一四日の閣議決定で正式に尖閣諸島を日本の領土とした。

（二）日清戦争の下関条約（一八九五年四月一七日締結）では、尖閣諸島には触れられなかった（つまり、清はその時点で尖閣諸島を日本の固有の領土であると認識していた）。

（三）一九七一年六月一七日調印の沖縄返還協定で、施政権の返還対象に尖閣諸島が明示されていた。

（四）尖閣諸島を日本の固有の領土と認定したサンフランシスコ平和条約（一九五一年九月）第三条に、中国は異を唱えなかった。

尖閣諸島が日本の固有の領土であることの根拠として、日本政府は上記のことを繰り返し強調してきた。しかし、その論理にはかなり無理がある。一八九五年の閣議決定は、日清戦争で日本が勝利を確実なものにした一八九五年一月一四日に行なわれたものである上、公然と領土宣言を内外に発したものではなかった。下関条約が四月一七日よりほぼ三か月前の一月一四日にすでに日本が領有していたものだから、戦争で清からもぎ取ったものではないというのが日本政府の見解である。しかし、それは詭弁というものであろう。戦争終結前だが、戦争中にもぎ取ったことに変わりはないからである。尖閣諸島は、戦争でもぎ取ったものである。

上のような事情があるにもかかわらず、多くの日本人がいとも簡単に、「尖閣諸島は日本の領土である」と思い込んでしまった。日本人は、東アジア関係史を理解する絶好の機会を見過ごした。メディアがそうした機会を提供してこなかったからでもあるが、日本の歴史教育が教育の体裁をなしていないことがもっとも深刻な問題である。

第六章　韓国併合と日本の仏教

はじめに

民衆の心を掴む理念として宗教以上に強力なものはない。政治的理念の寿命は数百年も持続するだけでも奇蹟としか言えないのに、宗教は数千年は生き延びる。権力は、宗教のこのとてつもない力を利用してきたし、権力に従いたくない民衆は、自らの宗教の保持に命を懸けてきた。

朝鮮の仏教も例外ではない。朝鮮の仏教は、五世紀の新羅（Silla）時代から一四世紀の高麗（Goryeo）時代までの九〇〇年間、権力者と民衆の双方の心を捕らえてきた。李（I）朝の弾圧や日本の支配を受け続けた。しかも、日本の権力の手先になっているとして、日本の植民地支配に抵抗すべく、民衆を組織できたキリスト教からも攻撃され続けた。日本の植民地支配から脱した後、独立運動を組織化できた韓国のキリスト教は、都市部を中心に勢力を拡大した。

朝鮮の仏教が、日本の植民地支配に利用された経緯を、この章で説明したい。

一　朝鮮の仏教略史

仏教が、中国から朝鮮半島に伝来するようになったのは、中国の南北朝時代からである。仏教は、三七二年に高句麗（Goguryeo）、三八四年に百済（Baekje）、新羅には、それよりかなり遅れて、五二七年に導入された。いずれも、護国仏教の色彩が強いものであった。例えば、新羅では、国土は仏の支配する地（仏国土）であり、王は仏の家族である。そして、弥勒菩薩の化身である「花郎」（Hwarang）が人々を守るという考え方が浸透していた（http://www.bbweb-arena.com/users/hajimet/bukkyo_002.htm）。

花郎というのは、新羅のエリート青年組織で教育的機能を帯びた宗教的機関である。上級貴族の一五、六歳の子弟を「花郎」とし、その下に多くの青年が「花郎徒」（Hwarangdo）として組織されていた。花郎は、山中で精神的・肉体的修養に励み、戦時には戦士団として戦いの先頭に立っていた。彼らは、弥勒菩薩の化身とされていた。弥勒菩薩は、釈迦の入滅から五六億七〇〇〇万年の後に人間界に現れて民衆を救うと信仰されていた仏である（http://momo.gogo.tc/yukari/kodaisi/umayado/faran.html）。

新羅の仏教は華厳宗が有力な宗派であった。華厳宗は、「大方広仏華厳経」という大乗仏教の経典の一つを教義とするものである。それは、大方広仏、つまり時間も空間も超越した絶対的な存在としての仏という存在について説いた経典である。華厳とは別名雑華ともいい、雑華によって仏を荘厳することを意味する。原義は「花で飾られた広大な教え」である（http://www.geocities.co.jp/suzakicojp/kegon1.html）。

新羅時代の九世紀、地方の寺院や豪族の間で禅宗が信仰されるようになっている。

高麗時代に入ると、仏教は王族の支援を受けるようになる。初代高麗王（在位、九一八～四三）の太祖（Taejo）・王建（Wangon）は、九四三年の死去の直前に、高麗の後代の王たちが必ず守らなければならない教訓として「訓要十条」を書き、その第一条に仏教を崇拝すると宣言したことに見られるように、高麗時代の仏教は手厚く保護されていた（http://mindan-kanagawakenoh.com/korean_history/kh015.html）。高麗時代の仏教寺院は、広大な土地を所有しており、商業や金融（高利貸し）をも大々的に営んでいた。

高麗時代に、仏教思想と風水思想が融合した。この時代に創建された多くの寺が風水地理でいう明洞（Myeongdong）に建てられている。明洞とは、風水的にもっとも恵まれた地のことである。現在のソウル随一の繁華街の明洞には、この意味がある。また、密教の影響も大きく、石塔などにその影響が見られる。

高麗王朝時代に入って、華厳宗と禅宗を融合しようとする天台宗が中国から伝来した。一〇九七年に高麗に天台宗を導入した義天（Uichon, 1055～1101）は、教（仏の教え）と観（禅宗の参禅）を折衷した僧であるとされている（http://r-m-c.jp/story/story04.html）。

曹渓宗（Jogyejong）も高麗時代に成立した。これは、禅系仏教宗団であり、現在の韓国でも、「大韓仏教曹渓宗」として韓国仏教で最大の勢力を有する。仏日普照国師・知訥（Chinul, 1158～1210）を開祖とする。知訥は禅によって天台・華厳などの教学を包摂する教えを説いた。曹渓宗は民衆に、天台宗は上流階級に浸透したと言われている（http://www.myoukakuji.com/html/telling/benkyonoto/index65.htm）。

しかし、高麗時代に全盛時代を迎えた半島の仏教は、次の李朝になると一転して激しい弾圧にさらされることになった。

高麗朝を倒した李朝は、国家財政の確保が急務であったために、寺院財産を没収する政策を取った。

朝鮮王朝の五〇〇年間、仏教は権力によって弾圧され続けた。僧侶たちは、町から追放され、山岳に追いやられた。

それは、日本の圧力によって出された一八九五年の「都城出入禁止解禁」まで継続した。

日本による朝鮮支配は、この弾圧されていた朝鮮仏教を救済し、インテリ層の中に親日派を作り出すことによって可能になったものである。それは、朝鮮独立運動を組織する西欧キリスト教に対抗する意味をも持っていた。

しかし、半島の仏教は、日本の教団の支配を受けることになった。そのこともあって、独立後の韓国の仏教は、日本の支配を歓迎していたとして、いまだに多くの人々によって糾弾されている。日本の仏教が到来するまでは、半島の僧侶は妻帯していなかったのに、日本の仏教との接触によって妻帯するという堕落をしたとして非難されたのである。妻帯した僧侶は帯妻僧侶と呼ばれていた。

日本から独立した当時の李承晩（I Seungman）・韓国大統領は、日本の支配下で実権を握っていた帯妻僧侶を追放すべく、朝鮮戦争の休戦が成立した翌年の一九五四年五月に「仏教浄化に関する諭示」を発表した（曹渓宗総務編［一九五七］、一〇〜一一ページ）。帯妻僧侶は、新権力からも迫害されたのである。

二　李朝による高麗仏教の特権の剥奪

高麗時代の僧侶には、国王の師となる王師（おうし）とか国民全体の師である国師（こくし）などの最高位の地位などが用意されていた。仏教寺院の田畑は寺領と呼ばれた。王族から膨大な寺領が寺院に寄進され、免税であった（鎌田［一九八七］、一五五ページ）。僧侶には飯僧として食事も無料で供されていた。一〇一八年には一〇万人の僧に食事が供されたという（同上、一五六ページ）。こうした安逸を得るために、農民から僧になる者も多かった。

さすがに、一三二五年には、出家を制限すべく度牒（どちょう）制度が強化された。度牒とは、東アジアの律令制で、国家から僧侶になることを許可した認証状のことである。一定の金や物資を国に納めれば僧侶になることが許されるという制度であるが、これが高麗朝の財政難とともに、強化されて行ったのである。しかし、寺領の拡大や経済力の増大とともに、僧兵が増え、国家権力を脅かすようになった。

高麗時代には、僧科（そうか）という僧侶になる国家試験制度ができた。これは、科挙の制度と平行して実施されていた。また、仏教に関する行事を主管する僧録司（そうろくし）という国家的な代行機関も設けられていた。

王族や貴族は、壮大な仏教儀礼を催した。それは、八関斎会（はっかんさいえ）と呼ばれた。仏教の世界では在家が授けられる八戒という初歩的な戒律がある。これを授けるのが八関斎会である。これは外国の要人も招待される大行事であった（同上、一五七～六〇ページ）。似たような祭りで、少し規模を小さくした国内的行事である燃燈会（ねんとうえ）というものも毎年開催されていた（同上、一六三ページ）。

こうした高麗仏教が次の李朝によって圧迫されるようになったのである。

一三九二年、朝鮮では、李成桂（I Seonggye）が、高麗朝（九一八年建国）を倒して政権を取り、自らを太祖と名乗った。太祖は、二年間は国号を変えず、高麗のままとしていたが、その後、国号を朝鮮（Chosun, 1394～1897）に改めた。首都も高麗時代の開城（Kaeson）から漢陽（Hanyang、現在のソウル）に移した。そして、「崇儒排仏」、「事大交隣」、「農本民生」の三つを国家の基本理念とした（http://mindan-kanagawakenoh.com/korean_history/kh022.html）。

一つ目の「崇儒排仏」というのは、文字通り、儒教を崇拝し、仏教を排するという政策である。ただし、太祖・李成桂自身は仏教を信じていた。

李成桂の二つ目の基本理念、「事大交隣」とは、大国に反抗してはならないという政策である。それは、「事大主義」と表現された。

「事大」の語源は、『孟子』の「以小事大」(小を以って大に事(つか)える)である。孟子は、小国が生き延びるには、天の理を知って、大国に仕えるのも止むを得ないと言った。[1] これが、「事大主義」と言われるものである。この考え方が、漢代以降の、冊封体制、周辺諸国にとっての朝貢体制の口実になっていた。

李成桂は、大国の明との開戦を決定した小国の高麗政権を批判し、「以小事大」こそが、小国が生き延びる道だと唱えて、高麗政権を倒したのである。大国の中国の明王朝は、一三六八年に朱元璋(Zhu Yuanzhang)によって建国されたが、明は李成桂を援助していた。

一六世紀に朱子学の系統化が進むと、事大の姿勢はより強化された。冊封体制を明確に君臣関係と捉え、大義名分論を基に「事大は君臣の分、時勢に拘わらず誠を尽くすのみ」と、本来保国の手段に過ぎなかった事大政策が目的にされてしまった。その姿勢は、李朝末期においてもなお継続され、清皇帝を天子として事大することを名目として、近代化に反対する勢力となった。この勢力が事大党と呼ばれた(http://dictionary.goo.ne.jp/leaf/jn2/97408/m0u/)。

三つ目の朝鮮の基本理念である「農本民生」は、文字通り、農業を基本とする国民生活の安定を目指すというものであった(http://www.koreanculture.jp/korea_info04.php)。

第三代国王の太宗(Taejong、在位、1400~18)によって、仏教迫害が開始された。寺領は縮小させられ、僧侶の数も減らされた。剥奪した寺領は国有化された。度牒の制度は厳しくされ、王師、国師も廃止された(鎌田[一九八七]、二〇三ページ)。

第四代国王の世宗(Sejong、在位、1418~50)が儒教を正式に国教に指定した。この王は、ハングルを造った『訓民正音』という勅撰書を出したことで著名な王である。毎年春秋の仲月には僧侶に『般若経』を読ませて街を巡り、災厄を祓う「経行」という高麗のしきたりを、彼は廃止した。多くの教団を整理し、禅宗と教宗に統合させた。僧侶が城中に入ることを禁じた。ただし、晩年の彼は、仏教に帰依するようになった（同上、二〇四〜〇五ページ）。

第九代国王の成宗（Seongjong、在位、1469〜94）は、尼寺二三寺を破壊し、度牒のない者の還俗を強制した。

第一〇代国王の燕山君（Yeonsangun、在位、1494〜1506）は、僧科を全廃した。僧侶のほとんどを還俗させ、都城内の寺社のすべてを廃止した。

第一一代国王の中宗（Jungjong、在位、1506〜44）は、燕山君よりさらに徹底して仏教を弾圧し、僧侶を土木工事に使役した。京城の寺院のすべてを廃止した（同上、二〇七〜〇八ページ）。

三　日本仏教の介入と朝鮮の傀儡政権

上記のような李朝による仏教弾圧を阻止するという名目で、日本の仏教は、明治政府の半島進出に協力することになった。

明治時代に、朝鮮布教を最初に開始したのは、浄土真宗大谷派だとされている。同派は、一八七六年の「日朝修好条規」締結の翌年から布教活動を始めた。中心人物は奥村円心（おくむら・えんしん）であった。これは、東本願寺（真宗大谷派）の法主・厳如（げんにょ）の命による。東本願寺は、当時の内務卿・大久保利通と外務卿・寺島宗則から布教活動の依頼を受けていた。東本願寺釜山（Busan）別院が一八七八年に建立された。明治政府の中国、朝鮮への発展に合わせて東本願寺もまたこの地への布教を開始するとの宣言が出された。要約する。

〈明治政府が維新の大業を完成し漸（ようや）く支那、朝鮮等の諸外国に向かって発展しようとしている。本願寺も亦（また）北海道の開拓をはじめ支那、朝鮮の開教を計画している〉（朝鮮開教監督部編［一九二九］、一八ページ）。

円心は、一八九八年に本山に以下の内容の報告書を送っている。要約する。

〈国と宗教の教えとの関係は、皮と毛のようなものである。日韓もまた唇と歯のような関係にある。両者が相補って完全な姿になるのである。現在の韓国の状況は悲惨なものである。日本の忠君愛国の思想を韓国に誘導すべきである。かつては、日本は韓国から文化風物を教えてもらった。それによって、日本は繁栄した。いまや、日本が韓国を誘導開発する時である〉（川瀬［二〇〇九］、二六ページより転載）。

東本願寺もまた、キリスト教のように、文明の使徒になろうとしていた。もとより、キリスト教への対抗を意識したものであった。

円心は釜山別院に朝鮮語学校と「釜山教社」を設置した（一八七七年）。釜山教社は、貧民救済を目的とした社会事業で、日本人による朝鮮での社会奉仕団としては最初のものであった（朝鮮開教監督部編［一九二九］、一六一ページ）。

真宗大谷派に続いて、一八八一年に日蓮宗、一八九五年に浄土真宗本願寺派（西本願寺派）、一八九八年には浄土宗、一九〇七年には曹洞宗等々が、朝鮮半島に進出した。

そして、李朝によって弾圧されていたこともあって、朝鮮の仏教徒は、日本の仏教団の半島への進出を歓迎していた（川瀬［二〇〇九］、二八ページ）。

既述のように、朝鮮仏教の僧尼たちは首都内に立ち入ることが禁止されていた。この「都城出入禁止」の打破が、日本の仏教団の重要な戦略であった。これを成功させたのが、日蓮宗僧侶の佐野前励（さの・ぜんれい）であった。一八九五年、彼は、当時の朝鮮総理大臣・金弘集（Kim Hongjip）に禁の廃止を願い出、それが認められたのである。

金弘集は、一八八〇年に来日し、一八七六年に締結されていた不平等条約の「日朝修好条規」改正交渉をした。日本の拒絶により目的は達成されなかったが、その後、国王・高宗（Gojong）を説得して、開化政策を推進させた。しかし、開化政策は儒者や保守層の反発を招いた。一八八二年の「壬午軍乱（事変）」（Imo gullan）での「済物浦（Chemurupo）条約」を日本と結ぶ交渉にも当たった。一八八四年の「甲申政変」（Gapsin jeongbyeon）でも時局収拾に努め、一八八五年、日本と「漢城（Hanson）条約」締結交渉の任を担った。

一八九四年（干支で甲午）の「甲午（Gabo）農民戦争」（東学党の乱とも呼ばれる）にも金弘集は積極的に関与した。改革は、中国の年号踏襲を廃止、科挙制度の廃止、行政府の整理、銀本位制の導入、軍制度改革等々、急進的なものであったが、これが国内を紛糾させた。

乱に手を焼いた閔妃（Minbi、高宗の妃）が牛耳る朝鮮政府が清国へ援軍を依頼すると、日本軍も出動した。日本軍は、日清戦争の直前に閔氏政権を転覆させて親日的で開化派の金弘集らの政権を発足させ、興宣大院君（Heungseon Daewongun）を執政に据えた。

一八九五年四月一七日、「日清講和条約」（下関条約）の調印。同年四月二三日、ロシア・フランス・ドイツによる日本への三国干渉。同年七月六日、閔氏一族がロシア公使の援助を得てクーデターを起こした。彼らは、大院君や開化派・親日派を一掃し、日本人に訓練された軍隊も解散させた。

同年一〇月七日～八日早朝、これに対して、日本公使・三浦梧楼（みうら・ごろう）はもう一度大院君を政権に就けようと図った。八日早朝、暴徒が宮廷を襲撃し、閔妃の寝室に乱入し、侍女も含めた三人の女性を斬殺した。死体を王宮外の前庭に運び出し、積み上げた薪の上で石油をかけて焼き捨てた。

朝鮮人守備隊同士の衝突に見せかけようとした計画にもかかわらず、米国人医師の目撃証言によって、日本人の犯行であることが明確になった。

これに対して、日本政府は、この事件を三浦公使をはじめとする出先官憲の独走であるとの立場を取り、犯行に関わった者たちを日本に召還し、日本で裁判にかけた。しかし、最終的には、証拠不十分として全員無罪となった。日本政府によって樹立されていた金弘集政府は、日本の圧力に屈して、三人の朝鮮人を真犯人として処刑した。しかし、この措置は、朝鮮人の怒りを買い、各地で武装蜂起が生じた。

翌一八九六年二月、ロシア軍水兵の応援を受けた反日派（保守派）のクーデターが起こり、金弘集や魚允中（O Yunjung）らの政府要人が処刑された。この時、高宗王は日本の逆襲を恐れてロシア公使館に避難し、一年余りの間そこで政務を執った。

一八九七年、高宗王は王宮に戻り、朝鮮が清国に臣従していた形を改め、独立国であることを示すため、同年八月、それまで使っていた清国の年号を廃止して朝鮮の元号を定め、「光武」とした。同年一〇月一二日、それまでの「王」の称号を「皇帝」に改め、高宗王が高宗皇帝に即位した。同年一〇月一六日、それまでの「朝鮮」という国号を「大韓帝国」（一八九七～一九一〇）に改めた（http://www.dce.osaka-sandai.ac.jp/~funtak/kougi/kindai_note/DokuKyok.htm）。

四　朝鮮総督府による朝鮮仏教寺院の統制

日露戦争後、日本は韓国を保護国化して、一九〇五年一二月二一日、韓国統監府を設置した。そして、一九〇六年一一月、統監府令第四五号「宗教の宣布に関する規制」を発布した。仏教を韓国で布教しようとする日本人は、総監府の許可を得なければならないということが建て前であったが（川瀬［二〇〇九］、五二ページ、注六一）、実際の運用面では、韓国の寺院を管理したいと願う日本の仏教寺院は、統監府に書類申請すれば、韓国寺院を日本寺院の管理下に置くことが認められていた。これによって、真宗大谷派は海印寺や梵魚寺など半島随一の由緒ある名刹[2]を自己の末寺にすることができた（川瀬［二〇〇九］、三二ページ）。ただし、両寺を末寺にしたことの効果については、大谷派自体が懐疑的な反省を行なっている。それでも、その行為は一定の効果を持っていたことは否定できないとの自己弁護をしている。

「本願寺の朝鮮開教[3]が朝鮮の寺院及び僧侶に対して何程の刺激を与へたか、この質問に対して編者は遺憾ながら全くナッシングであるとも答え得ないのである。何となれば、嘗（かつ）て開教師が海印寺に出張して鮮僧を教養し、或は梵魚寺に於いて奥村師が鮮僧を誘掖（ゆうえき）[4]した事実があるから全く何等の刺激を与へなかったとは云へないのである」（朝鮮開教監督部編［一九二九］、一九一ページ）。

この文章には、傲慢さが漂っている。朝鮮の仏教徒たちは、歯を食いしばって李朝権力の弾圧に抗してきた。李朝がなくなり、大韓帝国ができても、今度は、日本という新たな権力の膝下に韓国の仏教は置かれてしまった。弾圧されてきた朝鮮半島の仏教を守ってきたという自負を持っていたであろう朝鮮の名刹に対して、〈日本の開教師が海印寺の僧たちを教えた、奥村円心師が梵魚寺の僧たちを導いた〉と言ってのけたのである。日本の仏教教団は、朝鮮の寺で自分の考え方を述べて朝鮮の僧たちと意見を交換し、過去の弾圧の負の遺産を跳ね返そうとのエールを交わせなかったのである。

奥村円心の大きな業績を讃える書の編者たちの感覚だけなら、教団の少数の僧の勇み足であったとして無視することもできる。しかし、時の法主（ほっす）であった彰如（しょうにょ）[5]は、法主就任に当たって次のような訓辞（御垂示（ごすいじ））を出している。現代語風に要約する。

〈韓国併合に向かうという天皇のお言葉（大詔）は、太陽と星のような平和と秩序を東洋にもたらすものである。日本は、慈愛をもって韓国民を永遠に安心（綏撫、すいぶ）させることができる。これで東洋における平和の基礎は強固になる。とくに真宗を信じる人たちは、人々を等しく慈しむ（一視同仁、いっしどうじん）ことができ、仏の慈悲で海外の人たちを包みこむことができる。新しく日本に加わる人たちに恐れを抱かすことなく、彼らを啓発し、彼の地の産業を発展させることが真宗の任務である。天皇の御言葉（聖旨、せいし）を遵守することが、国家と仏祖に報いる仏教徒の義務である〉（一九〇八年九月二五日の本山『宗報』第一〇八号。川瀬［二〇〇九］、三四、五二ページより転載）。

そこでは、韓国人を「新附ノ国民」と表現し、彼らを教え導く（扶掖、ふえき）ことが真宗の目標に置かれているのである。

統監府を継承した朝鮮総督府も、李朝によって弾圧されていた韓国・朝鮮仏教を救済するという名目の下で、半島の寺院に対する統制を強化して行った。

一九一一年に施行した「寺刹（じさつ）令」[6]について、朝鮮総督府は次のように自画自賛した。要約する。

〈朝鮮の仏教寺院は、新羅・高句麗・百済の三国対立時代に創建され、高麗朝時代に隆盛を迎えたが、李朝時代中期になると、儒教を奨励し・仏教を抑制する（揚儒抑仏）という風潮が起こり、仏教はほとんど顧みられなくなった。こうした状況を改善すべく寺刹の布教を支えることにする〉と寺刹令の趣旨を述べ、その内容を以下の三点で説明している。

〈（一）寺刹を保存する施策を講じる。（二）寺刹の管理者である住持の職務を明確にする。（三）寺刹内部の規律を正しくし、僧尼の姿勢を厳正にさせる。（四）寺の財産が散逸しないようにする施策を講じる〉（朝鮮総督府［一九一一］、五三ページ）。

この文面だけを見れば、朝鮮総督府は衰退していた朝鮮の仏教を再興させることを目指しているかのようである。

朝鮮総督府は、寺刹令施行の効果について豪語した。

〈この法令が施行されて以来、朝鮮の一般民衆の仏教に対する態度は一変した。僧尼たちは、一〇〇年の間、軽蔑されてきたが、一視同仁の政策によって、屈辱的な境遇から脱却し、その政策を喜んでいる。他の宗教のように布教を行なう自覚が生まれている〉（朝鮮総督府編［一九一三］、五三～五四ページ、川瀬［二〇〇九］、三五ページより転載）。

寺刹令は、朝鮮仏教への朝鮮総督の介入を制度化したものである。一九一七年、親日派の李完用（I Wanyong）は、朝鮮仏教と日本仏教の対話の会を設立し、朝鮮総督府の宗教政策にも協力した（韓［二〇〇四］、三六ページ）[7]ことに見られるように、日本の仏教の朝鮮への進出は、朝鮮における日本支持派の政治勢力と深く関わるものであった。

朝鮮で施行されたこの寺刹令は、じつは、以前に日本政府が日本で制定を試みながらも、日本の仏教界の猛烈な反発を受けて頓挫した「第一次宗教法案」の内容を踏襲して作成されたものである。

この「第一次宗教法案」は、一八九九年一二月に山県有朋内閣によって第一四回帝国議会貴族院に提出されたが、出席議員二二一名のうち、反対一二一名、賛成一〇〇名で否決されたものである（戸村［一九七六］、四四～四五ページ）。

当時の仏教界が、この法案に反対した主たる理由は、「これは神仏とキリスト教とを対等に扱うもの」という反キリスト教思想にあった。これは、明治政府による最初の宗教法案であったが（中濃［一九九七］、一三六ページ）、その後、一九二七年まで宗教法案は日本では提出されなかった。宗教団体を権力の統制下に置こうとする日本政府の試みが朝鮮で実験されたのである。その経験を踏まえて、一九二七年に「第二次宗教法案」が同じく帝国議会に提出された。

この法案が提出される前年の一九二六年、神社を別扱いとしつつ、宗教を権力支配下に置くための研究をする「宗教制度調査会」が日本に誕生している。この会は文部官僚と宗教側代表とによって構成され、文部大臣の任命による完全な御用団体であった。この会の提言を受けて、一九二七年一月、若槻礼次郎内閣が、第五二回帝国議会（貴族院）に新「宗教法案」を岡田良平・文部大臣案として提出した。これが、「第二次宗教法案」と呼ばれたものである。この法案は、非常に厳しいものであった。例えば、「宗教の教義の宣布・儀式行事の執行が安寧秩序を妨げ、風俗を破り、臣民たる義務にそむくおそれがあると認めた場合には、監督官庁はこれを制限し、または禁止することができ、この処分に従わないときは、文部大臣は宗教団体の設立許可または宗教指定の取り消しをすることができる」とあった（第三条）。

宗教界は猛反対した。反対する主要な点は六つあった。①文部大臣が宗教そのものを指定すること、②宗教教師の資格を法定したこと、③宗教結社の設置を地方長官の許可事項としたこと、④管長・教団管理者の就職を文部大臣の許可事項としたこと、⑤寺院・教会の離脱を文部大臣の許可事項としたこと、⑥所轄庁の監督が厳しく罰則が重いこと、である。

「第一次宗教法案」の際は仏教側の反対が強かったが、この「第二次宗教法案」では、キリスト教側からの批判が強く、この案も貴族院で審議未了となった。この頃を境として「神社は宗教にあらず」論が、一段と強められるようになったのである。

日本政府は、「治安維持法」を一九二五年に施行し、反権力運動を厳しく取り締まることになった。それとともに、日本政府は、反権力に傾く可能性のある宗教の統制を執拗に志向することになったのである。

二度も帝国議会で廃案となった「宗教法案」に代わって、一九二九年、田中義一（たなか・ぎいち）内閣の勝田主計

（しょうだ・かずえ）文部大臣は、「宗教制度調査会」の協力を得て、「宗教法案」を「宗教団体法案」と改めて、第五六回帝国議会（貴族院）に提出した。

この法案は、法を適用すべき対象を「宗教」そのものでなく、「宗教団体」にした。信教の自由という建て前をかざして、実質的に反権力運動を行なう宗教団体の取り締まりを狙ったのである。法案提出の理由には、「国民精神の作興」に貢献する宗教団体の育成を目指すことが挙げられた。

「大体（この法案）ニ於キマシテ、取締ニ関係イタス事柄ハ成ルベク之ヲ制限イタシマシテ、小サクイタシ、最小限度デ以テ取締ハイタシマス。寧ロ此宗教団体ノ自治的発達、国家ノ保護、斯様ナルコトニ重キヲ置キマシテ、教化団体トシテ国民精神ノ作興ノ上ニ貢献セシムベキ趣旨ニ相成ッテ居ルノデアリマス」（http://www.genshu.gr.jp/DPJ/syoho/syoho31/s31_135.htm）。

ここに「国民精神ノ作興」とあるのは、関東大震災直後に出された「国民精神作興ニ関スル詔書」に出てくる天皇の言葉（詔書）である。しかし、この法案も、宗教界の抵抗が強く、廃案になった。

それ以後、国内には、仏教団体による大きな反権力運動が盛り上がった。一九三〇年には、大本（おおもと）教団が、不敬罪、国体変革など「治安維持法」違反容疑により徹底的な弾圧を受けた。これは、大正時代に続く「第二次大本事件」である。そして、体制側は、一九三六年に二・二六事件後、一九三七年に「国民精神総動員運動」を始めた。

そして、ついに、一九三九年二月、平沼騏一郎（ひらぬま・きいちろう）内閣が、貴族院特別委員会に「第二次宗教団体法案」を提出した。その提案理由を平沼総理は次のように述べている。

「いずれの宗教に致しましても我国体観念に融合しなければならぬということは、是は申すまでもないことでございます。我が皇道精神に反することはできないのみならず、宗教によって我が国体観念、我が皇道精神を涵養すると云うことが日本に行はる宗教として最も大事なことで……これがためには一面においては宗教の向上発展を図るということが必要であります。就てはこれに国家と致しまして保護を加へることは是非やらねばならぬことであります。是と同時に宗教の横道に走るといふことは是は防止しなければならぬが、これがためには、これに対して監督を加えることが必要であろうと思います」(「宗教団体法案貴族院特別委員会議事速記録」、http://www.genshu.gr.jp/DPJ/syoho/syoho31/s31_135.htm)。

法案の内容も、宗教団体やその教師が行なう宗教行為が、安寧秩序を妨げ、日本臣民たることの義務に背く場合は、その宗教行為を制限し、または禁止することができ(「同法第一六条」)、この権限は、寺院、教会、教師に対しては文部大臣から地方長官に委ねられていた(「同法一九条規則五七条」)。文部大臣、地方長官は教派、宗派の管長、教団統理者、教会主管者、寺院住職等を解任することもできた(「同法一七条一項及び一九条」)のである。神道一三派はそのままとしながら、仏教の五六派は二八派に、キリスト教の二〇余派は二教団にと強制的に統合させられ、敗戦を迎えたのである(中濃[一九九七]、一三七～四〇ページに依拠)。

この、日本の「第二次宗教団体法案」は、一九一一年六月に朝鮮で発布された「寺刹令」と、同年七月に作成された「寺刹令施行規則」(本令、細則ともに施行は、一九一一年九月一日)と非常に極似している。抵抗の大きさから本国の日本では成立しなかった宗教統制が、植民地朝鮮で強引に施行し、ついに、それを戦時下の日本に再導入したのである。

「寺刹令施行規則」は全八条からなり、第一条では住持の選抜方法や交代手続き、第二条では三〇寺に定められた朝鮮の本山の住持の就任には朝鮮総督の許可が必要なことと、末寺の住持については地方長官の認可を得ること、等々が定められた。住持の履歴提出を朝鮮総督府は義務化し(第三条)、住持の任期を三年に限定し(第四条)、反社会的行為をした住持は免職させられることになった（第五条）（朝鮮総督府［一九一一］、二二～二三ページ）。当時、朝鮮には一三〇〇余りの寺院が残っていたが、そのすべてが朝鮮総督府を頂点としたピラミッド構造に編成替えさせられたのである（韓［一九八八］、七八～八一ページ）。

五　朝鮮の宗教統制

一九一五年一〇月、「布教規則」（朝鮮総督府［一九一五］、一五四～五五ページ）が施行された。[8] これは、仏教だけではなく、キリスト教も含む朝鮮における全宗教を対象とするものであった（川瀬［二〇〇九］、三七ページ）。この「規則」の重要な点は、各教団の布教管理者の解任権を朝鮮総督が握ったことである。「朝鮮総督ハ布教ノ方法、布教管理者ノ権限及布教者監督ノ方法又ハ不適当ト認ムルトキハ其ノ変更ヲ命スルコトアルヘシ」（第四条）。

一九一九年の三・一独立運動に恐怖した朝鮮総督府は、「安寧秩序を妨げる恐れがある」宗教団体への監視を強めるという条項（第一二、一四条）も追加された（朝鮮総督府［一九二〇］、八四～八六ページ）。

川瀬（［二〇〇九］、三八～三九ページ）の紹介によれば、一九一七年に朝鮮僧侶が東京に来訪したとき、当時の前法主・現如（げんにょ）は次のような歌を詠んだという。

「一筋に　みのりの為めに　つくさなん　照る日の本に　心あわせて」

日の昇る日本のために、日本と朝鮮の仏教徒は力を合わそうというのである。

同じ年、朝鮮と満州を訪問していた当時の法主・彰如は次のように語ったという。

「彼等を完全に教育し、彼等に大和民族の血を入れよ、而して後に初めて教えを説くべし」（彰如［一九一七］）。

朝鮮総督府による一九二〇年の報告によれば、当時朝鮮で活発に布教活動をしていた日本の仏教会は以下の宗派であった。真宗、浄土宗、曹洞宗、真言宗、日蓮宗、法華宗、臨済宗、黄檗宗。布教所は二三六、布教者数は三三七、寺院数六七、信徒数一四万八〇〇〇人余り、うち、朝鮮人一万一〇〇〇人であった（朝鮮総督府編［一九二二］、一四七ページ）。

日本の仏教界は思うようには朝鮮人信徒を集めることはできなかったが、それよりも、韓国仏教会に親日派僧侶を多数作ろうとしていたのである。

朝鮮総督について記せば、初代の寺内正毅（在任、一九一〇～一六年）、第二代の長谷川好道（在位、一九一六～一九年）は武断政治を強行していた。一九一九年の三・一独立運動の攻撃を受け、軍を動員したことの責任を取って辞任した長谷川の後任に就いた第三代の斎藤実（在位、一九一九～二七年）は、武断政治を引っ込めて、「文化政治」を掲げ、親日的な僧侶の育成に努めた（姜［一九七九］に詳しい）。

一九二〇年に、朝鮮総督府から「朝鮮民族運動に対する対策」と題された秘密文書が作成された（国立国会図書館憲政資料室蔵、平山［一九九二］）。

これは、激しくなる一方の朝鮮人による反日運動を治める方策が検討された文書であるが、反日分子を押さえ込む親日分子の育成に朝鮮人仏教徒を積極的に育成しようと提言したものである。要約する。

〈朝鮮の仏教は、李朝によって五〇〇年もの間、圧迫を受け、社会的影響力を大きく失ってきた。しかし、それでも、民間の仏教信仰はまだ根強い。こうした国民の信仰を後押しすることが大事な政策になる〉。

〈①そのためにも、寺刹令を改正して、京城に朝鮮仏教を統合する「総本山」を置き、すでにある地方の三〇の本山を統括させることにする〉。

〈②「総本山」には、親日的な管長を置く〉。

〈③「総本山」を支えて、仏教を振興させる仏教団体を育成する〉。

〈④「総本山」を支える上記団体の本部は総本山に置き、その支部も三〇ある本山に置く。団体会長と支部会長は、親日的な有徳の人でなければならない〉。

〈⑤支援団体の役目は、一般人民に仏教を広め、仏教によって罪人を悔い改めさせ、慈善事業を行なうことである〉。

〈総本山、本山、支援団体の本部とその支部には相談役という顧問を置く。この顧問は人格の優れた日本人を置く〉

（川瀬［二〇〇九］、三九〜四〇ページより転載）。


朝鮮仏教を支配するために、総督府のお膝元に「総本山」を置き、総本山、本山、仏教支援団体の指導者は、すべて親日派でなければならないし、そうした組織のすべてに日本人を顧問として据える、等々を見れば、朝鮮総督府が露骨に朝鮮仏教を自己の権力の膝下に置くことを画策していたことは明白である。

おわりに

明治維新直後の権力を後ろ盾とした「廃仏毀釈」による攻撃への記憶が生々しく、攻撃の再来への不安もあったのであろう。日本の仏教界は、海外布教に、日本と現地の政治権力との結びつきを希求していた。

「江華条約」締結後、釜山居留地を日本政府が手に入れた一八七七年、大谷派東本願寺は、直ちに奥村円心を現地に派遣して、翌一八七八年、本願寺釜山別院を創建した（朝鮮開教監督部編［一九二九］、一九ページ）。

奥村円心は、はじめから朝鮮全国の寺院の「総轄」と朝鮮の僧侶の統制を意図していた。一八八〇年一月、奥村円心は、本願寺執事宛に「朝鮮弘教建言」を提出し、次のように述べた。要約する。〈京城、仁川に本願寺の寺を速やかに建設して、八道（注・朝鮮全土のこと）の寺院を「統轄」（注・多くの機関を一つにまとめて支配すること）する姿勢を示せば、朝鮮政府もこれを無視することができず、呼応するであろう。いまや、本願寺の法の威力によって、八道の僧侶を「風靡」（注・なびき従わせること）する絶好の機会である。この機会を逃してはならない〉（柏原編［一九七五］、四八一～八二ページ）。

一八八一年五月一日の奥村の日誌には、彼が朝鮮の政治家や朝鮮仏教界と接触できたのは、キリスト教の拡大を阻止する役割を真宗が担ったからであるとの叙述がある（柏原編［一九七五］、四八五ページ）。

奥村は、朝鮮の政治家たちとの人脈によって、政治的工作にも従事していた。例えば、開化運動の中心人物であった漢方医の劉大致（Yu Dechi）、劉に仏教思想を吹き込んだ朝鮮の僧侶・李東仁（I Donin）が奥村を支えた。彼らは、甲申政変の時、金玉均（Gim Okgyun）と福沢諭吉を結びつけた人たちである(9)。

日本仏教界の朝鮮における布教活動が政治権力と結びついていたことが、甲申政変によって、多くの人たちが知ることになり、朝鮮では、仏教そのものへの反発が生まれ、朝鮮仏教界は内部抗争を韓国の独立まで続けることになったのである。

第七章　日本仏教の朝鮮布教と廃仏毀釈

はじめに

政治権力との結びつきを深めることによって、朝鮮布教を推進したことが、日本の仏教界の命取りになってしまったが、それには、明治維新直後の廃仏毀釈攻撃の記憶が仏教界にあったからであると見なすこともできる。日本の仏教界は、新しく台頭してきた神道との死に物狂いの闘争を経験した。神道からの攻撃を避けるためにも、日本の仏教は日本帝国による朝鮮支配に積極的に協力する姿勢を示さざるを得なかったのであろう。

〈宗教は、政治と相補って、国運の発揚と国民の活動を促すべきである〉〈朝鮮開教監督部編［一九二九］、一八ページ、要約〉。

一八六九年に「北海道開拓」を明治政府に申し出た際、真宗大谷派は、北海道の開拓と並んで、中国、朝鮮への布教〈開教〉を宣言した。新政府の国威発揚・富国強兵に呼応しようとしていたのである。

一　廃仏毀釈

江戸時代の日本の仏教は、高麗王朝時代の仏教と同じく、幕府の手厚い保護を受けている特権的存在であった。一六六五年、第四代将軍・徳川家綱は、各宗派の本山に対して「諸宗寺院法度」を発布した。これは、全国に数多くある寺院と僧侶を幕府が直接統治するために設けたものである。幕府は各宗派ごとに本山と本寺の地位を公認し、末寺を統制する権限を与えることによって、全国の寺院と僧侶を支配した。これらは「宗門改帳」（しゅうもんあらためちょう）とセットになって末端層の統治を意図したもので、切支丹禁止、日蓮宗不受不施派[1]の徹底弾圧にもつながった。ちなみに、長野の善光寺は、上野寛永寺の末寺に定められた（http://www1.ocn.ne.jp/~oomi/huroku3.htm）。寺院は、また、寺請（てらうけ）制度[2]や寺檀（じだん）制度（注・総ての領民はいずれかの寺院の信徒になるという制度）によって、幕府の管理下に置かれた。

江戸幕府の崩壊とともに、仏教は新たに興隆した神道の攻撃対象になった。目まぐるしく官制が変えられる中で、明治政府は神道との祭政一致の方向を目指した。

一八六八年二月一〇日、太政官（だじょうかん）の下に七つの科が設けられた。その一つが神祇（じんぎ）科であった。太政官とは、明治維新政府の政治を司る最高官庁で、複数あった最高官吏の総称であった。一八八五年内閣制度が発足した時に廃止された（http://www.ndl.go.jp/modern/cha1/description04.html）。「神祇」のうち、「神」とは、天の神（天津神）を指し、「祇」とは地の神（国津神）を指す。そうした祭事を取り仕切る部局が神祇科であった（http://dictionary.goo.ne.jp/leaf/jn2/113640/m0u/）。神祇官は、古代の律令制で設置されていたが、明治維新に改めて設置が目指されたものである。神祇科には、宮家、公家、国学者などが重用され、神祇科の総督には、明治天皇の外祖父に当たる中山忠能（なかやま・ただやす）[3]が当たった。

一八六八年二月三日、神祇科は総裁局の下に事務局として再編成されて、神祇事務局となった。同年六月一一日、古代の律令制に基づく官制に倣って政体書が公布されて、太政官制が施かれた。神祇官も正式に復興して太政官の下に置かれた。一八六九年六月には、神祇官は太政官から独立して、行政機関の筆頭に置かれた。この時に、従来、死者の穢れがあり神事から遠ざけるべきだとされていた天皇陵の祭祀を、神事を司る中枢である神祇官が行なうようになった。

初期こそ、平田派の国学者[4]たちが勢力を振るっていたが、神祇官復興時には、より穏健な津和野派[5]が実権を持つようになっていた。

明治維新の神仏分離や廃仏毀釈の意味は、記紀神話や延喜式神名帳に記された神々に歴代天皇や南北朝期の功臣を加え、神話上のものであれ、歴史的実在であれ、皇統と国家の功臣を神とし、底辺に産土神（うぶすながみ）を配し、それ以外の神仏は廃滅の対象とするというものであった。その神々の大系は水戸学や後期国学に由来する国体神学が作り出したものであった。神仏の峻別、神社からの廃仏、辻堂・石仏・村々の道祖神・祭礼なども廃棄の対象となった。神田明神の平将門なども逆臣として、祭神から追われた。

明治維新の新しい政治スローガンとなった「尊王」・「勤皇」は、上記の後期水戸学や後期国学の影響を受けたものであり、維新政府は、そうした政治目的のために、「祭政一致」の「王政復古」という形で、国学を利用したのである。

しかし、当然のことだが、新政府の復古主義は、古代の神聖国家時代ならいざ知らず、新生国家同士が激しく鎬を削っていた当時の世界政治の現実に適応できるはずもない時代錯誤のものであった。復古主義者が現実の政治で実権を持つことはあり得なかったが、限られた世界における宗教政策の中で、彼らは燃焼していた。短い期間であったが、彼らは、廃仏毀釈の狂気的な運動に自らを駆り立てたのである。しかし、当然の結果として、廃仏毀釈運動は、一八七〇、七一年には頓挫してしまった（http://www.d1.dion.ne.jp/~s_minaga/myoken43.htm）。短期間ではあったが、仏教界が被った被害は甚大であった

主な廃仏運動を、列記しておこう。

一八三〇～四〇年代。水戸藩では、徳川斉昭（とくがわ・なりあき）が中心となって、神社を唯一神道に改め、一村一社の制を採り、宗門改めの廃止、氏子帳の作成、僧侶の還俗、家臣の仏葬の廃止、梵鐘の徴収、等々が計画され、徐々に実施された。しかし、この措置は、幕府による斉昭の処分で頓挫した。

①天保一三～四（一八四二）年。長州藩では、村田清風（むらた・せいふう）が主導して、寺院と村々の堂宇（どうう。注・お堂のこと）を淫祀（いんし。注・いかがわしいものを神として祀ること）として破却した。

②慶応三年六月（旧暦。新暦は一八六七年七月）。津和野藩が神仏混合を禁止した。

③慶応四年三月（旧暦。新暦は一八六八年三月）。王政復古の太政官布告。神仏分離に関する法令が出された。権現（ごんげん）号[6]、牛頭天王（ごずてんのう）号[7]の廃止、仏像を神体とすることの停止、本地仏・鰐口（わにぐち）[8]・梵鐘・仏器などの取除きが行なわれた。また、近江（おうみ）の日吉山王社（ひよしさんのうしゃ）[9]が破壊された。八幡大菩薩（はちまんだいぼさつ）号[10]が停止された。旧暦の慶応四年九月八日が明治元年（新暦では、一八六八年一〇月二三日）[11]に改号されるまでにも、このような激しい廃仏毀釈の号令が下されていたのである（http://www.d1.dion.ne.jp/~s_minaga/myoken43.htm）。

新暦明治三（一八七〇）年二月三日（旧暦一月三日）、には、「大教宣布の詔」（だいきょうせんぷのみことのり）が発布された。これは、天皇に神格を与え、神道を国教と定めて、日本を祭政一致の国家とするという国家方針を示した

ものである(安丸・宮地編[一九八八]、四三一ページ)。

しかし、廃仏毀釈による混乱、まだ地方政府としての機能を保持できていた諸藩の抵抗、神祇省[12]内部の国学者間の路線対立、欧米からのキリスト教弾圧停止要求も重なって、神道国教化の動きはスムーズには行かなかった。そのために、やむなく当時最大の宗教勢力であった仏教、とくに、浄土真宗の要請によって神・儒・仏の合同布教体制が敷かれた。神祇官がなし得なかった国民教化を実現するために、教導職制度[13]が設けられ、新たな国民教化運動を組織する努力が重ねられた。その中心機関として大教院[14]が設立され、各府県単位の中教院、その下部には小教院が置かれた。これを「三条教則」という[15]。

しかし、神道勢力と浄土真宗との深刻な意見対立によって、浄土真宗が大教院を離脱し、一八七七年、大教院は廃止され、新たに教部省が、旧暦の明治五年三月一四日(新暦では、一八七二年四月二一日)に設置された。この教部省は、神祇省を改組し、民部省[16]の仏教を統轄する部局である寺掛を併合する形で設置されたものである。このことは、神祇官内に設置された宣教使の神道と儒教を基本とした国民教導が失敗したことを意味する。

神道を押し立てていた新政府の混乱によって、神仏分離で劣勢に立たされていた仏教勢力、とくに、明治維新に際して倒幕側を支援した浄土真宗大谷派が、政治工作によって教部省を政府に樹立させたのである。

大教院は、仏教の増上寺に置かれた。とは言え、それは、必ずしも仏教側の勝利を意味するものではなかった。一八七四年時点で、全国における教導職は七二〇〇名を超えていたが、神道関係者の方が多かったからである。神道関係者が四二〇二人、仏教関係者は三〇四三人であった(桜井[一九七一]、五一ページ)。

増上寺本堂が大教院として、神道の拝殿として用いられたことが、問題を複雑にした。神殿で行なわれる祭祀に教導職である僧侶の参列と拝礼を義務付けられた仏教勢力は激しく憤っていた。

神道側も憤っていた。仏堂の中に神社が設けられたことに反発した廃仏主義者の旧薩摩藩士によって、明治七（一八七四）年一月一日に放火されて増上寺本堂が全焼し、神体は助け出されて芝東照宮に一時奉遷された後、神道勢力が新たに設置した神道事務局の神殿に遷されたという経緯がある（http://www.bukkyo.net/zojoji/）。

一八七五年には、仏教界で巨大な影響力を保持していた浄土真宗の東西本願寺派が大教院から離脱した。[17] これをきっかけとして、同年、大教院は廃止となり、神仏合同布教も停止された。一八七七年には教部省も廃止、一八八二年には教導職の主要な担い手であった神官が教導職の兼務を禁止され、一八八四年、教導職も最終的に廃止された（安丸・宮地編［一九八八］、五四二ページ）。こうして、大教宣布の運動は成果なく終わってしまった。

二　大教院運動に抵抗した島地黙雷

大教院運動を担う教導職に、上述のように、仏教界から結構多数者を参加させたが、その位は総じて低かった。教導職の職位には一四の階級があった。[18] しかし、僧侶の階級は、第六番目の「権小教正」（ごんしょうきょうせい）以下であった。

まず、浄土真宗の僧侶たちが、大教院運動への反対運動を組織することになった。真宗の僧侶と門徒の農民が宗教一揆を起こした。これを「護法一揆」（ごほういっき）という。とくに、浄土真宗大谷派の僧侶・門徒による一揆が目立った。この一揆は、一八七〇年から一八七三年の間に集中している。大規模な一揆としては、明治四（一八七一）年に三河国の碧海（へきかい）郡と幡豆（はず）郡で発生した「三河大浜騒動」、一八七二年に越後国の信濃川流域で発生した「新潟県分水（ぶんすい）一揆」[19]、一八七三年に越前国大野郡・今立郡・坂井郡で発生した「越前護法大一揆」などが挙げられる（吉田［一九八五］、三上［二〇〇〇］による）。

西本願寺派の島地黙雷（しまじ・もくらい）は、一八七三年一〇月、「大教院分離建白書」を提出して、神道と仏教を合併させる意図で組織された大教院運動に反対する運動を開始した。島地は、大教院運動を「正教混淆」と批判し、信教の自由を訴えた。西本願寺は、島地の運動に強く反応し、大教院からの仏教の分離を申請した。そして、上述のように、一八七五年、信教の自由の獲得を理由に東西本願寺が大教院から離脱し、大教院は廃止された。

教部省は、「信教の自由保障の口達」（教部省口達書）を発布し、一八七七年に自らを廃止し、寺社を統轄する新たな機関である寺社局が内務省に創設された（安丸・宮地編［一九八八］、五四二ページ）。

島地黙雷は、監獄布教など社会問題に取り組むなど、多方面に活動した僧侶である。一八三八年、周防国（山口県）の専照寺の四男に生まれた黙雷は、一八六四年に火葬禁止令を出した長州藩の廃仏政策に反対した。同じ頃、大洲鉄然（おおず・てつなん）らとともに真宗僧侶に兵士教育を施し、長州の倒幕運動を支援し、倒幕派との人脈を形成した。

黙雷は、鉄然らと京都に上り、西本願寺に入る。江戸時代には、門主とその家臣によって運営されていた本山を改革すべく、門末（注・末寺）から優秀な人材を登用することを提案し、その提案は法主によって採用された。

西本願寺は、海外の宗教事情の視察のために、黙雷たちを欧米に派遣した。時期が、岩倉使節団の渡欧と重なったこともあり、パリなどで政府高官たちと黙雷は頻繁に接触していた。

外遊中、大教院の設立によって、神主仏従という構図になっていた状況を伝え聞いた黙雷は、ただちに大教院の分離を訴える建白書を日本に送った（「三条教則批判建白書」、一八七二年）。帰国してからも、大教院やその管轄省庁の教部省への批判を繰り返した。大教院の廃止に黙雷は大きな影響を与えたのであるが、それには、彼の長州閥との人脈が功を奏したようである。

その後も、監獄布教など社会問題に取り組むなど、仏教者そして啓蒙思想家として、多方面に活動し、一九一一年に亡くなった（http://www.ohaka-im.com/jinbutsu/jinbutsu-shimaji.html）。島地黙雷の著作全集がある（二葉・福嶋編［一九七三〜七八］）。

以下で、「三条教則批判建白書」を要約的に紹介する。

〈海外留学中の僧の身で謹んで書きます。我が国の宗教は廃れています。欧米の宗教が隆盛を誇っているのとは対照的なことです。私の意見を朝廷が聞き届けて下さるなら私は死んでもよいと思っているほどです。

政治と宗教とは別物です。けっして混淆すべきものではありません。政治は人が作るものであって、一国に通用するだけです。しかし、宗教は神が作るもので、万国に通用するものです。政治は利己的なものですが、宗教は利他的なものです。国は、自分を割いて敵国に譲ることはありませんが、宗教は、自己を捨て他人を救うことに本分があります。

政治は自国を富ますべく、他国と争います。それは、虎狼の心です。宗教がこの心を制するのです。往々にして、人はこの異なる二つのことを混淆してしまいます。西洋もかつてはそうでした。しかし、いまの西洋ではそうではありません。しかるに、省令はこの二つを混淆してしまっています。

三条教則の第一には、「敬神愛国の旨を体すべきこと」とあります。敬神とは、宗教であり、愛国とは政治です。ここには、政治と宗教の混同があります。そもそも宗教は万国人のものです。仏陀は、「平等の大悲一切衆生を救済す」と教えてくれます。真の道とはほど遠いキリスト教ですら、「愛神愛人」と言っています。そして、キリスト教は万国に普及しています。宗教とは、一国に限定されるものではありません。

三条教則にある「敬神」とは我が国に限る神なのでしょうか。それとも万国に通じるものなのでしょうか。

我が国に限る神であるとすれば、万国に普及しているキリスト教に勝てるはずはありません。神は神です。宗教によって説き方が異なるだけです。

ところが、我が国の神なるものの教えを過去、何人（なにびと）が立てたでしょうか。我が国の神の宗教を開いた人はありません。それなのに、省令は、ただ神を敬することを勧めるだけです。神を詳しく説くわけではありません。神に仕えるわけではありません。どうしてこのようなことに民衆は心を通わすことになるのでしょうか。

天神地祇、水火草木に存する八百万（やおよろず）の神を敬させるのであれば、これは、欧州の児童も蔑んで笑うでしょう。エジプト、ギリシャ、ローマ、イギリス、フランス、ゲルマンなどの諸国における古代の人々は、衆多の神を尊奉しておりました。しかし、紀元前四〇〇年代、ギリシャの偉大な哲学者ソクラテスは衆多の神を廃して単神説を立てました。それは、当時の論と違っていたので、ソクラテスは刑死になりました。古今東西、これを惜しまない人はいません。多数の神を信じる人は欧州にはいません。多数の神を崇めることを、欧州では「ミトロジー」（神話学）と称し、図画彫刻の玩物として扱います。

多神教が存在していたのは、自然の摂理を人間が解明できなかったからです。文化が開明している現代、不思議が解明されるようになった現代、多神教は終わったのです。いまやアフリカ、南アメリカ、東南諸洋島、アジアやシベリアの野蛮な地においては、なお多神教が尊奉されています。しかし、文明が発達している欧州では、多神教は甚だしく卑しめられています。臣の私は、本朝のためにこれを恥じます。あえて忌み嫌われることを恐れずにこのようなことを申しますのは、そのためであります。

三条教則の第二章「天理人道を明らかにすべきこと」について申し上げます。宗教には徳、功、情の三つが必要です。ところが、省令の第二章は、効、つまり実績だけを強調するものです。宗教は民心を掴むことが肝要です。ところが、「天理人道を明らかにする」ということは、学問の深さに依存してしまいます。これでは、どうして救済を求める愚民の心の中に入ることができましょうか。学識や学風に違いがあるからこそ、各国の文化の違いが生まれます。それでは宗教になりません。宗教は差異を超えるものです。「天理人道」は宗教ではありません。

三条教則の第三章「皇上を奉戴し朝旨を尊守せしむべきこと」についても私は案じます。尊王は国体であり、宗教ではありません。いわんや、現在のわが国は、専制の形であり、立憲の体裁をなしていません。

三条規則にある「教部省出仕の僧侶、その本山を旧主と称し、その宗門を旧宗と称すべき云々」にも私には納得ができません。教部省に仕える僧侶は、本山の支配を受けるべきではないというのが、この省令の趣旨なのでしょうが、私には解せないことです。僧侶と本山との関係は、君臣の関係ではなく師弟の関係です。旧主という言葉には昔の君という響きがあります。昔の君主を棄てて、新たに朝廷の臣になれと命じられるのでしょうか。私は二君に仕えることはできません。

欧州の新聞には、日本政府が新しい宗教を作り、人民にこれを押し付けようとしているとの記事がありました。私は、そのような馬鹿なことがあるはずはないと思っていました。しかし、後に、このことが真実であることを知り、驚愕してしまいました。宗教とは、神が作るものです。法律によって作られるものではありません。

宗教には、神と人間の間に立つ開祖が必要です。日本の神道を日本の唯一の宗教とするには、誰が開祖になるのでしょうか。

宗教は、和らいだ心の地に安んじ、開化をもたらすものでなければなりません。国の富強と文物を盛んにし、法制を詳しくし、学術を励ますのは、政治家の任務です。これを宗教家に頼もうとするのは間違っています。宗教は、こうした任務を担う政治家の心を正すものです。

欧州開化の源は、宗教によらずして学により、キリストに基づかずしてギリシャ、ローマに基づいていることは、三歳の児童でも知っています〉（要約は、http://8606.teacup.com/meizireligion/bbs/55の現代語訳に依存した）。

三　長州閥と浄土真宗本願寺派

大日本帝国憲法（以下、明治憲法と略する）は、一八八九年二月一一日に発布され、翌年の一八九〇年一一月二九日に施行された。

その第二八章は、「信仰の自由規定」の名の下に、「信仰の自由」どころか、いわゆる邪宗門[20]を取り締まる規定としてあまりにも有名になった条項である。

「日本臣民は安寧秩序を妨げず及び臣民たるの義務に背かざる限に於て信教の自由を有す」。

そもそも、法律とはそういう性質を持つものであるが、ここでは、目的の「信教の自由」という文言よりもその前文の制限条項の方がより重い意味を帯びている。

明治憲法は、公的には、一八八六年末から八八年にかけて審議されたものであるが、実際には、それ以前から専門家たちに草案作りが権力者によって依頼されていた。

ここでは、一八七三〜七四年に作成された青木周蔵「大日本正規」に当時の高級官僚層の宗教観を見る。青木は、一八七三年には外務一等書記官としてドイツに官費留学していた。この「大日本正規」は、留学中のベルリンで一九七三年二〜三月に起草されたものとされている（稲田［一九六〇］、一九四ページ、草案の文章は、この文献に依拠した）[21]。青木の草案は、日本に憲法を作るという主張をもっとも明確に打ち出していた木戸孝允（きど・たかよし）の依頼によるものであるので、当時の支配層の宗教観を知る上で格好のものと考えられる。

現代語訳で要約しながら、青木草案を説明する。

〈日本の政治機構は、まだ幕末の公儀中心の政治体制から脱却していない〉。〈君も民も同じように治められるべきということが正しいことであり〉、制限付きではあるが、〈国民の権利、自由及び平等が〉確保されるべきであることが憲法草案の冒頭に配置されていた。その点では、この草案は、正式の明治憲法よりも先進的なものであった（尾佐竹［一九八五］、八ページ）。

しかし、青木の憲法草案には、仏教以外、とくにキリスト教を禁止するという条文がある。

草案第一二章、〈耶蘇教及びその他の宗旨を禁止するべきである〉。草案第一三条、〈日本国で主として信仰されるべき宗旨は釈迦教であるべきである〉。

憲法で、日本人が信仰してはならない宗教とか、信仰すべき宗教とかが明示されること自体が、今日の良識からすればとんでもないことであるが、しかし、ここでは、廃仏毀釈の嵐が吹き荒れていたまさにその時期に、高級官僚によって、声高に仏教を推進させることが唱えられたことを重視しておきたい。それは、明治中央政府の大教宣布運動を手直しする強い意志の表現であった（中島［一九七六］、五ページ）。

中島三千男は、ここには、岩倉具視らを中心とする宮廷貴族層と、青木・木戸らの「エタティスト層」（etatists＝国家至上主義者）との間にある宗教認識のズレが現れているとの認識を示している（中島［一九七六］、八ページ）[22]。

駐日英国公使の通訳であったアーネスト・サトウ（Ernest Mason Satow）の日本滞在日記を主たる材料にして、幕末・維新における日英交渉史を克明に追った大作（萩原［二〇〇八］）の中で、一八七一年に、英国代理公使アダムス（Francis Ottiwell Adams）[23]が本国に送った「条約改正」に関する書簡が紹介されている。これには、岩倉具視の宗教観がよく表されている。

アダムスによれば、岩倉は、「キリスト教禁止を解けば、この国に革命をもたらすことになり、近世の方針をそれまで採ってきた政府は打倒されることになる」と語ったという（萩原［二〇〇八］、三八三ページ）。アダムスは岩倉に言った。「わたしが予想するもう一つの危険は、宗教の問題である。維新以来、天皇の政府は、仏教に対して一種の十字軍的な行動をとってきた。わたしの理解するところでは、その目的は仏教を廃棄し、それにかわって、神道を復活させようというものである。このような政策はヨーロッパ人の観点から見ると、じつに危険に満ちている。どこの国でも、農民や下層階級は、それぞれの宗教を概して形式的な意味で遵奉しているにすぎないが、その宗教の中で生まれ育っただけに、その祭礼や儀式に愛着をいだいており、それを上から強制的に変えようとする試みに、つよく反発するにちがいない」（同、二九一ページ）。

岩倉は答えた。「天皇の政府は仏教を廃棄せよという布告を発したことはない。維新以来、政府が追及してきたのは、二つの宗教が混合している場合を取り上げ、神道を純化しようとしたことである」、「仏教は死滅したも同然であり、僧侶は無為に日を過ごし、戒律を犯してばかり居る、身体だけが丈夫な人間である」、「その仏教は多くの神社に忍び込み、これを汚染してきた。そこで神道を司る御門がこの汚染を取り除き、神社を純化することになった」、「全体として政府が仏教に好意を示さなかったことは確かであり、各地で多くの仏教寺院が破壊されたことも事実であるが、御門の命令は、かかる措置は僧侶と農民を含む、関係者の合意の下に実施されるべきであるというものであった」（同、二九一〜九二ページ）。

ここには、天皇を神に祀り上げたいという岩倉具視の意志が示されている。[24] さらに、アダムスは、越中富山、信州松本などで廃仏毀釈をめぐる騒動があったことの理由を質した。このことについての岩倉の弁明。「その理由ははっきりしている。それらの地方で、変革が民衆の同意を待たずに行なわれたからである。この点で、藩庁は政府の厳しい叱責を受けた」。

それでは薩摩はどうなのか。薩摩では仏教の寺院が大量に廃寺に追い込まれたというが、多くの民衆は、依然自分の家で、ひそかに仏教の儀式を遵奉しているというではないかと、アダムスは詰問した。

岩倉の答え。「元来薩摩には寺院の数はそれほど多くなく、廃寺は何の反対も引き起こさず、且つ僧侶の同意の下におこなわれた。僧侶は喜んで還俗し、新しい生活に入った」。「ここの家で仏教の教義が実施されているという点であるが、そのうわさは正しい。しかし、それは仏教の特殊な宗派の信者、「門徒」の場合に限られることである。この宗派は、薩摩では約三百年も前から禁止されてきた」(同、二九三ページ)。

このような、強烈な神道至上主義者であった岩倉具視に対抗していたのが、長州閥であった。彼らは、宮廷貴族を抑えるために、仏教勢力を利用しようとしたのであろう。長州閥に人脈を持つ島地黙雷が、効果的な大教院離脱運動を展開できたのも、こうした明治政府内の「宮廷貴族層」と長州閥の「国家至上主義者層」との間に角逐があったことの産物であると見なすこともできる。

既述のように、一八七二年一月、島地黙雷は、欧州歴訪の旅に出た。それは、当時の西本願寺の第二一代新法主・大谷光尊(おおたに・こうそん、法名は明如(みょうにょ))の命令によって、法主の実弟・梅上沢融(うめがみ・たくゆう、法名は連枝(れんし))の補佐役として随行した旅であった。この時に、同じく欧州に派遣されたのが、赤松連城(あかまつ・れんじょう)であった。この赤松連城も周防徳山の西本願寺派・徳応寺(とくおうじ)の住職であった。[25]

赤松は、一八七四年に帰国し、寺法を定めた一八七九年の太政官布告の草案を書いた(http://episode.kingendaikeizu.net/40.htm)。彼も、島地黙雷とともに、岩倉使節団の一員として同じく欧州にいた木戸孝允と頻繁に会合していた。明治政府の宗教政策を転換させたがっていた木戸孝允が、島地たち西本願寺派僧侶の影響を強く受けていたであろうことは、十分に想像される（http://homepage1.nifty.com/boddo/ajia/all/eye5.html）[26]。

四　浄土真宗による執拗なキリスト教批判

東本願寺派円光寺（えんこうじ）に樋口龍温（ひぐち・りゅうおん）という僧侶がいた。一八六五年から東本願寺高倉学寮において、当時の仏教を取り巻く思想状況を講義し、その講義録が生徒のノートとして残されている。「急策文」というノートがそれである（小林・栗山［二〇〇一］、一九ページ）。

それによると、仏敵は四つある。要約する。

〈いまや仏敵が四方にいる。一つは、偏見による儒者。二つは、憶説（注・根拠のない推測によって説かれる説）だけで決めつける古道と称する神学者。三つは、地球は円く、星でなく地球が動くという説を唱える天文学者。四つは、海外から入ってくる耶蘇教。以上である〉（小林・栗山［二〇〇一］、一九ページより転載）。

小林・栗山［二〇〇一］の解説によれば、仏敵の一つは、朱子学派、陽明学派、古学派、その他の儒学者を指している。

朱子学派は、林羅山（はやし・らざん、一五八三〜一六五七年）、山崎闇斎（やまざき・あんさい、一六一九〜八二年）、貝原益軒（かいばら・えきけん、一六三〇〜一七一四年）などが象徴的存在である。

陽明学派は、中江藤樹（なかえ・とうじゅ、一六〇八〜四八年）、熊沢蕃山（くまざわ・ばんざん、一六一九〜九一年）が代表格である。

古学派は、伊藤仁斎（いとう・じんさい、一六二七〜一七〇五年）、荻生徂徠（おぎゅう・そらい、一六六六〜一七二八年）などが指導者であった。

彼らを含めた儒学者たちは、来世主義・彼岸主義の仏教を否定し、現世・現実主義を重視する倫理観を持つ。幕末の儒者たちは、神儒一致観念に染まり、水戸学派の尊皇思想と結びついた政治的発言を繰り返していた。

二つは、復古学派の荷田春満（かだの・あずままろ、一六六九〜一七三六年）、賀茂真淵（かもの・まぶち、一六九七〜一七六九年）、本居宣長（もとおり・のりなが、一七三〇〜一八〇一年）などである。彼らは、古代の自然・世界観を重視し、仏教の反自然性を批判していた。平田篤胤（ひらた・あつたね、一七七六〜一八四三年）の記紀神話に基づく宇宙創造説も仏教批判の急先鋒であった。

三つは、本多利明（ほんだ・としあき、一七四三〜一八二一年）、伊能忠敬（いのう・ただたか、一七四五〜一八一八年）、山片蟠桃（やまがた・ばんとう、一七四八〜一八二一年）などの科学思想家。彼らの宇宙論が、仏教の須弥山（しゅみせん）説批判になっていた。つまり、仏教の地獄・極楽説が否定されたのである。

四つは、開国後のキリスト教宣教師であり、とくに、J・L・ネビアス（John Livingstone Nevius, 1829-93）やJ・エドキンス（Joseph Edkins, 1823-1905）が主要な仏教批判者であった（小林・栗山［二〇〇二］、一九〜二〇ページ）。

新政府が、キリスト教禁圧に踏み切った時、東西本願寺はそれに追随した。キリスト教批判の風潮に乗ることによって、仏教を再起させようとしたのであろう（同、二〇ページ）。このことは、神仏分離令に対抗すべく、明治元年に宗派を超えて結成された「諸宗同徳会盟」の「課題八ヶ条」の次の条文に表現されている。そこには、「王法仏法不離之論」と並んで、「邪教研窮毀斥之論」が配されている。前者では、仏教の持つ護国的意義が述べられ、後者では、護国を実践すべく邪教のキリスト教の排斥（毀斥）に努めようとするものである（同、二〇ページ）。

明治元年から、東本願寺は学寮、西本願寺は学林、というそれぞれの付属研修所で、キリスト教の研究が始められた（同、二一一ページ）。学林の講師に安國寺淡雲（あんこくじ・たんうん）という人がいた。小林・栗山［二〇〇一］、二一一～二一二ページ）の紹介によれば、淡雲は、一八三一年生まれ、博多の西本願寺派明蓮寺の住職であった。その講義録、『護国新論』は反キリスト教色の強いものであった。この書は、一八六八年に刷られ、南山大学図書簡に所蔵されている。淡雲は、岩倉具視と親交があり、西本願寺において、朝廷との交渉掛であった。慶応四（一八六八）年、新政府より「耶教門」の「取調掛」を命じられて、キリスト教排除活動に従事することになった。「諸宗同徳会盟」に参加し、明治五（一八七二）年、神祇省廃止とともに新設された教部省に出仕、明治三〇（一八九七）年、本山の学林総理となった。排耶運動の重要な担い手であった。

淡雲の『護国新論』は、〈非常に評判が高く、上辺だけのキリスト教批判ではなく、深くキリスト教研究をした結果として、七八枚の小さな冊子にすぎないが、非常に深い博識によって裏付けられたものである〉（『中外新聞』四四号、慶応四年六月六日付、現代語に要約）という最大級の絶賛を受けたほど反キリスト教運動に大きな影響力を持った（小林・栗山［二〇〇一］、二一二～二一三ページに依拠）。

ただし、淡雲の講義は、実際には、〈キリスト教は人倫を破り、国家を害する邪教である〉という「牽強付会」（けんきょうふかい、注・都合の良いように無理に理屈をこじつけること）なものでしかなかった（小林・栗山［二〇〇一］、二一三ページ）。〈十戒で父母を敬えというが、キリスト教に聖人で孝子が一人でも出たであろうか〉、〈十戒は、君主を敬えと教えていない〉、〈十戒は、天主を信じない者は、例え、親孝行しても、君主を敬わっても、地獄に堕ちると決めつけている〉（同ページ）。淡雲のキリスト教批判は、かなりレベルの低いものであったと小林・栗山［二〇〇一］は、淡雲を切って捨てている（同）。

「護法家としての淡雲の果たした役割は、新たな排耶論の形成に寄与したばかりでなく、邪教門一件諸家応接取調掛として、諸宗同徳会盟における結社活動の場で、あるいは教導職として実際の闢邪運動を指導し教化に努めたことである」（同、二三ページ）。

しかも、その著『護国新論』は、末寺まで浸透していたらしい（同）。

淡雲とともに、反キリスト教運動に大きな力を発揮したのが、藤島了穏（ふじしま・りょうおん）である。彼は、真宗西本願寺派の学僧で、明治一五（一八八二）年から七年間、フランス、ベルギーに留学した。その間、フランスのインドシナ侵略を目の当たりにし、キリスト教国による植民地侵略に危機感を募らせた。帰国後、西本願寺に執務し、国家主義教学の主張を行なうようになった。留学前の明治一四（一八八一）年に平易な文章で著した小冊子『耶蘇教の無道理』は仏教信者に対して大量に無料配布された。

この小冊子は、三編からなり、一八八一年六月から一か月ごとに一編ずつ出された。第一編は、天地創造説を批判し、全能であるはずの天主はなぜに害悪な生物をこの世に創ったのかと問うた。第二編は、原罪説批判であり、禁断の木の実を食するアダムとイブ、それをそそのかす蛇の邪悪さをあげつらい、人間が子々孫々まで先祖の罪に苦しめられる不条理を非難している。第三編はノアの洪水説についてであるが、「天主暴虐洪水を降ろす」と批判している。〈父たる天主にせよ、子たる耶蘇にせよ、世を救うことがあまりにも不十分である〉というのが、この小冊子の基本的視点である。

西本願寺は全国で反キリスト教の講座を開き、この小冊子を聴衆に無料で配った。京都の会所では、発行後すぐに数千部が配られ、一八八二年の一年間だけで、七〇万部が配布されたという（『開導新聞』一〇六号、一八八二年七月一七日付。一一一号、一八八二年七月二七日付、小林・栗山［二〇〇二］、一二ページより）。信者の中には、寄進として、一度に一万部、二〇万部も発注した人もいた（同）。

西本願寺が設置した反キリスト教講座を持つ教院数は、一八七七〜八三年に九四から一四八に増加し、講社数も、同期間に二九から五三〇まで急増した（『日本帝國統計年鑑』、「全國教院及講社」第四、五回。小林・栗山［二〇〇一］、一二ページより）。

『仏教演説集誌』という刊行物がある。一八八二年の第二号は、博労町劇場では一八〇〇人の聴衆を藤島は集め、聴衆のすべてにこの小冊子が無料で配布されたと報じている。少なくとも排耶運動の先頭に立ったのは、真宗西本願寺派であった（小林・栗山［二〇〇一］、二四〜二六ページ）。

おわりに

政治的判断を優先したために、あまりにも心情的すぎ、けっして哲理的なものではなかった反キリスト教の護国・護法論であるが、これらは、キリスト教の哲理と深いところで格闘しなければならないという真摯な姿勢を仏教界にもたらした。それこそ仏教界は、腰を据えてキリスト教、ひいては、西洋哲学の深さに直面して、自らを省みなければならなくなった。成熟してくる市民社会において、新しい立脚基盤を仏教界は築く必要性に気付くことになった。もっとも激しくキリスト教に対峙した真宗内で、近代的哲理を獲得して行く努力が払われるようになったのである。

その代表的な人物が、井上円了（いのうえ・えんりょう、号は甫水（ほすい））である。[27] あらゆるジャンルにまたがるその著書は一〇〇冊を超える。中尾祖応（なかお・そおう）編集の『甫水論集』がある（中尾［一九〇二］）。

井上は、人間の認知できる範囲を「求心性」、その範囲外のものを「遠心性」と区分し、科学を含む一般の学術を求心的なもの、宗教を遠心的なものとする。この両者の間にあり、科学から宗教へと媒介するのが、「純正哲学」であり、それは、宗教的心理に至る「方便」であるとした（中尾［一九〇二］、一〇、二九〜三〇ページ）。井上は言う。「純正哲学にて地定したる不可知的の門内に本領を定め、之を実際に応用して宗教の成立を見るに至る」（同、二六ページ）。

人間が認知し得る領域を人間の認知範囲を超える領域との接点である哲学にこだわることによって、人知を超える宗教的な境地に達することができると井上は言っているのであろう。それまでのように、国家論ばかりを振りかざしてキリスト教を攻撃するだけでは駄目で、きちんとした哲学・科学によって、キリスト教を克服しなければならないという信条を井上は持っていた。

井上は、「天地万物の変化作用一定の秩序和合ありて万物万化皆整然として条理ある」とも言う（井上［一八八七］、七二ページ）。

万物の生成・流転は「大智大能」の神が生み出したものではなく、「天然に出るもの」、「自然にして進化したるもの」、「天然の理法」である（井上円了『真理金針・続々編』、一八八七年（三四、三六ページ）、峰島［一九七二］、六六八ページより転載）。

天地は悠久無限のものであり、初めもなければ終わりもない。その世界はつねに閉じたり開いたりする。それが人智を超えた真理である。その真理を感得できるものこそ、仏教であり、神が天地を創造したというキリスト教ではないと井上は断じるのである（井上［一八八七］、一八五〜八六ページ）。

しかし、そうした観相的立場だけでは、現実を乗り切ることはできないとも井上は言う。「社会」の真理は競争にあるので、今日の日本は、「国権拡張国力養成」を急務とする。宗教といえども、この現実を無視してはならない、

「宗教の本意は必しも世間に関せざるに非ざる事」、「布教の方便は時勢に応じて」変わる必要があることと説く。にもかかわらず、日本の仏教界は、理論偏重でありながら、その水準が低く、僧侶の道徳的精神は貧困であると井上は批判している(『真理金針続編』、一八八七年(六〜一〇ページ)、峰島[一九七一]、六七〇ページより転載)。

キリスト教が、世界を席巻しているのは、キリスト教国の国力が強いからである。仏教も布教するためには、日本の国力を増強しなければならない。これが、「護法愛国」である(同、一三ページ。峰島、同、六七一ページより転載)。

巨人、井上円了ですら、国家から自立できる宗教を構築しなかった。この姿勢が、国家権力を背景にアジアに布教する韓国併合時の日本の仏教の基本形になってしまったのである。

第八章　韓国併合と日本のキリスト教団

はじめに

いずれの組織にも、意見の相違がある。組織が大きければ大きいほど、組織内での意見は多様に分岐する。それゆえ、組織の機関誌がある主張を掲載したからと言って、その組織全体が掲載された主張によって支配されていたと見なすことは危険である。しかし、それでも、組織の指導者たちが、権力に媚びた時代はあったという事実に目を背けてはならないだろう。弾圧を経験した組織は、なべて、自らを権力による弾圧の受難者であったと位置付けることが多いが、実際には、必ずしもそうとは言い切れない面がある。いずれの組織であれ、辛い過去の事実は直視されなければならない。

一八九〇年三月一四日（第一号）から翌年九一年二月二七日（第五一号）まで続いた『福音週報』という日本基督教会の機関誌があった（植村［一九七九］、http://www.library.musashino.tokyo.jp/aizo/aizopage2-a.htm）。この機関誌は、一八九一年三月二〇日号から『福音新報』に改称されて、一九四二年九月二四日まで続いた（http://sinbun.ndl.go.jp/cgi-bin/outeturan/E_N_id_hyo.cgi?ID=015090）。

この『福音週報』第四二号（一八九〇年一二月二六日付）に次のような文が掲載された。要約する。

〈いま、まさに殖民の時代が開始されようとしている。この時にキリスト教徒にはなすべきことがある。これまでと同じように、国内布教でよしとしている時ではない。海外の殖民にキリスト教の霊魂を与えるべく海外布教すべきである。仏教はすでにそうした事業を開始している。西洋の宣教師も同じく海外に乗り出している。そうしたことを傍観すべきではない。日本のキリスト教も、日本人の海外移住者の霊魂を慰めるべきである。海外に移住する日本人はとくに優等な人たちだからである〉(T・K「殖民と基督教」、『福音週報』福音週報社、小川・池［一九八四］、一六ページ所収)。

その二年後の一八九二年一〇月二一日付の『福音新報』(第八四号)には、苦学生の海外移住を支援する「日本力行会」の創設者であった島貫兵太夫(しまぬき・ひょうだゆう)の露骨な朝鮮布教論が掲載された。これも要約する。〈日本は東洋の盟主である。宗教・政治・教育・技芸などの百般において、日本は東洋において冠たる位置にある。我々は、東洋諸国を導く責任がある。私は、朝鮮に渡っていろいろなことを見聞してきた。その結果、東洋に伝道することが日本の天職であると確信するに至った。朝鮮を救うのに最適な国は日本をおいてはない〉(「往て朝鮮に伝道せよ」、『福音新報』福音新報社、川瀬［二〇〇九］、六〇ページより転載)。

島貫は続ける。〈日本は、キリスト教の伝来によって大きく啓発された。日本はこの恩恵を朝鮮人に伝えるべきである〉、〈韓国人でも下等な階級は、日本人を加藤清正や小西行長のような恐ろしい人間と見なしている。しかし、少しでも教育のある韓国人は、日本人を支那人よりも進歩した人間であるとの認識を持っていて、日本人の真似をしている〉(川瀬、同、六一ページより転載)。

この二つの記事は、日清戦争前のものであった。すでにこの時点で、『福音新報』の編集者の植村正久(うえむら・まさひさ)は、日本の朝鮮支配の予感を持っていたのである。

そして、日清戦争直後の『福音新報』には、嘆息したくなるような記事が掲載された。要約する。〈戦争が破壊的なものであることは否定できない。しかし、戦争は、現実には文明の使徒である。文明国である日本は、野蛮な支那に打ち勝った。これぞ、日本が文明の使徒の役割を果たしたことである。戦争は、文明国が野蛮国に与える鞭である〉（川瀬、同、六二ページから転載）。

一　組合教会の源流＝ピューリタン

日本のキリスト教各派で朝鮮布教にもっとも積極的であった会衆派教会（組合教会[1]）の源流はピューリタン（puritan＝清教徒）である。

ピューリタンは、英国国教会（Church of England, Anglican Church）の改革を唱えたキリスト教のプロテスタント、カルヴァン（Jean Calvin, 1509〜64[2]）派の流れを汲むクリスチャンたちである。英国の市民革命の大きな担い手であった。"puritan"という言葉は、「清潔」、「潔白」などを表す"purity"に由来する。もともと蔑称的に使われていたが、自らもピューリタンと称するようになった。一六、七世紀には、英国教会の中にカルヴァンの影響を受けた改革派が勢力を持つようになっていた。

ピューリタンと一口に言っても、彼らは、けっして一様な存在ではなかった。英国国教会をその内部から改革すべく、国教会からの分離独立を拒否したグループが非分離派（non-separatist）ピューリタン、分離・独立を強く主張したグループが分離派（separatist）ピューリタンと呼ばれた。非分離派で大きな影響力を発揮していたのは、長老派（Presbyterian[3]）の指導者、トーマス・カートライト（Thomas Cartwright, 1535〜1603[4]）であった。

分離派の中心人物は、ロバート・ブラウン（Robert Browne, 1550～1633）であった。ブラウンは、ケンブリッジ大学でカートライトの影響を強く受けていた。後には、ブラウンは、カートライトから距離を置くようになり、分離派としての信念を強く持つようになった。ちなみに、当時のケンブリッジはピューリタンに傾斜しており、オックスフォード大学は国教会に傾斜していたという（http://www.geocities.jp/kgjhaat/page/page_135.html）。ブラウンは、教会改革は王権に頼らず、教会自身の手によって実現されるべきで、教会は、神を信じて集った信者＝会衆の自治を基本として運営されるべきだと説いた。一五八一年、ブラウンは、故郷のノーリッチ（Norwich）に分離派の教会を建て、分離派・会衆派としての説教を始めたが、国教会の許可なしに説教を行なったとして投獄された。そして、一五九三年には、ブラウンの協力者であったヘンリー・バロウ（Henry Barrowe, 1550?～93）とジョン・グリーンウッド（John Greenwood, 1554～93）が、国教会に刃向かったとして処刑された。彼らを慕う信者たちは、信仰の自由を求めて、アムステルダムに逃れた（http://www.newworldencyclopedia.org/entry/Pilgrim_Fathers）。

彼らの志を継いだのが、ジョン・ロビンソン（John Robinson, 1575～1625）[5]である。彼は、イングランドの会衆派教会牧師、初期における分離派の中心人物であった。彼は、オランダで巡礼しながらヨーロッパ内外に布教をするという「巡礼始祖」（pilgrim fathers）になるという決意を固めた。

一六二〇年には、分離派のピルグリム・ファーザーズの一〇二名がプリマス（Plymouth）に上陸した。一六二九年には、ジョン・エンディコット（John Endicott, 1601?～1664?）ら分離派のピューリタンが、セイラム（Salem）に三五〇名ほどで入植した。

その後、陸続と会衆派の教会がニューイングランドに建てられ、「神の栄光と教会の福祉のため」、聖書に基づく国家建設が会衆派教会によって目指された（増井［二〇〇六］、六六～六七ページ）。一九三〇年には、ジョン・ウィンスロップ（John Winthrop, 1588〜1649）が入植した。彼は、その前年に裕福なピューリタンたちの出資によって、「マサチューセッツ湾会社」（Massachusetts Bay Company）[6]の勅許を取得した。彼は、セイラムに一〇〇〇人規模の移住者を伴っていた[7]。

一六四三年、プリマス、マサチューセッツ、コネチカット（Connecticut）、ニューヘイブン（New Haven）の四つの入植地（コロニー）がボストンで「ニューイングランド連合」（New England Confederation）を結んだ。この時点の四つの地域の人口は二万人から二万五〇〇〇人であったと推定されている。

しかし、初期の米国の入植地には、カルヴァンがジュネーブで行なったものと同じ性質を持つ神権政治（theocracy）が支配した。ボストン教会の牧師で、マサチューセッツの神権政治の指導者であったジョン・コットン（John Cotton, 1584〜1652）の手紙には、〈民主主義がよいものであるとは思えず、教会はもとより、国家においても神権政治が最適である〉とのくだりがある（Cotton［1636］, pp. 209-10）。

ウィンスロップは、当時のコネチカット入植地の指導者、トマス・フッカー（Thomas Hooker, 1586〜1647）宛に、〈大衆には、強い指導力を持つ教会の指導が必要である〉ことを力説した（Winthrop［1638］, p. 290）。要約する。〈社会の最良の部分は少数であり、純粋なものはさらに希有です。恩恵を与えるにせよ、裁判で罰するにせよ、公民の団体に委ねることは非常に危険です〉と言い切った。

また、〈夫は、妻にとっての「軛（くびき）」ではなく、妻に自由を与えるものである。「自由は、権威に対する従属の下で保たれ発揮できるものである」〉との内容の発言をも裁判官の前でしている（Winthrop［1645］, pp. 205〜07）。

ニューイングランドの教会は総じて会衆主義のものであった。

「これらニューイングランド入植地に共通な特色は始めからピューリタン的な立国の精神に燃え、全生活にその情熱がみなぎっていたということである」（田村［一九六六］、一〇四ページ）。

入植の初期段階には、カルヴァン的厳格な宗教的信念が入植者の多くに浸透していたことは確かである。例えば、リチャード・トーニー（Richard Tawney）は記述していた。

「英語国民の社会のなかで、カルヴァン主義的教会国家の社会規律がもっとも極端におこなわれたのは、清教徒がニューイングランドにうちたてた神権政治のもとにおいてであった」（Tawney［1954］, p. 135、邦訳、トーニー［一九五六］上巻、二〇七ページ）。

急いで付け加えなければならない。純粋の神権政治、世俗を拒否するピューリタン的信仰は、ほんの初期の時期のことにすぎなかった点である。この姿勢は、宣教師に受け継がれたが、市井の人間は、結局は信仰を建て前のものだけに祭り上げ、原住民を虐殺しても、そのことを意に介さなかった。これが事実であった。

「カルヴァンに発し、イギリスの風土と歴史的諸条件によって鍛えられ、補強された革新的ピューリタニズムのエトスが、何らの屈折、もしくは後退なくして、そのまゝ、アメリカの社会に引きつがれ、ウェーバーの設定したシェーマに一直線につながるものであろうか」（田村［一九六六］、一〇二～〇三ページ）との田村光三の問題提起は正しい。

田村は、入植当初のマサチューセッツの指導者たちの精神こそが、ピューリタニズムの一側面を結晶化させているとして以下のように説明している。至言である。

「絶対正義なる神の予定の下に、自分ははたして救いに予定されているや否や、これがピューリタンの最大関心事であった。絶対者なる神と孤独なる自己との垂直的な対決は、神のみに対する真摯なる畏怖と自己の罪に対する限りない嫌悪と恐怖を自覚せしめ、〈救いのたしかさ〉に対する一切の疑惑をサタンの仕業として峻厳に拒否しつゞけることによって、自ら神に選ばれたものであることを頑強に確信するという構造を、この精神はもつ」（田村［一九六六］、一〇九ページ)。

こうして、ニューイングランドには、「選ばれた人々」というエリート意識が指導者たちの間に定着したのである(田村、同、一一七～一一八ページ)。

しかし、宗教が厳格であればあるほど、そうした宗教がオカルト的なものに転化してきたことは史実の示す通りである。宗教の指導者が盲信しているものを信者に強制する時、宗教は非人間的にして残酷な暴力として信者に襲いかかる(丸山[一九六四]、四〇三～〇四ページ)。

「殊にマサチューセッツ植民地においては、秩序に反するものを容赦なく罰し処刑した」、「彼らは自己以外の階級と集団に属する人々を排斥し」た(田村[一九六六]、一一四ページ)。

そして、ついに、ジュネーブのカルヴァンが冒してしまったことと同じ忌まわしい事件、「魔女狩り」が勃発した。ニューイングランド・マサチューセッツ州セイラム村で一六九二年三月一日に魔女裁判が始まり、二〇〇名近い村人が魔女として告発され、一九名が処刑、一名が拷問中に圧死、五名が獄死した[8]。

こうした忌まわしい事件を経験しても、会衆派の教会は着々と米国社会で地歩を築いた。

二　米国における海外布教組織の形成

一六三六年に、牧師と入植地指導者を養成するためにハーバード・カレッジ(Harvard College)が創設された。これは、会衆派教会牧師のジョン・ハーバード(John Harvard, 1607～38)の名にちなむ[9]。

一六三五年、英国国教会から聖職者としての権利停止処分を受けていた[10]リチャード・マザー(Richard Mather, 1596

〜1669）が、嵐に遭うという困難な航海の末、ボストンに辿り着いた。すでに説教能力において令名を馳せていたリチャード・マザーは、プリマス、ドーチェスター（Dorchester）、ロクスベリー（Roxbury）といった入植地の政治指導者から現地で宗教的指導者になるように招請されたが、結局はドーチェスターに入った。しかし、ここの教会は、信者の多くがコネチカットのウィンザー（Windsor）に移住してしまっていたので、事実上廃屋になっていた。そこで、彼は、現地の会衆派クリスチャンたちの協力を得て、ドーチェスター教会（会衆派教会）を再興し、自らは、「教師」（teacher）の席についた。[11] 一六六九年に死ぬまで、彼はこの職に留まった。

彼は、ニューイングランドの会衆派クリスチャンのリーダーとなり、一六四八年には、信仰において、長老派との妥協を図りつつ、教会運営方法からは長老主義は採らないとした「ケンブリッジ綱領」（Cambridge Platform）を採択させた。ただし、彼の起草案では、「半途契約」（Half-way Covenant）が強く打ち出されていたのだが、採択時には、これは外された。これは、悔悛、信仰告白、そして洗礼といった教会の正式メンバーになるための一連の儀式や決まりを踏まなくても、教会の正式のメンバーの子供であれば、幼児洗礼を受ける簡便な儀式だけによって、正式の教会メンバーの資格を持つようにするという措置である。

教会メンバー資格のこうした緩和の要請は、信仰心を持たない入移民が激増し、それまでの厳格な生き方を強制する教会のやり方では、教会員の数を維持することができなくなったことの教会側の焦りを示すものであった。そして、この「半途契約」は、リチャード・マザーの強い意志によって、一六五七年のボストンの牧師会議によって採用された。ちなみに、彼の息子たちは、いずれもハーバード・カレッジの卒業者・理事というエリートであった。[12]

一七世紀末、教会員になる資格条件を緩和する動きは、ニューイングランドでますます活発になり、そうしたことを標榜したブラトル・ストリート教会（Brattle Street Church）が一六九九年に設立された。設立者は、トーマス・

ブラトル（Thomas Brattle, 1658～1713）である。彼も、ハーバード・カレッジ卒で、ボストンの富裕な商人であった。同カレッジの財務委員でもあった（http://en.wikipedia.org/wiki/Thomas_Brattle）。初代牧師として招聘されたのが、ベンジャミン・コールマン（Colman, 1673～1747）である。彼の下で、「半途契約」が一般化し、この教会がボストン会衆派の中心になったのである（http://www.britannica.com/EBchecked/topic/77982/Brattle-Street-Church）。

しかし、同じ会衆派であっても、厳格なカルヴァン主義者からすれば、ハーバード・カレッジ関係者たちが推し進める「半途契約」は、教会の堕落以外の何ものでもなかった。そこで、より厳格な会衆派の樹立を目指して、コネチカットに創設されたのが、牧師養成学校、エール・カレッジ（Yale College）である。[13] 教師連は、ハーバード・カレッジの卒業生たちであった（曽根［一九九一］、九三～九四ページ）。

米国の長老派の活動は、一七〇六年のフィラデルフィア長老派会議の開設に始まる（http://opc.org/nh.html?article_id=51）。米国の長老派教会の多くは、ハーバード・カレッジ、エール・カレッジの卒業生たちによって設立されたものである（増井［二〇〇六］、二一〇ページ）。一七四六年、長老派によって創設されたのが、プリンストン大学（Princeton University）の前身である。[14]

一八世紀に入って、英国で急速に伸張していた「メソジスト」（Methodist）派も独立戦争前後に米国で拡大した。[15] 厳格な生活スタイル（メソド＝Method）を守ることから「厳格な生活を行なう几帳面な人たち」という意味でメソジストと呼ばれる。この派は、北米のコロニーでは、ジョージ・ホイットフィールド（George Whitefield, 1714～70）によって広められた。一七四二年にカンバスラング（Cambuslang）の大野外集会の成功によって、一挙にメソジスト派は勢力を拡大したと言われている。この集会は「復興会合」（revival meeting）と呼ばれた。フィラデルフィアで開かれたホイットフィールドの集会には、ベンジャミン・フランクリン（Benjamin Franklin, 1706～90）が通い、ホイットフィールドの説教の力強さに感銘を受けたという（http://www.christianitytoday.com/ch/131christians/evangelistsandapologists/whitefield.html）。

米国の独立戦争時、英国国教会から除名されたメソジスト派は、一七八四年、「バルチモア・メソジスト監督教会」（Baltimore Methodist Episcopal Church）を設立した。同協会は、以後、米国のメソジスト派の中心となっている。「監督教会」という名称を冠しているように、これは英国国教会から継承した教会の統治形態で、長老派や会衆派と異なり、教会の聖職者の中に、教会を監督する立場の人がいて、彼が教会や教区を監督統治するというシステムである。

米国には、主流の教会が信者を増やそうとして世俗化の度合いを顕著にすると、すぐさま、より厳格な牧師養成機関（カレッジ）や神学校が新しく設立されるという宗教的傾向がある。一八〇七年に創設されたアンドーバー神学校（Andover Theological Seminary）は、そうした厳格な牧師養成機関の中でもとりわけ目立つ存在であった。同志社大学の創設者・新島襄（にいじま・じょう）がこの学校を卒業したことでも著名な神学校である。大学院を持つ神学校としては、米国最古のものである。設立者たちは、世俗化の度合いを強めていただけでなく、イエス・キリストの神性を否定し、イエスを偉大な伝道師であるとするユニテリアン主義（Unitarianism）が幅をきかしていたハーバード・カレッジから逃げ出して、大学院の神学校を設立したのである（http://www.andovertowntwinningassociation.hampshire.org.uk/index_files/andover.htm）。

この大学院の神学者たちが、一八〇三年に設立されていた「マサチューセッツ会衆派教会全体協議会」（General Association of Congressional Churches of Massachusetts）を動かして、米国最初の海外伝道団体「アメリカ海外伝道協会理事会」（American Board of Commissioners for Foreign Missions、以下、アメリカン・ボードと略称する）を創設した。設立に貢献したのは、コネチカットの会衆派教会牧師・サムエル・ジョン・ミルズ・ジュニア（Samuel John Mills

Jr, 1783～1818）であった。彼は、ウィリアム・カレッジ（William College）卒業後、一八一〇年、アンドーバー神学校に進学し、ただちにアメリカン・ボード設立運動を開始し、当時、エール大学学長・ティモシー・ドワイト（Timothy Dwight, 1752～1817）の協力を得て、一八一二年に設立が認可された（http://archives.williams.edu/williamshistory/biographies/mills-samuel-j.php、http://timothy-dwight-iv.co.tv/）。ミルズは、ウィリアム・カレッジ在学中にインド伝道を決意していたとされている。そして、アンドーバー神学校が海外伝道を志す神学生たちの訓練の場となっていた（小笠原［一九八七］、一八三ページ）。

一八一九年には、メソジスト監督教会派の牧師たちが、「メソジスト監督教会伝道協会」（Methodist Episcopal Church Missionary Society）を、一八二〇年には、プロテスタント監督教会派が、「プロテスタント監督伝道協会」（Protestant Episcopal Missionary Society）を、一八三三年には長老派教会が、「海外伝道長老派理事会」（Presbyterian Board of Foreign Missions）を、相次いで米国に設立し、米国のプロテスタントの海外伝道熱が一挙に高まった（http://www.probertencyclopaedia.com/cgi-bin/res.pl?keyword=William+Carey&offset=0）。

三　日本組合教会の朝鮮布教

米国連邦政府は、米国の対外膨張にこうしたキリスト教の海外伝道熱を積極的に利用していた（塩野［二〇〇五］、二六～二七ページ）。

例えば、一八八五年に『わが祖国』（*Our Country*）（Strong［1885］）という、三〇年間で一七五万部を販売するというベストセラーを出したジョサイア・ストロング（Josiah Strong, 1847～1916）は、多くの崇拝者を持つ会衆派のスター的牧師であったが、その説教は、米国の膨張を神の摂理であるという内容のものであった。新大陸米国こそが、「出エジプト記」で言及されている「約束の地」であり、米国に移住した人たちは、「選ばれた民」である。米国が打ち出す市民的自由とキリスト教を世界に普及することが米国の義務であると主張したのである（森［一九九〇］、一七〜三五ページ）。そうした、米国市民の義務を遂行すべく、「アメリカン・ボード」は、できるかぎり宗派の壁を越えることを目標にしていた（塩野［二〇〇五］、四八ページ）。

アメリカン・ボードのメンバーとして、日本への布教を試みた人に、ペリー提督の通訳を務めたサムエル・ウェルズ・ウィリアムズ（Samuel Wells Williams, 1812〜84）がいる。[16]

一八五九年、神奈川（横浜）、長崎、函館、新潟、兵庫の五港が開港されるや否や、米国からプロテスタントの宣教師や医師が来日した。英国国教会系の「米国聖公会」（Episcopal Church in the United States of America）からは、ジョン・リギンズ（John Riggins）とチャニング・ムーア・ウィリアムズ（Channing Moore Williams）、「米国長老派教会」からは、ジェームズ・ヘボン（James Curtis Hepburn）、「米国オランダ改革派教会」（Dutch Reformed Church in America）からは、サムエル・ブラウン（Samuel Robbins Brown）、デュアン・シモンズ（Duane B. Simmons）、グイド・フルベッキ（Guido Herman Fridolin Verbeck）[17]が派遣されてきた。

アメリカン・ボードは、一八六九年、ピッツバーグ（Pittsburgh）で開かれた第六〇回総会で、日本への宣教師派遣が決議され、ただちに、ダニエル・クロスビー・グリーン（Daniel Crosby Greene）が派遣された。彼は、ヘボンとともに、聖書の和訳に勤め、各地に教会を設立する運動を組織した。これは、留学中の新島襄が、一八六八年の夏に、アメリカン・ボード幹事のナタニエル・ジョージ・クラーク（Nathaniel George Clark）の家に宿泊した時、日本伝道を急ぐべきだと進言したことが効を奏したものと思われる（竹中［一九六八］、一一〜一三ページ）。

そして、一八七一年、アメリカン・ボードの宣教師、ジェローム・ディーン・デイヴィス（Jerome Dean Davis）が派遣されて、新島襄の同志社創立に協力した（http://www8.wind.ne.jp/a-church/niijima/index.html）。

一八七二年には、日本最初のプロテスタント教会である「日本基督公会」（後の日本基督教会横浜海岸教会）が横浜に設立された。この教会の受洗者たちが、いわゆる「横浜バンド」と言われている日本のプロテスタントに大きな影響を与えた人たちである（http://www15.plala.or.jp/kumanaza/yokohama.html）。

新島襄（Joseph Hardy Neesima）は、一八七四年にアンドーバー神学校を卒業し、アメリカン・ボードの日本布教担当宣教師に任命され、同年一〇月の同会の第六五回大会で、日本でキリスト教の大学を建設することの必要性を訴え、五〇〇〇ドルの寄付を集め、その年の一一月に帰国した（デイヴィス［一九七七］、四七ページ）。

同じ一八七四年、アメリカン・ボードは、同会として初めて、日本に会衆派の教会を設立した。「摂津第一基督公会」（後の日本基督教団神戸教会）と「梅本町公会」（後の日本基督教団大阪教会）がそれである（http://www12.ocn.ne.jp/~kbchurch/, http://www.osaka-church.net/）。

新島襄は、一八七五年、京都府顧問で、後に自身の岳父になる山本覚馬（やまもと・かくま、一八二八〜九二年）の援助を受けて、山本の私有地に同志社英学校を創立した。同年、アメリカン・ボードの宣教師たちによって、私塾・「神戸ホーム」（後の神戸女学院）が設立された。以後、日本の会衆派牧師によって、会衆派教会が各地で設立された。「西京第一教会」（後の同志社教会）、「西京第二教会」（京都教会）、「西京第三教会」（平安教会）、「浪花公会」（日本基督教団浪花教会）、「安中（あんなか）教会」（注（18）で説明、日本基督教団安中教会）等々である（川上純平「日本の会衆派教会（組合教会）の歴史（1）第三章、http://theologie.weblike.jp/jump2%20Theologie2008a3.htm）。

アメリカン・ボードに所属する牧師たちは、次々とミッション・スクールを建設した。一八七六年には私塾の女性だけの「京都ホーム」(後の同志社女子大学)、一八七七年には「梅花(ばいか)女学校」(後の梅花学園)、一八八〇年に女性伝道者養成を目指す「神戸女子伝道学校」(後の聖和(せいわ)大学、現在、関西(かんせい)学院大学と合併)、一八八六年には、「宮城英学校」(後の東華(とうか)学園)、「前橋英和女学校」、岡山に「山陽英和女学校」(後の山陽学園)、「松山女学校」(後の松山東雲(しののめ)学園)が設立された。一八八九年に「頌栄(しょうえい)保母保育所」、「頌栄幼稚園」が神戸に設立された(川上、同上(2)、http://theologie.weblike.jp/jump2%20Theologie2009i.htm)。

一八八六年、新島襄が中心となって、会衆派教会は、「日本組合教会」(通称、組合教会)を結成した。拠点は「同志社教会」が担った。同志社教会は、その年に現在の同志社大学構内に移転した西京第二公会が名称変更したものである(http://www012.upp.so-net.ne.jp/doshi-ch/intro.html)。組合教会は、一九四一年に「日本基督教団」結成に参加した(http://www.uccj.or.jp/history.html)。

組合教会で活躍したのが、海老名弾正(えびな・だんじょう、一八五六~一九三七年)であった。この海老名が、組合教会の朝鮮伝道を推し進める中心人物であった。海老名は、一九二〇~二八年、同志社総長を務めた。

海老名は、朝鮮を日本に合併させるべきだという考えの持ち主であった。朝鮮総督府は、最初は、長老派の日本基督教会に朝鮮布教を依頼したが、米国の長老派教会がすでに伝道を行なっていたので断られ、組合教会の海老名に依頼し直し、了承され、海老名の直弟子である渡瀬常吉(わたせ・つねよし、一八六七~一九四四年)がその任に当たることになった。韓国併合の二か月後の一九一〇年一〇月に渡瀬が牧師を務めていた「神戸教会」で開催された、日本組合教会の第二六回定期総会で、朝鮮人への布教が決議され、渡瀬が主任に推薦された。その決議文を要約する。

〈いまや、日本の国運は大発展している。国内外でキリストの福音を伝道し、神国建設の大業に貢献すべきである。新たに加えられた朝鮮同胞の教化を行なうことが、キリストを信じる日本国民の大きな責任である〉(『基督教世界』

一九一〇年一〇月一三日付、松尾［一九六八ａ］、七ページより引用）。

渡瀬は、その著書において、〈朝鮮人を日本国民化することが大切で、この責務は組合教会だけでなく、日本人全体が担うべきものである〉と訴えた（渡瀬［一九一三］、一〇〜一一ページ）。

海老名は豪語した。時の首相・大隈重信と朝鮮総督・寺内正毅の依頼によって、渋沢栄一が音頭を取って、三菱、三井、古河財閥からの朝鮮布教の募金が実現したと（「日本組合教会第三〇回総会朝鮮伝道現況報告」、『基督教世界』一九一四年一〇月八日付、小川・池［一九八四］、二〇四ページ所収）。

一九一六年に寺内を継いだ長谷川好道も、寺内と同じく、組合教会に資金援助をしたことを次期総督・斎藤実への引き継ぎ文書の中で告げている（姜［一九六六］、五〇〇ページ）。

一九一八年末には、朝鮮における組合教会数一四九、牧師数八六人、信者数一万三〇〇〇人強、経費は二万五〇〇〇円強であった。同じ時期、本土の組合教会では、教会数一一三、信者数二万人程度、経費も一万六〇〇〇円程度であったことからすれば、組合教会は、本土よりも朝鮮で勢力を伸ばしていたことが分かる（松尾［一九六八ａ］の表、参照）。

こうした組合教会の隆盛は、総督府などによる資金援助なしにはあり得なかったであろう。

組合教会全体が韓国併合に協力的であったわけではもちろんない。柏木義円（かしわぎ・ぎえん）、吉野作造など、朝鮮総督府や海老名弾正、渡瀬常吉を鋭く批判したクリスチャンもいた。それでも、海老名を首領とする組合教会の執行部は、総督府による朝鮮支配を支持していた。

渡瀬は、三・一独立運動を、天道教徒と外国人キリスト教宣教師によって煽動された暴動であると言ってはばからなかった（渡瀬常吉、「朝鮮騒擾事件の真相と其の善後策」、『新人』一九一九年五月号、姜［一九六六］、五三七〜四一ページに所収)。

しかし、三・一独立運動は、日本の組合教会を朝鮮布教から撤退させるという効果を持った。三・一独立運動が勃発するまで、組合教会の朝鮮人信者は一万三〇〇〇人強いた。しかし、一九二一年、組合教会は朝鮮伝道部を廃止し、布教業務を新たに設立した朝鮮会衆派基督教会に信者を移管して、現地人に布教業務を委ねたが、移管に応じた朝鮮人は三〇〇〇人を切ってしまった。一挙に五分の一にまで激減してしまったのである(川瀬[二〇〇九]、九六ページ)。

おわりに

柏木義円の反戦論を紹介しておきたい。柏木義円は、現在の新潟県長岡市与板町にある浄土真宗大谷派に属する西光寺の住職の子として生まれた。新潟師範を経て東京師範を卒業した。群馬県碓氷郡土塩小学校教員時代にキリスト教に出会い、一八八〇年、同志社英学校に入学した。在学中、新島襄に「同志社の後事を託す」とまで言わしめたという。その後群馬県細野東小学校長を務め、一八九七年、安中教会[18]の牧師となった。地味で寡黙な人であったらしい。一八九八年から三八年間続けた『上毛(じょうもう)教界月報』(全四九五号)では、平和主義、人格尊重、思想言論の自由を掲げ、軍国主義的風潮の中で、否応なく戦争に突入して行く世の中に警鐘を鳴らし、幾多の弾圧にも屈することなく戦争の「不当性」を現状分析に基づいて粘り強く訴えた人である(http://ojima3.com/yoita/person06.html)。

柏木は、朝鮮における日本人の狼藉ぶりを非難し、〈このままでは、将来大変な事態が起ころう〉と、すでに一九〇四年に書いている。〈気の毒なのは韓人である。日本民族の膨張のための伝道ならばしない方がよい〉とまで言い切った(柏木、「朝鮮伝道について」、『基督教世界』一九〇四年八月一一日付、姜徳相編[一九六六]、一四一〜四二ページ所収）。

一九一四年には、正面から渡瀬常吉批判を展開している。要約する。〈組合教会が日本国民の代表であると言うのは、あまりにも牽強付会なことである。日本人は、そもそも鮮人の指導者たる資格はない。鮮人をキリスト教化するよりも、日本人を教化する方が先決であろう。キリストの名を借りて、鮮人を日本国民に同化させるという政策は、彼らを反発させ、日本から離反させるだけである。渡瀬常吉が横暴な総督府を讃えるような文章を書いているが、そうしたことは、御用宗教に堕したという非難を受けることになるだろう。それはキリストの名を貶めるだけである〉（柏木、「渡瀬氏の『朝鮮教化の急務』を読む」、『上毛教界月報』一九一四年四月一五日号、姜徳相編［一九六六］、三〇一～〇二ページ所収）。

三・一独立運動を「朝鮮人の韓国独立という妄想」であるとうそぶく渡瀬を、柏木は非難した。〈日本人が愛国の運動をすれば尊くて、鮮人が同じことをすれば愚かなことであると言うのは、あまりにも得手勝手なことである〉と（柏木、「渡瀬常吉君に問ふ」、『上毛教界月報』一九一九年一一月一五日号、姜徳相編［一九六六］、三一〇ページ所収）。

一九三一年、柏木は組合教会と総督府との癒着について書いている。要約する。〈寺内朝鮮総督は、朝鮮のキリスト教会がほとんど西洋人の宣教師によって運営されていることを目の上のたんこぶと意識したのか、その向こうを張る意味で日本人の朝鮮伝道を保護しようとしたのであろう。長老派の日本基督教会の植村正久に依頼したが断られ、組合教会の海老名氏にお鉢が回ってきた。渡瀬常吉がそれを担当することになり、総督府の機密費から匿名寄附として年額六〇〇〇円程度が提供された。さらに、総督府の肝いりで五〇万円の朝鮮教化資金が募集された。しかし、その寺内総督が亡くなり、長谷川総督も去り、公正な人である斎藤総督がその任に就くや、あたかも木から落とされた猿のように、組合教会は突き放されてしまった。組合教会は、朝鮮伝道部を廃止して、朝鮮教会に後事を託したが、その朝鮮教会すら放棄せざるを得ないであろう。朝鮮における一〇〇余りの組合教会、二万人と称した組合教会信者は、雲散霧消してしまったからである〉（柏木、「組合教会時弊論」、『上毛教界月報』一九三一年五月二〇日号、富坂キリスト教センター編［一九九五］、九一ページに所収）。

〈公明なる精神をもって、幾多の猜疑と誹謗を受けても、忍び難きを忍びて奮闘努力をしてきた〉（組合教会、「三七回総会を迎ふ（続）――度重なる二三の案件」、『基督教世界』一九二一年九月二二日付、姜徳相編［一九六六］、二三八～三九ページ所収）と弁明をしたが、組合教会は、結局は朝鮮布教から撤退するしかなかったのである。

こうして、組合教会も、朝鮮布教面では、神道、仏教と同じ運命を辿ったのである。

日本の仏教、日本の神道、日本のキリスト教は、欧米の神と争って朝鮮で布教活動を進めていたが、結局は追い出されてしまった。日本的な宗教が敗退してしまった最大の理由は、深い信仰心を唯一の支えにするのではなく、日本の植民地統治機構に媚びることによって、各教団が、布教していたことにある。彼らが唱えた「日本的精神」なるものは、所詮、植民地支配の口実であり、虚構のものにすぎなかった。

本章の最後に、海老名弾正による「日本的精神」の持ち上げ方を紹介しておこう。個条的に記す。

①〈基督教の心は一神教である。しかし、日本は今日に至るまで依然として多神教の国であることを忘れてはならない。神社崇敬の如きもその伝統上にある。したがって、多神教を攻撃するだけでなく、一神教を日本に確立させるべきである〉（『新人』第一九巻・第七号、一五ページ）。

②〈日本は、古来から多神教の国である。それゆえに、唯一神教のキリスト教国と、多神教の日本国とは相容れないと思われているが、賀茂真淵、本居宣長以降の国学者は、日本の八百万神の中の唯一根本神として天之御中主（あめのなかぬしのかみ）を認めてきた。また日本は、古来、天皇による君主独裁の国であるから、唯一根本神

思想とも合致する〉『基督教十講』（一九一五年）。

③〈平田篤胤は、キリスト教の影響を受けて神道の神を一神教的に解釈している。八百万神論ではない〉。

④〈西洋の「ゴッド」と中国の「上帝」、日本の「天津神」とは同一である〉。

⑤〈大和魂は元々は小さい種にすぎなかった。神武天皇時代はそうであった。大和の国では、大和魂は小さいが純血であった。ところが、いまやその精神は大きく広がりつつある。東北を越え、北海道に行き、さらに千島・樺太にまで広がっている。南方では、琉球を越え、台湾にまで達している。そして、西には朝鮮、満州にまできているのである〉。

つまり、海老名のキリスト教は、〈神道との混淆である「日本的キリスト教」であった〉（http://www.bun.kyoto-u.ac.jp/christ/asia/act_asia020727.html）。こうした組合教会の首魁であり、同志社の総長をも経験した海老名の混淆論が、組合教会に所属していた一部のキリスト教会を朝鮮総督の走狗になるまで堕落させたことは確かである。

注

序章

（1）朝鮮（Chosun）と韓国（Hanguk）との呼称について記す。李氏（I-si）朝鮮は、一三九二年、高麗（Goryeo）の武将、李成桂（Yi Seonggye）太祖（Taejon）が恭譲（Gongyang）王を廃して、自ら高麗王に即いたことで成立した。李成桂は、翌一三九三年に中国の明（Ming）から「権知朝鮮国事」の位を受け、国号をそれまでの高麗から朝鮮に改めた。そして、日清戦争終結後、日本と清（Qing）国との間での下関条約によって、朝鮮に対する清王朝の冊封体制が廃止され、朝鮮は一八九七年に国号を大韓帝国（韓国）に改めた。朝鮮国王も韓国皇帝に改称された。しかし、一九一〇年の「韓国併合に関する条約」によって、韓国は日本に併合させられてしまった。この時の韓国は、いまの朝鮮人民民主主義共和国を含む半島全体の呼称だった。従って、併合は朝鮮・韓国併合ではなく韓国併合が正しい。ちなみに、日韓併合という用語は通称である。

（2）明治政府は、一八八一年二月から、「明治通宝札」のデザインを一新した改造紙幣を発行した（額面は十円、五円、一円、五十銭、二十銭）。一円以上の紙幣には、神功皇后の肖像が描かれているため、神功皇后札と呼ばれた。一八七二年四月に発行された新紙幣（明治通宝札）は、大きさやデザインの点から、券種が区別しにくいことに加え、用紙の性質上彩色のインクが浸透せず、ある種の薬品により地模様が変色あるいは消滅してしまうため、容易に額面が変造できるという問題があった。券面に肖像が入れられたのは、偽造防止が目的であった。これは、顔の形、表情が見た目に分かりやすく、偽造された場合に容易に判別できるためであった（http://www.imes.boj.or.jp/cm/htmls/feature_gra2-9.htm）。

ちなみに、日本における政府紙幣の発行には、過去三つの時期があった。最初は一八六八年の明治新政府発足から八二年の日本銀行設立までの時期。中央銀行である日本銀行の設立以前は、紙幣は一八七二年の国立銀行条例に基づき、七三年から「国立銀行」（名称は国立銀行でも実際は民間銀行）が発行したが、それ以前は政府が紙幣を発行していた。また、国立銀行券が発行されるようになっても、上記のような改造紙幣と呼ばれる政府紙幣が並行して発行された。日銀の設立後、政府紙幣の発行は、第一次世界大戦期まで中断した。

政府紙幣発行の第二期は、第一次世界大戦期である。戦争で銀価格が急騰し、銀貨の発行が困難になったことを理由に、五十、二十、十銭の三種類の政府紙幣が発行された。ちなみに、硬貨は、補助貨幣として政府が発行できるものであった。

第三期は、戦時色が濃くなりつつあった一九三八年、金属を優先的に軍需に回すため、補助貨幣（硬貨）だった五十銭が政府紙幣化された。これら第二、第三期の政府紙幣は、戦争という非常事態下における資材不足がもたらしたものであった（http://www.toyokeizai.net/business/society/detail/AC/76d4fb2f84804eeda6e728d72b3bb0/）。

第一章

（1）ハングルへの翻訳に携わったのは、スコットランド出身で、満州に赴任していたジョン・ロス（John Ross）であった（Grayson [1984]）。

（2）韓国併合前までの韓国におけるミッション・スクールについては、Paik [1929] がある。韓国でキリスト教が急速に普及した理由についての論争史については、Grayson [1985] に詳しい。

（3）一進会は、一九〇四年から一九一〇年まで韓国で活動していた当時最大の政治結社。宮廷での権力闘争に幻滅し、外国勢力の力を借りてでも韓国の近代化を実現させようとする「開化派」の人々が設立した団体。日清・日露戦争に勝利した日本に接近し、日本政府から特別の庇護を受けた。日本と韓国の対等な連邦である韓日合邦（韓国併合とは異なる）を唱えた。韓国併合後、統監府と金銭取引を行なった後、解散した（http://d.hatena.ne.jp/keyword/%88%EA%90i%89%EF）。

一進会の創始者、宋秉畯（1857～1925）は、一八七三年から司憲府（Sahonbu）に勤めた後、一八八四年、密命を受けて金玉均（Gim Okgyun）暗殺目的で日本に渡ったが、逆に説得されて金の同志になった。日露戦争時に、日本軍の通訳として親日に転向し、一進会を組織した。一九〇七年のハーグ密使事件の際には、高宗皇帝譲位運動を展開、高宗を退位に追い込んだ。同年、李完用内閣が成立すると、農商工部大臣・内相を務めながら、「韓日合邦を要求する声明書」を曾禰荒助（そね・あらすけ）統監と李完用首相に提出した。併合後は、日本政府から朝鮮貴族として子爵に列せられ、朝鮮総督府中枢院顧問になり、後に伯爵となった。没後に正三位勲一等を追贈された（http://kotobank.jp/word/%E5%AE%8B%E7%A7%89%E7%95%AF）。

（4）尹致昊（1865～1945）は、李氏朝鮮末期の政治家。韓国併合後に男爵（朝鮮貴族）・貴族院議員。一八八一年、朝鮮初の日本留学生（慶應義塾に留学）。帰国後、甲申政変に開化派として参加するが、開化派が敗北すると上海に逃れた後に米国に留学。上海滞在時にメソジストの洗礼を受けたが、米国留学時に苛酷な人種差別を受けたと言われている。帰国後、一八九六年に独立協会（Tongnip Hyeophoe）を結成。『独立新聞』（*Tongnip Sinmun*）を創刊し、朝鮮人による自力の近代化を説いた。やがて政権に迎えられ、「第一次日韓協約」締結時には外部大臣署理を務めた。韓国併合後、一九一一年に一〇五人事件の首謀者として起訴され、男爵位を剥奪されるが、一九一五年に親日派に転向して釈放される。三・一独立運動が勃発した際にも「もし弱者が強者に対して無鉄砲に食って掛かったら強者の怒りを買って結局弱者自体に累が及ぶ」と否定的なコメントを残している。その一方で熱心なクリスチャンだったため、朝鮮キリスト教界の最高元老としても影響力を保持していた。また、彼の説いた「実力養成論」は後の独立運動家にも多大な影響を残し、一方で民族資本家や民族教育機関を育てる契機にもなった。一九四五年の日本の敗戦によって、それまでの親日的姿勢・行為を糾弾されたために自殺した（梁［一九九六］、参照）。

（5）『京城日報』は、一九〇五年の日露講和のポーツマス条約（Treaty of Portsmouth）によって、日本の支配下に置かれた韓国で、京城（Gyeongseong）に設置された朝鮮統監府の機関紙として創刊された新聞である。初代統監に就任した伊藤博文は、韓国統治には有力新聞が必要であるとして、旧日本公使館機関紙『漢城新報』（一八九五年創刊）と『大同新報』（一九〇四年創刊）を買収統合、統監府の機関紙として『京城日報』を一九〇六年九月一日に創刊した。初代社長は大阪朝日新聞出身の伊東祐侃（いとう・ゆうかん）。一九一〇年の韓国併合により、統監府は総督府に改組され、朝鮮統治における『京城日報』の役割を拡大させるべく、『國民新聞』社長の徳富蘇峰（とくとみ・そほう、猪一郎、いいちろう）を監督として迎えている。日本の敗戦により、一九四五年一〇月三一日をもって日本人の手を離れて韓国人が事業を引き継いだが、同年、一二月一一日付を最後に廃刊となった（http://newspark.jp/newspark/data/pdf_siryou/c_34.pdf）。親日的志向の強い論調を張っていて、社長の任命や運営に関しても、総督府が主導権を握っていた。『朝鮮日報』や『東亜日報』など民間紙と比較しても、規模や影響力は大きかった（李［二〇〇六］）。

（6）内田良平（うちだ・りょうへい、一八七四～一九三七年）。福岡県出身。頭山満（とうやま・みつる）の門下生であった叔父の平岡浩太郎（ひらおか・こうたろう）によって創設された「玄洋社」（げんようしゃ）に入り、一八九四年に「東学党の乱」が発生するや、玄洋社の青年行動隊として韓国に渡り、これに参加した。フィリピン独立運動、中国革命の支援運動などにも参加。一九〇一年一月、「黒龍会」（こくりゅうかい）を設立し、一九三一年には「大日本生産党」を結成し、総裁となった。黒龍会は、玄洋社と並ぶ右翼運動の思想的源流となった（http://d.hatena.ne.jp/keyword/%C6%E2%C5%C4%CE%C9%CA%BF）。韓国の農業近代化に打ち込むべきであると、内田は、伊藤統監と一進会を説得したらしい（Lone［1988］, pp. 117-20）。

木内重四郎（一八六六～一九二五年）。千葉県出身。法制局参事官試補、貴族院、内務省、農商務省商工局長を歴任後、統監府農商工部長官になる。総督府を依願免官後、貴族院議員となる。一九一六年京都府知事となるが、汚職の嫌疑、いわゆる「豚箱事件」で収監されるが無罪となる（http://kotobank.jp/word/%E6%9C%A8%E5%86%85%E9%87%8D%E5%9B%9B%E9%83%8E）。

杉山茂丸（一八六四～一九三五年）。福岡県生まれ、夢野久作（ゆめの・きゅうさく、本名・杉山直樹）の父。自由民権運動で頭山満と出会い玄洋社結成を助ける。日露戦争中にレーニン（Vladimir Iliitch Lenin）の帰国を計画し成功させるなど、明治維新以後の内外の大事件や運動の多くに関係していた。公職に就くことなく、あくまで黒幕として政財界で活躍した（http://kotobank.jp/word/%E6%9D%89%E5%B1%B1%E8%8C%82%E4%B8%B8）。

（7）当時の米国資本は、日本が得た満州の権益に割り込もうと活発な政治工作を展開していた。「桂・タフト協定」は、正式の協定ではなく、両者の秘密合意であったので、一九二四年まで公表されなかった。さらに、東アジアの秩序は、日、米、英の三国による事実上の同盟によって守られるべきであるとされた。桂は、この時に、韓国が日露戦争の原因であると明言した。そして、韓国政府を単独で放置し、他国と協定を結ぶことを許してしまえば、日本が再度、別の外国との戦争に巻き込まれることになるだろうとも述べた(長田[一九九二]、参照)。

ポトマック(Potomac)河畔の桜は、タフトが大統領になり、その在職中に東京市長・尾崎行雄(おざき・ゆきお)から贈られたものである。

タフトの訪日に続いて一九〇五年八月三一日に来日したハリマンは、単に南満州鉄道を買収するだけでなく、それを起点にシベリア鉄道を経てヨーロッパへ、さらに汽船連絡によって世界一周鉄道を実現するという壮大な構想を持っていた。

当時日本の政府には日露戦争の結果得た満州の権益を自力で経営する自信がなく、元老をはじめ桂内閣も米国資本の導入を渡りに船と歓迎したのである。話合いは、順調に進み、一九〇五年一〇月一五日には、日米平等のシンジケートを経営体とする南満州鉄道運営に関する予備覚書が、桂首相とハリマンの間に交換された。ハリマンは喜び勇んで帰国の船に乗った。しかし、ポーツマス講和会議から入れ替わりに帰国した首席全権・小村寿太郎は、これに猛然と反対し、ついにその契約を破棄させた。満鉄の自主経営を可能にする資金の手当がモルガン系銀行によって保証される約束を小村が得ていたからである。ハリマンは船がまだサンフランシスコへ着く前に、予備協定破棄を電報で知らされて激怒した(袖井[二〇〇四]、一五ページ)。

第二章

(1) 第一章の繰り返しになるが、韓国併合に関する基礎的な流れを時系列的に整理しておきたい。

①一九〇四年。日露戦争中の二月二三日、「日韓議定書」。日本が韓国施政忠告権や臨検収用権などを確保した。八月二二日、「第一次日韓協約」。韓国政府は、日本政府の推薦者を韓国政府の財政・外交の顧問に任命しなければならなくなった。

②一九〇五年。高宗(Kojong)はこれをよしとせず、三月にロシアに、七月にロシアとフランスに、一〇月に米、英に密使を送る。日本政府は、大韓帝国には、外交案件について日本政府と協議の上、決定・処理しなければならないとしていた同条約を遵守する意志がないと考えた。日露戦争終結後の一一月一七日、「第二次日韓協約」。韓国の外交権はほぼ日本に接収されることとなり、事実上保護国となった。乙巳の年に締結したという意味で乙巳條約、乙巳五條約、乙巳保護条約、乙巳勒約と呼んだりする。締結当時の正式名称は「日韓交渉条約」。一二月二一日、漢城(Hanseong、いまのソウル)に統監府設置。

③一九〇七年。七月一八日、ハーグ密使事件の発覚によって、日本政府は、高宗を退位させた。七月二四日、「第三次日韓協約」。高級官吏の任免権を日本の韓国統監が掌握すること、韓国政府の官吏に日本人を登用できることなどが定められた。これによって、朝鮮の内政は完全に日本の管轄下に入った。また非公開の取り決めで、韓国軍の解散、司法権と警察権の日本側への委任

が定められた。

④一九〇九年。六月一四日、韓国統監の伊藤博文が枢密院議長になり、副統監の曾禰荒助（そね・あらすけ）が統監になった。七月六日、適当な時期に韓国併合を断行する方針及び対韓施設大綱の閣議決定。憲兵・警察官の増派、日本人官吏の権限拡張が内容。七月二六日、「韓国政府の中央金融機関としての韓国銀行の設置を承認する」という日韓覚書。一〇月一八日、「警察署長・分署長に、拘留・科料以下の罪につき即決権を与える」という犯罪即決令公布。一〇月二六日、ロシア外相と会談のためハルビン駅に到着した伊藤博文（六九歳）が韓国人のクリスチャン、安重根（三一歳）に射殺された。

⑤一九一〇年。三月二六日、安重根の死刑執行（三二歳）。二月二八日、小村寿太郎外相により在外使臣（外国駐在日本大使）に対し、「韓国併合方針及び施設大綱」を通報。五月三〇日、陸軍大臣、寺内正毅が韓国統監兼務。八月一六日、寺内正毅統監が韓国首相の李完用に韓国併合に関する覚書を交付。八月二二日、「韓国併合に関する条約」調印。「韓国皇帝が韓国の統治権を完全かつ永久に日本国天皇に譲渡する」ことなどを規定。八月二九日、韓国の国号を朝鮮と改称し、漢城を改称した京城（Gyeongseong）に朝鮮総督府を設置、当分の間、統監府も併置。八月二九日、「法律を要する事項を総督の命令で規定することを認める」法令公布。九月一二日、韓国統監府は、朝鮮の全政治結社を解散させる方針により、一進会に解散を命じ、解散費一五万円を支給。九月三〇日、「総督は陸海軍大将とし他に政務統監を設置する」という朝鮮総督府官制を公布。九月三〇日、朝鮮総督府臨時土地調査局官制公布。一〇月一日、三代目の韓国統監の寺内正毅が初代朝鮮総督。寺内正毅は陸軍大臣も兼任。一二月二九日、朝鮮における会社設立には、朝鮮総督府の許可制とするという朝鮮総督府による会社令制定、当然、朝鮮人に不利。

⑥一九一一年。四月一七日、朝鮮総督府が、所属不明の土地を国有地として没収し、日本人の地主・土地会社へ払い下げるという土地収用令制定、その結果、朝鮮人農民は土地を失い没落。六月、朝鮮総督暗殺計画発覚、米国人宣教師との関係が問題となった（一〇五人事件、宣川（Sonchon）事件）。七月一三日、「米国を協約の対象から除く」という内容の「第三回日英同盟協約」調印。

⑦一九一二年。七月八日、特殊利益地域の分界線を内蒙古まで延長し、東側を日本、西側をロシアとするという内容の「第三回日露協約」調印。

⑧一九一四年。七月二八日、第一次世界大戦勃発。

⑨一九一六年。七月四日、「中国が第三国の政事的掌握に陥るのを防ぐために相互軍事援助を行なう」という内容の「第四回日露協約」調印。

⑩一九一七年。一一月、ロシア一〇月革命。

⑪一九一八年。八月二日、シベリア出兵宣言。八月三日、米騒動。

⑫一九一九年。一月一八日、パリ講和会議。三月一日、京城、平壌（Pyeongyang）などで朝鮮独立宣言が発表。示威運動は朝鮮全土に拡大（三・一独立運動、万歳（mansei）事件）。四月八日、陸軍省は、朝鮮の騒擾を鎮圧するため、内地より六個大隊と憲兵四〇〇人の増派を発表。四月一〇日、朝鮮の民族主義者は、上海に大韓民国臨時政府を樹立、国務総理には李承晩（I Syngman）。四月一二日、関東庁官制・関東軍司令部条例の公示。関東都督府の廃止、関東庁の設置、初代関東長官に林権助（はやし・ごんすけ）、関東州と満鉄の警備に都督府の陸軍部を独立させて関東軍の設置、関東軍司令官に立花小一郎（たちばな・こいちろう）、司令部は旅順（Lushun）、兵力は一個師団一万人。四月一五日、朝鮮総督府は、政治に関する犯罪処罰の件を制定、その内容は、「政治変革をめざす大衆行動とその煽動と厳罰に処する」というもの。五月五日、間島（Kan-do）日本領事館放火される。六月四日、朝鮮における日本の常備師団は二一個師団となった。八月一二日、海軍大将・斎藤実を朝鮮総督に任命。九月二日、朝鮮総督の斎藤実、京城南大門（Kyonson Namdemun）駅で爆弾を投ぜられた。犯人は羌宇奎（Gang Ugyu）とされ処刑（岩波書店編集部［一九九一］、参照）。

（2）寺内正毅初代総督は、一九一一年に「寺刹令（じさつれい）」を発布し、「寺刹の本末関係、僧規、法式その他必要なる寺法は各本寺においてこれを定め朝鮮総督の認可を受くべし」（第三条）として、当時約九〇〇あった朝鮮仏教の寺院を監督下に置いた。朝鮮仏教徒は抵抗した。そして、一九一五年の「布教規則」によって、「朝鮮総督は現に宗教の用に供する教会堂、説教所または講義所の類において安寧秩序をみだすのおそれある所為ありと認むるときはその設立者または管理者にたいしこれが使用を停止または禁止することあるべし」（第一二条）と、すべての宗教を統制しようとしたのである。そして、日本の宗教団体の朝鮮における布教を総督府は後押しし、朝鮮宗教の日本同化を図った。三・一事件は、朝鮮の民俗宗教の天道教（東学）やキリスト教、仏教の指導者が会合して「独立宣言」をまとめたことを発端としている。この宣言文は天道教印刷所で印刷され、宗教組織網で朝鮮の主要都市に運ばれた。この宣言が一九一九年三月一日に発表され朝鮮民衆の独立運動の烽火となった。総督府が、朝鮮人の埋葬慣習を無視し、墓地を取り上げ、荒れ地を共同墓地に指定して墓を移転させたことなどへの朝鮮人の怒りが大きかったと言われている（中濃［一九七六］、http://www.jcp.or.jp/akahata/aik07/2007-12-15/2007121512_01faq_0.html）。

（3）北部長老派は平壌を中心とした平安道（Pyeongan-do）と慶尚北道（Gyeongsangbuk-do）を布教の拠点にし、南部長老派は、全羅道（Jeolla-do）が拠点であった。メソジストは京畿道（Gyeonggi-do）、忠清北道（Chungcheongbuk-do）、江原道（Gangwon-do）南部に拠点を置いていた。このように、米国のプロテスタント教会は地域的な棲み分けを行なっていたようである（朝鮮総督府［一九二一］の付録地図参照）。

（4）ブルーダー『嵐の中の教会』という本がある（Bruder［1946］）。ナチス支配下、ドイツのある村の教会の牧師が戦争非協力者として捕えられ、小さな教会は厳しい試練に遭遇した。多くの教会が戦争に加担して行くことになったが、このような戦争をすべきではない。ポーランド人やユダヤ人などの弾圧を止めるべきだと訴えるクリスチャンたちは、告白教会を組織して、地下抵抗運動をも繰り広げた。『嵐の中の教会』には、この村の教会が受けた試練の数々と、聖書の教えに則り、神への信仰によって、苦難を乗り越えて行った様子が書かれている。告白教会は、ドイツ・ルター派（福音ルーテル派）の牧師、ディートリッヒ・ボンヘッファー（Dietrich Bonhoeffer, 1906～45）によって、一九三四年に結成された"Bekennende Kirche"である。この教会は、ドイツの多くのプロテスタントがナチスに追随したことに反抗して組織されたものである。

（5）米国留学から帰国した一八八八年の二年後の一八九〇年、内村鑑三は第一高等中学校の嘱託教員となった。翌、一八九一年一月九日、講堂での教育勅語奉読式において天皇親筆の署名に対して最敬礼を行なわなかったことが同僚や生徒などによって非難された。敬礼はしたのだが、最敬礼でなかったことが不敬事件とされた。この事件によって内村は体調を崩し、二月に依願退職した（http://socyo.high.hokudai.ac.jp/LSci07/Uchi2.htm）。

第三章

（1）一八六八年一二月、日本使節・対馬藩家老・樋口鉄四郎らが、明治新政府の樹立を通告するために、当時、鎖国をしていた朝鮮の釜山浦に入港した。しかし、興宣大院君（Heungseon Daewongun）政権下の李朝は、日本使節が持参した国書の受け取りを拒否した。文面に「皇上」「奉勅」の文字が使われていることが理由であった。「皇」は中国皇帝のみに許される称号であり、「勅」は中国皇帝の詔勅を意味していると、当時の朝鮮王は理解していた。そして、朝鮮王は中国皇帝の臣下ではあるが、日本王の臣下ではないとの立場を朝鮮王は取っていた。その点で日本の国書は、傲慢かつ無礼なものであると断じられたのである。

その八年後の、一八七五年、日本政府は砲艦外交に出た。小砲艦を釜山に派遣して、発砲演習を行なうという示威行動をした。次いで沿海測量の名目で砲艦「雲揚号」を江華島（Ganghwa-do）に向かわせ、沿岸各所に要塞や砲台のある内国河川にボートで無断侵入した。そして、「雲揚号」は仁川沖の江華島から砲撃を受けた。これを口実に日本政府が江華島攻撃を開始し、日本政府は、一八七六年、「日朝修好条規」（江華条約）を朝鮮に押し付けた（本章、注（2）で解説）。この条約には釜山の他、二港を開港する約束が盛り込まれた。一八七九年に釜山が開港され、翌、一八八〇年に元山（Wonsan）、一八八二年に仁川が開港された（http://w01.tp1.jp/~a076379471/genzan/histry.html）。

釜山は、それまでは、小さな一漁村に過ぎなかった。徳川幕府時代に対馬藩の出先が駐留していた倭館に替わって、釜山港が、日本の朝鮮半島進出の拠点になった。釜山は日本にもっとも近い良港であった。今日では韓国のソウルに次ぐ第二の都市に繁栄している。

開港した釜山に日本人が陸続として上陸し、居留地を造った。最初は商人や実業家の進出が目覚しかったが、その後、一般人たちも加わった。日本人は、釜山港から四方四キロメートル以内の区域での活動が許されていた。

逆に、朝鮮人の日本渡航は、当時、許されていなかった。日本側からだけの一方通行の開港であった（http://blogs.dion.ne.jp/rekishinootoshimono/archives/9266564.html）。

（2）一八七六年に締結された「日朝修好条規」は、「江華条約」・「丙子（Byeong ja）条約」とも呼ばれている。それは条規中に、朝鮮国の自主独立、釜山等三港の開港、日本の韓国に対する無関税特権、貿易規制品目、日本貨幣の使用、朝鮮銅貨の輸出入の自由、朝鮮沿海測量の自由、自治居留地（日本の領事裁判権）が定められた。とてつもない不平等条約であった。

以下に日本文の原文を記す。

大朝鮮國ト素ヨリ友誼ニ敦ク年所ヲ歴有セリ今兩國ノ情意未タ洽ネカラサルヲ視ルニ因テ重テ舊好ヲ修メ親睦ヲ固フセント欲ス是ヲ以テ日本國政府ハ特命全權辨理大臣陸軍中將兼參議開拓長官黒田清隆特命副全權辨理大臣議官井上馨ヲ簡ミ朝鮮國江華府ニ詣リ朝鮮國政府ハ判中樞府事申櫶都摠府副摠管尹滋承ヲ簡ミ各奉スル所ノ諭旨ニ遵ヒ議立セル條款ヲ左ニ開列ス

第一款　朝鮮國ハ自主ノ邦ニシテ日本國ト平等ノ權ヲ保有セリ嗣後兩國和親ノ實ヲ表セント欲スルニハ彼此互ニ同等ノ禮義ヲ以テ相接待シ毫モ侵越猜嫌スル事アルヘカラス先ツ從前交情阻塞ノ患ヲ爲セシ諸例規ヲ悉ク革除シ務メテ寛裕弘通ノ法ヲ開擴シ以テ雙方トモ安寧ヲ永遠ニ期スヘシ

第二款　日本國政府ハ今ヨリ十五個月ノ後時ニ隨ヒ使臣ヲ派出シ朝鮮國京城ニ到リ禮曹判書ニ親接シ交際ノ事務ヲ商議スルヲ得ヘシ該使臣或ハ留滯シ或ハ直ニ歸國スルモ共ニ其時宜ニ任スヘシ朝鮮國政府ハ何時ニテモ使臣ヲ派出シ日本國東京ニ至リ外務卿ニ親接シ交際事務ヲ商議スルヲ得ヘシ該使臣或ハ留滯シ或ハ直ニ歸國スルモ亦其時宜ニ任スヘシ

第三款　嗣後兩國相往復スル公用文ハ日本ハ其國文ヲ用ヒ今ヨリ十年間ハ添フルニ譯漢文ヲ以テシ朝鮮ハ眞文ヲ用ユヘシ

第四款　朝鮮國釜山ノ草梁項ニハ日本公館アリテ年來兩國人民通商ノ地タリ今ヨリ從前ノ慣例及歳遣船等ノ事ヲ改革シ今般新立セル條款ヲ憑準トナシ貿易事務ヲ措辨スヘシ且又朝鮮國政府ハ第五款ニ載スル所ノ二口ヲ開キ日本人民ノ往來通商スルヲ准聽スヘシ右ノ場所ニ就キ地面ヲ賃借シ家屋ヲ造營シ又ハ所在朝鮮人民ノ屋宅ヲ賃借スルモ各其隨意ニ任スヘシ

第五款　京圻忠清全羅慶尚咸鏡五道ノ沿海ニテ通商ニ便利ナル港口二箇所ヲ見立タル後地名ヲ指定スヘシ開港ノ期ハ日本暦明治九年二月ヨリ朝鮮暦丙子年正月ヨリ共ニ數ヘテ二十個月ニ當ルヲ期トスヘシ

第六款　嗣後日本國船隻朝鮮國沿海ニアリテ或ハ大風ニ遭ヒ又ハ薪粮ニ窮竭シ指定シタル港口ニ達スル能ハサル時ハ何レノ港灣ニテモ船隻ヲ寄泊シ風波ノ險ヲ避ケ要用品ヲ買入レ船具ヲ修繕シ柴炭類ヲ買求ムルヲ得ヘシ勿論其供給費用ハ總テ船主ヨリ賠償スヘシト雖モ是等ノ事ニ就テハ地方官人民トモニ其困難ヲ體察シ眞實ニ憐恤ヲ加ヘ救援至ラサルナク補給敢テ吝惜スル無ルヘシ倘又

兩國ノ船隻大洋中ニテ破壞シ乗組人員何レノ地方ニテモ漂着スル時ハ其地ノ人民ヨリ即刻救助ノ手續ヲ施シ各人ノ性命ヲ保全セシメ地方官ニ届出該官ヨリ各其本國ヘ護送スルカ又ハ其近傍ニ在留セル本國ノ官員ヘ引渡スヘシ

第七款　朝鮮國ノ沿海島嶼岩礁從前審撿ヲ經サレハ極メテ危險トナスニ因リ日本國ノ航海者自由ニ海岸ヲ測量スルヲ准シ其位置淺深ヲ審ニシ圖誌ヲ編製シ兩國船客ヲシテ危險ヲ避ケ安穩ニ航通スルヲ得セシムヘシ

第八款　嗣後日本國政府ヨリ朝鮮國指定各口ヘ時宜ニ隨ヒ日本商民ヲ管理スルノ官ヲ設ケ置クヘシ若シ兩國ニ交渉スル事件アル時ハ該官ヨリ其所ノ地方長官ニ會商シテ辨理セン

第九款　兩國既ニ通好ヲ經タリ彼此ノ人民各自己ノ意見ニ任セ貿易セシムヘシ兩國官吏毫モ之レニ關係スルコトナシ又貿易ノ制限ヲ立テ或ハ禁沮スルヲ得ス倘シ兩國ノ商民欺罔衒賣又ハ貸借償ハサルコトアル時ハ兩國ノ官吏嚴重ニ該逋商民ヲ取糺シ債缺ヲ追辨セシムヘシ但シ兩國ノ政府ハ之ヲ代償スルノ理ナシ

第十款　日本國人民朝鮮國指定ノ各口ニ在留中若シ罪科ヲ犯シ朝鮮國人民ニ交渉スル事件ハ總テ日本國官員ノ審斷ニ歸スヘシ若シ朝鮮國人民罪科ヲ犯シ日本國人民ニ交渉スル事件ハ均シク朝鮮國官員ノ查辨ニ歸スヘシ尤雙方トモ各其國律ニ據リ裁判シ毫モ回護袒庇スルコトナク務メテ公平允當ノ裁判ヲ示スヘシ

第十一款　兩國既ニ通好ヲ經タレハ另ニ通商章程ヲ設立シ兩國商民ノ便利ヲ與フヘシ且現今議立セル各款中更ニ細目ヲ補添シテ以テ遵照ニ便ニスヘキ條件共自今六個月ヲ過スシテ兩國另ニ委員ヲ命シ朝鮮國京城又ハ江華府ニ會シテ商議定立セン

第十二款　右議定セル十一款ノ條約此日ヨリ兩國信守遵行ノ始トス兩國政府復之レヲ變革スルヲ得ス以テ永遠ニ及ホシ兩國ノ和親ヲ固フスヘシ之レカ爲ニ此約書二本ヲ作リ兩國委任ノ大臣各鈐印シ相互ニ交付シ以テ憑信ヲ昭ニスルモノナリ

大日本國紀元二千五百三十六年明治九年二月二十六日

大日本國特命全權辨理大臣

陸軍中將兼參議開拓長官

　黒田清隆　（印）

大日本國特命副全權辨理大臣議官

　井上馨　（印）

大朝鮮國開國四百八十五年丙子二月初二日

大朝鮮國大官判中樞府事

　申櫶　（印）

大朝鮮國副官都摠府副摠管

尹滋承　（印）

（外務省［二〇〇七］より、http://www004.upp.so-net.ne.jp/teikoku-denmo/html/history/kaisetsu/other/niccho_shukojoki.html）。

（3）壬午事変は、一八八二年七月二三日に、興宣大院君が当時の韓国の首都の漢城（Hanson、後のソウル）で起こした軍の大規模な反乱である。政権を担当していた閔妃（Minpi）一族の政府高官や、日本人軍事顧問、日本公使館員らが殺害された。大院君の乱とも言われている。

　宮中では政治の実権を巡って、第二六代朝鮮国王の高宗（Gojong）の実父である興宣大院君らと、高宗の妃である閔妃らとが、激しく対立していた。朝鮮軍の近代化を目指す改革派として閔妃一族は、開国させられて五年目の一八八一年五月、日本から、軍事顧問を招き、旧軍とは別に、新式の装備を持つ「別技軍」を組織した。それに対して、清に傾斜していた守旧派（事大党）の旧軍は、開化派の新軍との待遇が違うことに不満があった。給料支払いの遅延、俸給米の不正等々で、旧軍が反乱、攻撃の矛先が開化派や日本に向けられた。守旧派の筆頭が大院君であった。多くの日本人が殺害された。

　閔妃は、当時朝鮮に駐屯していた清国の袁世凱（Yuan Shikai）の陣に逃げ込んだ。大院君側は、高宗から政権を奪取したが、反乱鎮圧と日本公使護衛を名目に派遣された清国軍が反乱軍を鎮圧、大院君を軟禁、閔妃一族を政権に復帰させて事変を終息させた。大院君は清に連行され、天津に幽閉された。大院君の幽閉は三年間に及んだ。日本政府は、軍艦五隻、歩兵第一一連隊の一個歩兵大隊及び海軍陸戦隊を朝鮮に派遣した。日本側は、当初、巨済島（Geoje-do）か鬱陵島（Ulleung-do）かのいずれかの島の割譲を要求し、拒否されたが、朝鮮と「済物浦（Chemulpho）条約」を結び、日本軍の朝鮮駐留を認めさせた（JACAR（アジア歴史資料センター）Ref. A01100233700、申［二〇〇〇］、市川［一九七九］、参照）。

（4）便利さを期して、一八六四年から一九二三年までの六〇年間の各年の干支の一覧を記しておく。一八六四年（甲子）、六五年（乙丑）、六六年（丙寅）、六七年（丁卯）、六八年（戊辰）、六九年（己巳）、七〇年（庚午）、七一年（辛未）、七二年（壬申）、七三年（癸酉）、七四年（甲戌）、七五年（乙亥）、七六年（丙子）、七七年（丁丑）、七八年（戊寅）、七九年（己卯）、八〇年（庚辰）、八一年（辛巳）、八二年（壬午）、八三年（癸未）、八四年（甲申）、八五年（乙酉）、八六年（丙戌）、八七年（丁亥）、八八年（戊子）、八九年（己丑）、九〇年（庚寅）、九一年（辛卯）、九二年（壬辰）、九三年（癸巳）、九四年（甲午）、九五年（乙未）、九六年（丙申）、九七年（丁酉）、九八年（戊戌）、九九年（己亥）、一九〇〇年（庚子）、〇一年（辛丑）、〇二年（壬寅）、〇三年（癸卯）、〇四年（甲辰）、〇五年（乙巳）、〇六年（丙午）、〇七年（丁未）、〇八年（戊申）、〇九年（己酉）、一〇年（庚戌）、一一年（辛亥）、一二年（壬子）、一三年（癸丑）、一四年（甲寅）、一五年（乙卯）、一六年（丙辰）、一七年（丁巳）、一八年（戊午）、一九年（己未）、二〇年（庚申）、二一年（辛酉）、二二年（壬戌）、二三年（癸亥）。

（5）自動車、バイク、腕時計、置時計、音楽機器などの贅沢品に三三％の課税をしたもの。時の大蔵大臣（Chancellor of the

Exchequer）・レジナルド・マッケナ（Reginald McKenna）によって導入された（http://www.answers.com/topic/reginald-mckenna）。

（6）シフは、一八四七年、フランクフルト・アン・メイン（Frankfurt am Main）のユダヤ人家庭に生まれる。一家はラビ（rabbi）の家系であった。米南北戦争後の一八六五年にシフは米国に渡る。金融ブローカーとして生計を立てていた。一八七〇年米国籍取得。一八七三年に父の死で一時フランクフルトに帰郷していたが、七四年、アブラハム・クーン（Abraham Kuhn）の招きで、クーン・レーブ商会（Kuhn, Loeb & Company）に参加。一九七五年、同商会経営者のソロモン・レーブ（Solomon Loeb）の娘、テレサ・レーブ（Therese Loeb）と結婚。一八八五年、同商会代表となる。鉄道・電信施設・電機施設などの建設に積極的に融資し、同商会を大きく成長させた。義弟がポール・ウォーバーグ（Paul Warburg）。ウォーバーグがFRB（Federal Reserve Board）設立に参加したことにともない、彼が経営していたウェルズ・ファーゴ（Wells Fargo & Company）を一九一四年に引き継ぐ。世界のユダヤ人、とくにロシア在住のユダヤ人支援に積極的に関わっていた。日露戦争時に日本の軍事公債を購入したのも、ユダヤ人救出の意図があった。第一次世界大戦時には、ウッドロー・ウィルソン（Woodrow Wilson）大統領に早期の停戦を要請していた。ドイツに残してきた家族が心配だったからであると言われている。彼は、シオニズム（Zionism）には反対であった。民族としてでなく、ユダヤ教徒としての結束を重視していたからである。一九二〇年にニューヨークで死去（http://www.spartacus.schoolnet.co.uk/USAschiff.htm）。

（7）一九三一年、南満州鉄道が爆破される柳条湖事件（Liutiaohu Incident）が発生した。これを口実に関東軍は満州全土を軍事占領した。一九三二年、関東軍は清朝の最後の皇帝・愛新覚羅溥儀（Aixinjueluo Puyi）を執政として満州国を建国した。蒋介石（Chiang Kaishek）の中華民国はこの事件を国際連盟に提訴し、英国のリットン卿を中心とした多国籍のリットン調査団が組織された。リットン調査団は、満州国を列強の共同管理下に置くよう提案した。一九三三年三月の国際連盟総会にて、このリットン調査団による報告書が賛成四二、反対一（日本）、棄権一（タイ）で採択された。その場で松岡洋右（まつおか・ようすけ）は国際連盟脱退通告文を読み上げ、日本は国際連盟を脱退した。

調査団のメンバーは以下の五名であった。リットン卿（Victor Alexander George Robert Bulwar- Lytton, 2nd Earl of Lytton、英国人）、クローデル将軍（Henri Claudel、フランス人）、マッコイ将軍（Frank Ross McCoy、米国人）、アルドロバンディ伯爵（H. E. conte Aldrovandi、イタリア人）、ハインリヒ・シュネー博士（Heinrich Schne、ドイツ人）（http://hansard.millbanksystems.com/lords/1932/nov/02/manchuria-report-of-the-lytton-commission）。

（8）一九一五年、第一次世界大戦中、日本はドイツとの交戦を口実に、山東支配の確立と、従来の権益の拡大を求めて、中華民国の袁世凱政権に五号二一か条の要求を行なった。鉄道関係については、次のような内容であった。

①芝罘（Zhifu）または竜口（Lonkou）と膠州（Jiaozhou）湾から済南（Jinan）に至る膠済（Jiaoji）鉄道に連絡する鉄道の敷設権を日本に許すこと。

②満鉄・安奉（Anho）鉄道の権益期限を九九年に延長すること（旅順・大連は一九九七年まで、満鉄・安奉鉄道は二〇〇四年まで）。
③他国人に鉄道敷設権を与える時、鉄道敷設のために他国から資金援助を受ける時、また諸税を担保として借款を受ける時は、日本政府の同意を得ること。
④吉長（Jichang）鉄道の管理・経営を九九年間、日本に委任すること。
⑤武昌（Wuchang）と九江（Jiujiang）に連絡する鉄道、及び南昌（Nanchang）・杭州（Hangzhou）間、南昌・潮州（Chaozhou）間の鉄道敷設権を日本に与えること。
⑥福建（Fujian）省における鉄道・鉱山・港湾の設備（造船所を含む）に関して、外国資本を必要とする場合はまず日本と協議すること（http://drhnakai.hp.infoseek.co.jp/kyoukasyo/sub-taika.html）。

（9）「満蒙四鉄道協定」とは、一九一三年に日中両政府によって交わされた協定で、将来、満蒙の地で日中合弁で四つの鉄道を建設するという約束で、中国政府に日本興業銀行、台湾銀行、朝鮮銀行が借款を与えるというものである。四つの鉄道とは、①洮南（Taonan）より熱河（Rehe）に至る洮熱鉄道、②長春（Changchun）より洮満（Taoman）に達する長洮鉄道、③吉林（Jilin）より海竜（Hailong）を経て開原に至る吉開（Jikai）鉄道、④洮熱鉄道の一地点より海港に達する臨海鉄道である（http://www.lib.kobe-u.ac.jp/das/ContentViewServlet?METAID=00100617&TYPE=HTML_FILE&POS=1&LANG=JA）。

（10）「安徽派」は、袁世凱の北洋軍閥の分派の一つである。袁世凱の武将であった段祺瑞（Duan Chiruei）が率いる。名称の由来は、段祺瑞が安徽省の出身だからである。一九一六年六月に袁世凱が病死して以降、中央政界に位置して権力を保ったのが、日本の支持を得ていた段祺瑞の安徽派であった。一九一七年九月、孫文（Sun Wen）が広東軍政府を組織して中華民国からの独立を宣言すると、段祺瑞は、袁世凱死後の東北地方をまとめていた張作霖率いる奉天派（奉系）と連合して南征を強行、さらに一九一八年の新国会（安福国会）での多数派工作にも成功して、政権を掌握した。安徽派は日本からの借款を通じて国力の増進に努めたが、五・四運動などの反日感情の高まりとともに国内の支持率は低下して行った。これを好機として、反対派の直隷派が、一九二〇年七月、英米の支援を受けて、仇敵である奉天派と連合して安直戦争（直皖戦争）を起こす。安徽派は戦いに敗れ、政治の表舞台から去る。「日英同盟」はここでは無力であった。中国の反日運動に英国が梃子入れしたのである（http://ww1.m78.com/sinojapanesewar/anchoku.html）。

（11）第一次世界大戦に連合国として日本は参戦したが、人口の多い中国をも連合国側に立たせることが、日本軍部の戦略になった。しかし、当時の大隈重信内閣の基本政策は、中国については無関心であった。これに、後藤新平、西原亀三、山県有朋が反発し、倒閣運動を起こして倒閣に成功し、長州閥の寺内正毅を首相に推挙した。寺内は閣議に諮ることなく蔵相の勝田主計、西原亀三と組んで、秘密裏に北京政権安徽派の段祺瑞と結託することにし、西原借款と呼ばれる巨額の貸付を安徽派に与えた。日本側の窓口は大蔵省（勝田主計大臣・広瀬豊作次官・大内兵衛理財局員）と興銀（土方久徴）、台銀（桜井鉄太郎）、朝銀（美濃部俊吉）らであった。

この借款は失敗し、日本人関係者は一九二五年までに責任を取らされ、全員退職している。外務省と横浜正金銀行はこの借款に反対した。横浜正金はこの結果、満州と華北の政府出先との取引からの撤退を余儀なくされた。

内容は現金供与一億四五〇〇万円、武器供与三二〇〇万円、合計一億七七〇〇万円であった。日清戦争の賠償金が二億三〇〇〇万円であったことからすれば、これは、巨額な借款であった（http://ww1.m78.com/topix-2/nishihara.html）。

（12）一九〇九年の「間島協定」とは、この年の九月四日、清との間に締結された協約。もともと、間島地方（現在の中国延辺朝鮮族自治州と長白朝鮮族自治県）の問題は朝鮮と清の国境問題であったが、「第二次日韓協約」（韓国保護条約）によってこの問題は日清間の外交問題となった。結局、清での鉄道敷設権を日本が得るのと引き換えに、間島地方は清領と認めるという内容であった（http://www.jacar.go.jp/nichiro/incident.htm）。

二〇〇四年、高句麗問題が浮上し、韓国民を怒らせた。

高句麗は、紀元前三七年から紀元六六八年まで、現在の中国と北朝鮮の国境を流れる鴨緑江流域付近で栄えた国である。中国の隋や唐と戦争した後、唐と新羅の連合軍によって滅ぼされた。現在の中国・遼寧省桓仁県にいた一族であったが、建国後、二〇四年に吉林省集安（Jian）市へ移り、四二七年からは平壌に本拠を置いた。最盛期の好太王（391～412）の碑は、集安市にある。

韓国の報道によると、中国では二〇〇二年頃から、学会やメディアなどで高句麗を「中国の地方政権」などとする主張が出始めた。中国政府が公式的にこうした発言をしたことはないが、中韓間の摩擦になっていた。二〇〇四年二月、王毅（Wang Yi）外務次官が訪韓した際、高句麗問題を外交問題化せず、学術レベルで協議することで一致した。

しかし、中国外務省ホームページが韓国史を紹介した部分で、新羅、百済、高句麗の三国史記述から高句麗を削除したことが二〇〇四年七月に発覚。韓国政府が抗議し、復活を求めた。中国はこれを拒否し、八月初め、現代史以前の記述をすべて削除し、対立が本格化した（『毎日新聞』二〇〇四年八月一九日付、東京朝刊）。

この論争で、間島協定が取り上げられた。

韓国の『中央日報』（二〇〇四年八月八日付）は、「国会『間島協約の根本的無効』決議案を準備」という見出しで次のように伝えた。

「国会が中国による高句麗（Goguryeo）史歪曲への反撃を開始した。ウリ党の金元雄（Kim Wonwun）議員とハンナラ党の高鎮和（Ko Jinfa）議員ら八人の与野党議員は、一九〇九年の清日間で締結された間島協約の無効を主張する『間島協約の根本的無効確認に関する決議案』を準備し、同僚議員への署名作業に取りかかった。

彼らは決議案で『清日間の間島協約は、日帝が我が領土である間島を清国に譲渡する代わりに、満州での鉄道敷設権や石炭採掘権など、各種利権を手に入れたものだ』とし『一九〇五年に日帝が大韓帝国の外交権を剥奪した乙巳（Ulsa）条約が根本的に無効であるゆえ、間島協約も当然無効だ』と主張した。

乙巳条約無効の根拠には、国連国際法委員会の『条約法に関する空の協約』が『強制・脅迫によって締結された条約は無効』と明示している点にある。また、議員らは『中国の高句麗史歪曲には、我が国の領土である間島に対する領有権を固着化せんという意図が見え隠れする』とし『五二年に中日間で締結された平和条約によって、両国が四一年一二月九日以前に締結したあらゆる条約・協約・協定が無効になっている』と主張した。

間島協約の無効決議案は、今年（二〇〇四年）二月の国会会期中にも与野党議員一九人の署名で提出されたが、本会議の議題に上がることなく、廃棄されている」（金善河（Kim Sonha）記者）。

第四章

（1）榎本武揚は、備後安芸郡箱田村（現・福山市神辺町箱田）出身。一八三六年一〇月三日生まれ、一九〇八年一〇月二六日没。昌平坂学問所で儒学を、ジョン万次郎の私塾で英語を、幕府が新設した長崎海軍伝習所入所で蘭学も学ぶ。航海術・舎密学（化学）も修めた。一八六二～六七年、オランダに留学。普墺戦争を観戦武官として経験。幕府が発注した軍艦「開陽」で帰国。大政奉還後の一八六八年一月、幕府海軍副総裁に任じられ、新政府への徹底抗戦を主張。江戸城無血開城後、開陽を含む軍艦八艦で江戸を脱出。箱館の五稜郭に立て籠もるが新政府軍に敗北。榎本の才能を惜しむ蝦夷征討軍海陸軍参謀・黒田了介（黒田清隆、くろだ・きよたか）が助命運動。一八七二年一月、特赦。蝦夷開拓使として黒田の配下として新政府に仕官。一八七四年一月、駐露特命全権公使となり、樺太・千島交換条約を締結。帰国後、要職を歴任し、一八九七年に農相として足尾銅山に関する第一回鉱毒調査会を組織し、政府として初めて解決に道筋をつけた（http://www.ndl.go.jp/portrait/datas/28.html）。

（2）寺内宗則は、薩摩出水脇本村槝之浦（かしのうら）（現・阿久根市脇本槝之浦）出身。一八三二年六月二一日生まれ、一八九三年六月六日没。一八六一年、幕府の第一次遣欧使節（文久遣欧使節）の通訳兼医師として参加、一八六三年薩英戦争で五代友厚と共に捕虜になる。一八六五年薩摩藩遣英使節団に参加、新政府で外交官、一八七三年、参議兼外務卿、一八七九年条約改正交渉に臨む、米国の賛成を得たが英国の反対に遭い挫折、外務卿辞任（http://www.ndl.go.jp/jp/data/kensei_shiryo/kensei/terashimamunenori.html）。

（3）一九〇五年時点の正式の外務大臣は、小村寿太郎（一八五五～一九一一年）であったが、日本全権としてポーツマス（Portsmouth）会議に出席するために日本を不在にしていた。その間、首相の桂が外務大臣を兼務していたのである。

小村は、ポーツマス条約を調印後、米国の鉄道王・ハリマン（Edward Henry Harriman）による満州における鉄道の共同経営の提案（桂・ハリマン協定、一九〇五年）を首相や元老の反対を押し切って拒否した。一九〇八年成立の第二次桂内閣の外務大臣に再任。幕末以来の不平等条約を解消するための条約改正の交渉に従事。一九一一年、「日米通商航海条約」に調印し関税自主権を獲得した。

（4）「桂・タフト覚書」の日本側原本は消失している。そのため、外交史料館で編纂している『日本外交文書』第三八巻第一冊（明治三八年）は、米国の外交文書から同覚書を引用している（http://www.mofa.go.jp/mofaj/annai/honsho/shiryo/qa/meiji_05.html）。

（5）一八〇〇年代前半、米、英、スペイン、ドイツ、オランダがニカラグア、フランスがパナマを運河建設の予定地として、それぞれ調査・計画を進めていた。一八四八年に米国がメキシコから奪ったカリフォルニアでゴールドラッシュが起きた。東海岸から西海岸のカリフォルニアへの移動は、船でパナマまで行き、五一キロメートルの陸路を通過し、また船で太平洋を北上して着くというコースが選ばれた。そこで、米国の郵船会社が、パナマに鉄道を一八五五年に五年で完成させた。この鉄道は、米国が自国民の安全を確保するためという大義を掲げて、軍隊を派遣できる口実となった。

同時期にフランスのフェルディナンド・レセップス（Ferdinand Marie Vicomte de Lesseps, 1805～94）が、一八八〇年、エッフェル塔建設で有名になったギュスターブ・エッフェル（Alexandre Gustave Eiffel, 1832～1923）と組んでパナマ運河建設に乗り出したが失敗。

その工事は、米国に継承された。米国は、ニカラグアの工事を取り止め、パナマ一本に絞ることになった。米国はパナマをコロンビアから独立させようとした。独立運動の担い手が革命委員会で、その中心人物が、当時パナマ鉄道に務めていたパナマ出身のマヌエル・アマドール（Manuel Amador）、そして彼を直接焚きつけた人物こそ、元レセップスの下で働いていたバリーヤであった。米国務長官ヘイと、バリーヤとの密室内での運河協定はパナマの主権を完全に踏みにじるものであり、パナマは表面的には独立を承認されたが、実質的には米国の属国となってしまった（http://www.rui.jp/ruinet.html?i=200&c=400&m=208137）。

（6）日本贔屓であったセオドアは、米国人初の柔道茶帯取得者。山下義韶（やました・よしつぐ）から週三回の柔道の練習を受け、山下を海軍兵学校の柔道教師に推薦した。東郷平八郎（とうごう・へいはちろう）が読み上げた聯合艦隊解散之辞に感銘を受け、その英訳文を軍の将兵に配布した。ただし、日露戦争後に次第に東アジアで台頭する日本に対して警戒心を強くし、日本に冷淡になって行った。日露戦争後は艦隊（Great White Fleet）を日本に寄港させて日本を牽制した（http://sanjuro.cocolog-nifty.com/blog/2009/10/post-6168.html）。

金子堅太郎（一八五三～一九四二年）は、藩学・修猷館（しゅうゆうかん）を出た後、黒田長溥（くろだ・ながひろ）公の援助で団琢磨（だん・たくま）と共に米国ハーバード大学に入学（一八七六年）。帰朝後は伊藤博文を助け、大日本帝国憲法の制定に大きく貢献した。

金子堅太郎は司法の分野だけでなく、外交官としても卓越した力を発揮した。日露戦争の開戦当初、金子は厳正中立の立場にあった米国を友好的中立国とし、戦争講和の調停役を引き受けさせる、という政府の密命を受けて渡米した。当時の米大統領・セオドア・ローズベルトとはとくに親しかった（http://shuyu.fku.ed.jp/syoukai/rekishi/kaneko.htm）。

（7）明石元二郎（あかし・もとじろう、一八六四～一九一九年）は、藩校修猷館を経て陸軍士官学校、陸軍大学卒。一九〇一年、フランス公使館付陸軍武官。一九〇二年、ロシア公使館付陸軍武官に転任、英国スパイと交遊。日露戦争時には、陸軍大佐。山県有朋の命令により、参謀本部から当時の金額で一〇〇万円（現在価値で四〇〇億円強、当時の国家予算は二億三〇〇〇万円ほどであった）を工作資金として支給され、ロシア革命支援工作を画策した。ヨーロッパ全土の反ロシア帝政組織に資金をばら撒き、その工作の内容は、手記『落花流水』（非売品、国会図書館蔵）にまとめられている。ジュネーブにいたレーニン（Vladimir Il'itch Lenin, 1870～1924）をロシアに送り込んだ。血の日曜日事件、戦艦ポチョムキン（Potemkin）の叛乱等に関与したとされている。レーニンは明石に感謝していたという。

一九一〇年、寺内正毅韓国統監の下で憲兵司令官と警務総長を兼務し、韓国併合の過程で武断政治を推し進めた。一九一五年、第六師団長を経て、一九一八年、第七代台湾総督に就任し、陸軍大将。在任中は、台湾電力を設立し、水力発電事業を推進、鉄道海岸線を建設、日本人と台湾人が均等に教育を受けられるよう法を改正、これにより台湾人にも帝国大学への道が開かれた。華南銀行（Huanan Yinhang）を設立。台湾の地（台北）で埋葬されている唯一の台湾総督（http://akashi-motojiro.co.tv/）。

（8）例えば、『ニューヨーク・タイムズ』（*New York Times*）が、事件を執拗に報道していた。“American Missionary is Arrested in Korea”（April 11, 1919）、“Japanese Arrest Americans in Korea”（April 14, 1919）、“Asks Sentence of Mowry”（April 20, 1919）、“Admits Aiding Koreans”（April 21, 1919）、“Mowry is Sentenced”（April 22, 1919）、“Mowry Sentence Appeal”（May 19, 1919）、“Mowry Trial End”（August 25, 1919）、“New Trial For Rev. Mowry”（August 29, 1919）、“Jail or Fine for Mowry”（December 8, 1919）。内容は反日感情に満ちたものであった。

第五章

（1）「日英同盟」本文［外務省発表原文］

［前文］

日本国政府及大不列顛国政府ハ偏ニ極東ニ於テ現状及全局ノ平和ヲ維持スルコトヲ希望シ且ツ清帝国及韓帝国ノ独立ト領土保全トヲ維持スルコト及該二国ニ於テ各国ノ商工業ヲシテ均等ノ機会ヲ得セシムルコトニ関シ特ニ利益関係ヲ有スルヲ以テ茲ニ左ノ如ク約定セリ

［第一条］

両締約国ハ相互ニ清国及韓国ノ独立ヲ承認シタルヲ以テ該二国孰レニ於テモ全然侵略的趨向ニ制セラルルコトナキヲ声明ス　然レトモ両締約国ノ特別ナル利益ニ鑑ミ即チ其利益タル大不列顛国ニ取リテハ主トシテ清国ニ関シ又日本国ニ取リテハ其清国ニ於テ有スル利益ニ加フルニ韓国ニ於テ政治上並ニ商業上及工業上格段ニ利益ヲ有スルヲ以テ両締約国ハ若シ右等利益ニシテ列国ノ侵略的行動ニ因リ若クハ清国又ハ韓国ニ於テ両締約国孰レカ其臣民ノ生命及財産ヲ保護スル為メ干渉ヲ要スヘキ騒動ノ発生ニ因リテ侵

迫セラレタル場合ニハ両締約国孰レモ該利益ヲ擁護スル為メ必要欠クヘカラサル措置ヲ執リ得ヘキコトヲ承認ス

〔第二条〕

若シ日本国又ハ大不列顛国ノ一方カ上記各自ノ利益ヲ防護スル上ニ於テ列国ト戦端ヲ開クニ至リタル時ハ他ノ一方ノ締約国ハ厳正中立ヲ守リ併セテ其同盟国ニ対シテ他国カ交戦ニ加ハルヲ妨クルコトニ努ムヘシ

〔第三条〕

上記ノ場合ニ於テ若シ他ノ一国又ハ数国カ該同盟国ニ対シテ交戦ニ加ハル時ハ他ノ締約国ハ来リテ援助ヲ与ヘ、協同戦闘ニ当ルヘシ講和モ亦該同盟国ト相互合意ノ上ニ於テ之ヲ為スヘシ

〔第四条〕

両締約国ハ孰レモ他ノ一方ト協議ヲ経スシテ他国ト上記ノ利益ヲ害スヘキ別約ヲ為ササルヘキコトヲ約定ス

〔第五条〕

日本国若クハ大不列顛国ニ於テ上記ノ利益カ危殆ニ迫レリト認ムル時ハ両国政府ハ相互ニ充分ニ且ツ隔意ナク通告スヘシ

〔第六条〕

本協約ハ調印ノ日ヨリ直ニ実施シ該期日ヨリ五箇年間効力ヲ有スルモノトス　若シ右五箇年ノ終了ニ至ル十二箇月前ニ締約国ノ孰レヨリモ本協約ヲ廃止スルノ意思ヲ通告セサル時ハ本協約ハ締結国ノ一方カ廃棄ノ意思ヲ表示シタル当日ヨリ一箇年ノ終了ニ至ル迄ハ引続キ効力ヲ有スルモノトス　然レトモ右終了期日ニ至リ一方カ現ニ交戦中ナルトキハ本同盟ハ講和結了ニ至ル迄当然継続スルモノトス

以下は、英文

Article 1. The High Contracting parties, having mutually recognized the independence of China and Korea, declare themselves to be entirely uninfluenced by aggressive tendencies in either country, having in view, however, their special interests, of which those of Great Britain relate principally to China, whilst Japan, in addition to the interests which she possesses in China, is interested in a peculiar degree, politically as well as commercially and industrially in Korea, the High Contracting parties recognize that it will be admissible for either of them to take such measures as may be indispensable in order to safeguard those interests if threatened either by the aggressive action of any other Power, or by disturbances arising in China or Korea, and necessitating the intervention of either of the High Contracting parties for the protection of the lives and properties of its subjects.

Article 2. Declaration of neutrality if either signatory becomes involved in war through Article 1.

Article 3. Promise of support if either signatory becomes involved in war with more than one Power.

Article 4. Signatories promise not to enter into separate agreements with other Powers to the prejudice of this alliance.

Article 5. The signatories promise to communicate frankly and fully with each other when any of the interests affected by this treaty are in jeopardy.

Article 6. Treaty to remain in force for five years and then at one years' notice, unless notice was given at the end of the fourth year.

この条文について、吉田茂が興味あるコメントを出している。

「この条約のエッセンスは第一条にある。日英両国ともここに最大の力点をおいて交渉した。条文のうち『列国ノ侵略的行動ニ因リ』というのが第一のポイントである。

つまり、中国または韓国に(両方とも香港や日本本土への侵略を念頭においていないことに注意)列国(ヨーロッパ五大国をさし具体的にはロシアであり副次的にフランス)が、先制攻撃をして以降、防衛義務が生じる。

日本語(外務省)訳は訳しすぎると思われるが、いかがだろうか?

そして、この条約締結公表の一年三カ月後、ロシアは韓国領内龍岩浦に砲台を建設したのである。これは当時のあらゆる角度からみてロシアの韓国への侵略であり、この条約の第一条に該当する。

フランスは直ちにロシアに注意を喚起し、砲台の建設自体は中途半端なものとして終わった。そして、この事件は『鴨緑江事件』として直ちにヨーロッパで問題となった。ニコライ二世がこの条約を知りながらなぜ、龍岩浦事件を引き起こしたのか謎とされるところである。

第二のポイントは中国と韓国における暴動について規定していることである。すなわち、イギリスにとって、この条約の最大の眼目は揚子江流域に居住するイギリス人の保護のため、日本兵を期待することにあった」(http://www.m78.com/sib/anglojapanesetreaty.html)。

(2) 憲政本党は、一八九八年に進歩党と分かれてできたものである。この年、進歩党は憲政党と憲政本党に分裂したのであるが、当時の新聞は、憲政本党を旧名の「進歩党」と呼ぶのが習慣であった(片山[二〇〇三]、注(9)、七六六ページ)。

(3) 政友会は、一九〇〇年九月一五日、藩閥政治に反発し、政党政治の必要性を感じた伊藤博文が自らの与党として組織した政党である。伊藤自身が初代総裁となり、星亨、松田正久、尾崎行雄、伊東巳代治、西園寺公望、金子堅太郎、片岡健吉らが中心となった。帝国ホテルに事務所を設置した。一九〇〇年一〇月一九日、政友会を中心に第四次伊藤内閣が成立。しかし、北清事変対応のための増税案が貴族院で否決され、一九〇一年六月二日、伊藤内閣は総辞職した。その後、陸軍大将の桂太郎が第一一代内閣総理大臣に任命され、一九〇一年六月二日から一九〇六年一月七日までその内閣は続いた(http://www.geocities.jp/since7903/Meizi-naikaku/10-Itou-vol4.htm)。

当初、井上馨に大命が下されたが、期待していた渋沢栄一（しぶさわ・えいいち）の大蔵大臣就任が実現せず、同じく立憲政友会も混乱状態にあったため、井上は組閣辞退を表明した。元勲世代からの総理大臣擁立は困難と考えた元老によって、新たに推されたのが桂であった。桂内閣は、山県有朋系官僚を中心とした内閣であり、議会における与党は帝国党のみであった。伊藤博文の立憲政友会と大隈重信の憲政本党は野党に回った（http://www.geocities.jp/since7903/Meizi-naikaku/11-Katsura-vol1.htm）。

（4）「露西亜全国皇帝陛下、及び清国皇帝陛下は、一九〇〇年、中国に於いて発生したる騒擾の為め、破られたる善隣の関係を回復し、且つ強固にするための目的を以て、満州に関する諸問題に対し、協定を遂ぐる為め、互にポール、レッサル並に慶親王、及び王文韶を全権委員に任命せり。右全権は左の諸条を協議決定せり。

第一条　全ロシア皇帝陛下は、清国皇帝陛下に対し、其の友情の感念及び平和を愛することを、新に表彰せんと欲し、前に満州境界の各地に於て、清国が露西亜臣民に向かいて、先づ攻撃を加えたる事実は不問に付し、依然満州を清国の一部として、同域内に於ける、清国政府の権威を回復することを承諾し、且つ露西亜軍隊占領以前の如く、統治及び行政の権を、清国政府に還付す。

第二条　清国政府は、満州の統治、及び行政権を回復するに当り、一八九六年八月二十七日、露清銀行と締結せる契約の条項を、該契約の他条項と同様確守するの責を受け、又該契約第五条に準拠し、極力鉄道及び該職員を保護するの義務に任じ、且つ均しく責任を以て、満州在留の露西亜国民、及びその創設せる事業の安全を擁護することを承諾す。清国政府にて既に上記の義務を負担せる以上、露国政府は事変の生起することなく、又或は他国の行動の為に妨害せられざる限りは、左の順序に従い、満州より其軍隊の全部を逓次撤退することを承諾す。

一、本条約調印後六箇月以内に、盛京省の西南部遼河に至る地方に駐屯せる露西亜軍隊を撤退して、鉄道を清国に還付す。

二、次の六箇月以内に盛京省の残兵、及び吉林省に駐屯せる、露西亜軍隊を撤退す。

三、次の六箇月以内に、黒竜江省に駐屯せる、露西亜軍隊の残部を撤退す。

第三条　露西亜国政府、及び清国政府は、一九〇〇年に露西亜国境上に於て、清国兵の起したる如き、変乱の再発を将来に排除するの必要を鑑がみ、露西亜国兵撤退以前は、露西亜軍務官、及び各将軍に命じ、満州駐屯の清国の兵数、及び駐屯地を協定せしめ、又清国政府は、露国軍務官と各省将軍との間に協定したる、兵数以外の軍隊を組織せざることを約するも、その兵数は匪徒を鎮圧して地方の平和を維持するに足るを要す。

全然露西亜国軍隊撤退後は、清国は満州駐屯軍隊を増減するの権を有す。尤も其の増減は、随時露西亜国政府に通知を要す。其は清国にては各地方に多数の兵を備うとせば、露西亜国も亦た其の附近に於ける各地に、相当の軍隊を添加せざるべからず。従って両国は空しく軍費増加の不利益を見る事、自ら瞭然たればなり。

東清鉄道会社に給付したる各地域を除き、上記地方の警察、及び秩序維持の為め、地方将軍及び露国軍務官は、清国臣民より成る騎歩の憲兵隊を組織すべし。

第四条　露西亜国政府は、一九〇〇年九月下旬以来、露西亜国軍隊が占領保護したる山海関、営口、新民庁の各鉄道を清国政府に還付することを承諾するが為め、清国政府は左の条項を約す。

一、上記鉄道線路の安全を確保するの必要ある時は、清国政府自ら其責に任ずべく、決して他国に該鉄道防守、経営及び敷設を受負わしめ、或は分担せしむることある可からず。且つ他国に露西亜国が還付せし所の各地点を占領することを許す可からず。

二、上記鉄道の完成及び経営に関する各節は、総て一八九九年四月十六日付け、露西亜大不列顛間協約と、一八九八年九月二十八日、上記鉄道敷設借款に関し、一私立会社と締結したる契約に準拠し、該会社負担の義務を守る可し。即ち殊に山海関、営口、新民庁鉄道の占有、又は何等の方法にても、之を処分せざるの義務を守らしむ可し。

三、将来、満州南部に該鉄道を延長し、支線を敷設し、或は営口に橋梁を架設し、又は現に山海関に在る楡営鉄道の終点を移すの計画ある時は、露西亜国及び清国、両政府間に協議を経たる後、之を為す可し。

四、還付に係る山海関、営口、新民庁各鉄道の修繕、及び経営に関する露西亜国の失費は、償金総額以外なるを以て、清国政府は更に之を露西亜国に償還す。右償還の金額は、両国政府にて協定すべし。

露西亜国及び清国間に於ける、在来の諸契約にして、本条約に依り変更せられざるものは依然有効たる可し」（徳富編［一九一七］より）。

この条約は露清間の密約であり、ロシアは二国間の問題だとして、他国に知られることを嫌った。本文は清国民には伝わらず、日本において残存した。

ロシアは北清事変の後始末のため、満州におけるロシア軍の撤退を約束したものであるが、清国がロシアにたいして交渉力を持ち得たとは考えられない。同時代の日本人は、この条約は日英同盟締結がロシアをして譲歩せしめたと考えた。しかし日英同盟締結からは日が開きすぎている。ロシア譲歩の理由は、フランスとの露仏同盟のアジアへの延長宣言であろう。フランスは共同宣言への見返りとしてロシアに撤兵宣言を強要したのだろう。ロシアは、清国はどうにでもなる国と思っていたので、あまり重要でない条約、すなわちいつでも破棄できるものとして調印に応じたものと思われる（http://www.m78.com/russojapanese%20war/manchuria%20evacuation.html）。

（5）古代中国で、王朝が交替するときの二つの方法が対比された。「禅譲」と「放伐」である。「禅譲」は、君主が徳の高い人物に帝位を譲ることであり、「放伐」は悪逆で帝位にふさわしくない君主を有徳の人物が討伐することである（三省堂『新明解四字熟語辞典』、出典、『孟子』「梁恵王」（下））。

中国の漢時代（紀元前二〇六～紀元後二二三年）に書かれた本格的歴史書である司馬遷（BC. 145～BC. 90?）の『史記』（紀元前九一年？）

によれば、伝承ではあるが、古代中国には、三皇五帝の時代があったとされる。三皇とは、伏羲（ふくぎ、狩猟を始めた）・神農（しんのう、農耕を始めた）・燧人（すいじん、火食を始めた）の三神（または、天皇、人皇、地皇）、五帝とは、黄帝（こうてい）、顓頊（せんぎょく）、帝嚳（ていこく）、堯（ぎょう）、舜帝（しゅんてい）である。とくに、尭舜（ぎょうしゅん）時代は、治水事業が進み、天子も平和的に継承され（禅譲という）、孟子など儒家によって理想的な時代とされた。舜から禅譲を受けたのが夏王朝の始祖とされる禹（う、紀元前二〇七〇年頃）である。

夏王朝は、紀元前一六〇〇年頃まで続いたとされる。そして、殷王朝（紀元前一七世紀頃～紀元前一〇四六年頃）、周王朝（紀元前一〇四六年頃～紀元前二五六年）と続く（http://oisoharu.way-nifty.com/blog/2010/11/post-d0bb.html など）。

第六章

（1）「以小事大」は、次の文章に見られる。

「齊宣王問曰、交鄰國有道乎、孟子對曰、有、惟仁者爲能以大事小、是故湯事葛、文王事混夷、惟知者爲能以小事大、故大王事獯鬻、勾踐事呉、以大事小者、樂天者也、以小事大者、畏天者也、樂天者保天下、畏天者保其國、詩云、畏天之威、于時保之、王曰、大哉言矣、寡人有疾、寡人好勇、對曰、王請無好小勇、夫撫劍疾視曰、彼惡敢當吾哉、此匹夫之勇、敵一人者也、王請大之、詩云、王赫斯怒、爰整其旅、以遏徂莒、以篤周祜、以對于天下、此文王之勇也、文王一怒而安天下之民、書曰、天降下民、作之君、作之師、惟曰其助上帝寵之、四方有罪無罪惟我在、天下曷敢有越厥志、一人衡行於天下、武王恥之、此武王之勇也、而武王亦一怒而安天下之民、今王亦一怒而安天下之民、民惟恐王之不好勇也」。

要約的に訳する。

斉の宣王が孟子に質問した。隣国と交際する正しい道はどのようなものでしょう。孟子は答えた。大国の仁の王は小国を大事にします。大国の殷の湯王が小国の葛伯に仕えたこととか、同じく大国（周）の文王が小国の混夷に仕えたことがあります。逆のこともあります。小国の智の王は、大国と上手に交際できます。弱かった周の大王は、強かった国の王に仕え、同じく弱国の越王・勾践が呉に仕えた例があります。大国なのに小国に仕えることができるのは、天を楽しむ王です。一方、小国で大国に仕えることができるのは、天を畏れる王です。天を楽しむ王は、勇気を持ち続けることができます。一方、天を畏れる王は、国を保ち続けることができます。剣を握って相手を威嚇するのは、匹夫の勇でしかありません（http://suzumoto.s217.xrea.com/website/mencius/mencius02-03.html）。

（2）海印寺（Haeinsa）は、統一新羅時代の八〇二年に建立された名刹。伽揶山（Gayasan）南側の深山の中に位置する。「海印」とは、「波の動きもない海に、万物の形象がそのまま映るように、煩悩が消えた心には万物の真理もそのまま現れる」という意味の華厳経の海印三昧にちなむ。釈迦の正しい悟りの世界と、何も汚れてない清浄無垢な心を表す意味である。「法宝寺刹」とも呼ばれるのは、釈迦の教えのすべてをまとめた経典を保管する寺だからである（http://www.tabjiin.com/temple_haeinsa.html）。

この経典とは、高麗大蔵経のことである。大蔵経は、高麗時代に刊行された。三種類あって、初彫大蔵経は一〇一一年頃、続蔵経は一一〇〇年頃、数年にわたって彫られた大事業であった。この大きな文化遺産も、蒙古襲撃や国内動乱によって、燃やされてしまった。その後、高麗王朝の再建を願って、一二三六年から一二五一年まで、じつに一六年をかけて再彫大蔵経が彫られた。これが高麗大蔵経と呼ばれているものである。李朝時代の一三九八年には、日本の足利義満がこの大蔵経を所望したが断られた。その後、日本側は一五、六回にわたって入手を懇願したが断られ続け、やっと一四五九年に入手できた。これは、京都の建仁寺に保存されている。海印寺に保存されている高麗大蔵経は、板数が八万枚あることから八万大蔵経とも言われている。この大蔵経を収納している海印寺大蔵経板殿は、一九九五年世界文化遺産に登録された（鎌田［一九八七］、六四、一六八、二七〇ページ）。

梵魚寺（Beomosa）も、新羅時代の六七八年に創建された名刹である。金色の魚が五色雲に乗って寺の山頂に降りてきたという逸話による。寺には、「曹渓門」と書かれた扁額と、その左右には「金井山梵魚寺」と「禅刹大本山」といった扁額がある。創建時には、教宗寺であったが、一九〇〇年頃、禅宗寺になった。当時の禅仏教を主唱した僧侶たちが禅仏教の運動を通して思想的・信仰的に疲弊された仏教界の再興を目指したのである。禅仏教の運動は当時封建秩序の打破と近代社会を志向する時代的状況と結び付けられ、抗日運動へとつながった。この寺を日本の東本願寺が末寺にしてしまったのである。韓国の独立以後は、梵魚寺から輩出された禅知識などが日本仏教の残存物を清算し、韓国仏教の伝統と正統を立てるため、浄化運動を導く主役となった（http://jp.koreatemple.net/travel/view_temple.asp?temple_id=17）。

（3）当時、使われた「開教」という言葉は、まったく新しい地に布教するという意味を持っていた。布教とは、日本人に仏の教えを説くという意味を持っていたから、それと区別するためである（菱木［一九九三］、一五七〜五八ページ）。

（4）誘掖とは力を貸して導くこと（http://kotobank.jp/word/%E8%AA%98%E6%8E%96）。

（5）彰如は法名（戒名）。本名は大谷光演（おおたに・こうえん、一八七五〜一九四三年）。妻は、三条実美の三女・章子（ふみこ）。正岡子規の影響を受けたが、後に『ホトトギス』から離脱。生涯に多くの俳句（約二万句）を残し、文化人としての才能を発揮、日本俳壇界に独自の境地を開いた。「句仏上人」（「句を以って仏徳を讃嘆す」の意）として親しまれる。句誌『懸葵（かけあおい）』を主宰した。句集に「夢の跡」、「我は我」などがある。一九〇六年に北海女学校を開校。一九〇八年、退隠した父・光瑩（こうえい）より第二三代法主を継承し、真宗大谷派管長となる。一九二五年、朝鮮半島における鉱山事業の失敗から、東本願寺の財政を混乱させて、引責・退隠し、長男の光暢（こうちょう、法名、闡如（せんにょ）に法主を譲る（彰如『自然のままに』真宗大谷派宗務所出版部、一九九二年より。また、http://episode.kingendaikeizu.net/41.htm）。

（6）寺刹とは寺院のこと。寺刹令（制令第七号）は、一九一一年六月公布、九月施行。

第一条　寺刹を併合、移転又は廃止せむとするときは朝鮮総督の許可を受くべし其の基址又は名称を変更せむとするときは亦同じ。

第二条　寺刹の基址及伽藍は地方長官の許可を受くるに非ざれば伝法、布教、法要執行及僧尼止住の目的以外に之を使用し又は使用せしむることを得ず。

第三条　寺刹の本末関係、僧規、法式其の他必要なる寺法は各本寺に於いて之を定め朝鮮総督の許可を受くべし。

第四条　寺刹には住持を置くことを要す。住持は其の寺刹に属する一切の財産を管理し寺務及法要執行の責に任じ寺刹を代表す。

第五条　寺刹に属する土地、森林、建物、仏像、石物、古文書、古書画其の他の貴重品は朝鮮総督の許可を受くるに非ざれば之を処分することを得ず。

第六条　前条の規定に違反したる者は二年以下の懲役又は五百円以下の罰金に処す。

第七条　本令に規定するものの外寺刹に関し必要なる事項は朝鮮総督之を定む（朝鮮総督府［一九一一］、二二〜二三ページ）。

現在では、使われていない言葉の意味を説明する。第一条の「基址（きし）」とは、建物の基礎に当たる土地のこと。第二条の「伝法（でんぽう）」とは、師が弟子に仏の教えを授け伝えること。「止住（しじゅう）」とは居住のこと。第三条の「僧規（そうき）」とは、僧侶に課せられた掟。「法式」とは儀式の作法や決まり。第四条の「住持（じゅうじ）」とは住職のこと。

（7）二〇一〇年七月二二日、親日反民族行為者財産調査委員会が公開した白書「清算されなかった歴史、親日財産」によると、一九二五年前後の李完用は「京城（現ソウル）最大の現金富豪」と呼ばれ、少なくとも三〇〇万ウォン（現在の貨幣価値に換算すると六〇〇億ウォン相当、日本円に換算すると約四三億円相当）以上を保有していたことが調査により分かったという（http://news.searchina.ne.jp/disp.cgi?y=2010&d=0723&f=national_0723_077.shtml）。

しかし、二〇一〇年一一月一五日の韓国のテレビKBSは、次のように報道した。

二〇一〇年七月に活動を終えた親日反民族行為者財産調査委員会が、国家帰属措置にした親日反民族行為者の財産について、日本の最高裁判所に当たる大法院は、国家帰属措置を取り消す判決を確定した。対象となった財産は、朝鮮王朝時代の王族だった李海昇（I Hesung）が日本の植民地支配に協力して蓄財したもので、時価三〇〇億ウォン相当の土地である。大法院は、李海昇の子孫が該当土地の国家帰属措置の取り消しを求めた訴訟で、国家帰属措置を取り消す判決を確定した。

こうした裁判は、二〇〇五年一二月二九日に制定された「親日反民族行為者の財産国家帰属に関する特別法」に基づく。それは、親日反民族行為者の財産を国家に帰属するよう定めたものである。

この特別法に基づいて二〇〇六年に親日反民族行為者の財産調査委員会が発足し、調査を進めた結果、李完用、宋秉畯（Song Byungjoon）など、親日反民族行為者一六八人の子孫が所有する土地一三〇〇万平方メートルを国家に帰属させる措置が取られていた。

王族の李海昇は、韓国併合直後の一九一〇年一〇月に日本から公爵の爵位を受け、日本が敗北するまで積極的に日本の植民地支配に協力し、その過程で多くの財産を蓄財したと告発されていた。財産調査委員会は二〇〇七年一一月、李海昇を親日反民族行為者と規定し、李海昇が一九一〇年九月から一九三二年三月まで日本の植民地支配に協力して蓄財したソウルと京畿道一帯の土地、時価三〇〇億ウォン相当を国家に帰属させる措置を取った。

李海昇の子孫はこの措置を不服とし、措置を取り消すよう求める訴訟を起こした。調査委員会の報告では、李海昇は、「韓国併合直後、併合に積極的に協力した功労が認められ、日本から公爵の爵位を受けた。一九一七年には李完用が設立した親日団体の仏教擁護会の顧問を務め、一九四一年には朝鮮臨戦報国団の設立に発起人として参加し、一九四二年には朝鮮貴族会の会長として朝鮮総督府に戦争資金を提供するなど、反民族行為を続けた」とされている。そして、李海昇は、「併合に協力したからこそ爵位を受けたという点に罪がある」というのが提訴理由であった。

一審判決は、李海昇は一九一二年に「日本に協力した功績がある」という理由で朝鮮総督府から韓国併合記念勲章が授与されたが、これは単に王族だったという理由だけでなく、日本に協力したという理由で爵位を受けたことを裏付けるもので、財産の国家帰属は正当だとして原告の主張を支持した。

これに対して、二審判決は、李海昇は当時、韓国併合と関係がある官職に就いていなかったし、王族の多くが爵位を受けたことを考慮すると、爵位を受けたという理由だけで韓国併合の過程で日本に協力したと断定することはできない。よって財産の国家帰属措置を取り消すとの判決を出した。大法院でこれが確定したのである（http://world.kbs.co.kr/japanese/news/news_newissue_detail.htm?No=2226）。

（8）「布教規則」の第一条には、「本令ニ於テ宗教と称スルハ神道、仏道及基督教ヲ謂フ」とある。川瀬貴也は、「興味深いことに、明治以降の全法令で「基督教」という用語を使ったのはこの条文が最初なのである」（http://homepage1.nifty.com/tkawase/osigoto/shisoushi01.htm）と指摘している。実際、日本国内ではキリスト教を取り締まる法律は一九一五年時点ではなかった。一九三九年の「第二次宗教団体法」でやっとキリスト教を取り締まり対象に日本政府はできたのである。外国人宣教師は反権力者であるとの朝鮮総督府の嫌悪の強さが、この法律作成を急がせたのであろう（柏原［一九七五］、八四一ページ）。

（9）李東仁は、金玉均の要請によって渡日し、東本願寺と浅草別院に長期滞在し、福沢諭吉やアーネスト・サトウ（Ernest Mason Satow）たちとの交流を深めた。しかし、一八八一年三月頃に消息を絶った。暗殺されたらしい（柏原編［一九七五］、四六四ページ）。

劉大致は、開化派の思想的指導者であった。資金集めにも活躍した。甲申政変の失敗後、逃走していたが彼も消息を絶った。暗殺されたらしいが、暗殺の正確な日時は不明である（柏原編［一九七五］、四七六ページ）。

第七章

(1)「不受不施」(ふじゅ・ふせ)の「不受」とは、謗法(ぼうほう。注・仏法をそしり、真理をないがしろにすること)の供養(くよう。注・仏、菩薩、諸天などに香・華・燈明・飲食などの供物を真心から捧げること)を受けないということである。「不施」とは、謗法の人のために祈念・読経・唱題をしないということである。

日蓮宗不受不施派とは、京都妙覚寺一九世仏性院・日奥(にちおう)を派祖とする日蓮宗の一つのことである。日奥は、一五六五年、京都に生まれ、二八歳の時、妙覚寺一九世を譲り承けた。一五九五年九月、豊臣秀吉が、先祖並びに亡父母追善のため、京都東山の妙法院に大仏を建立し、千僧供養(せんぞうくよう。注・一〇〇〇人の僧を招いて食を供して供養すること)を執行しようとして、諸宗に僧侶の出仕(しゅっし。注・緊急に参加すること)を招請した。しかし、未入信者・謗法者である秀吉の供養出仕に応ずることは、法華宗の行規である「不受不施」の宗義を破ることになるという理由で、日奥は秀吉の出仕命令を拒否し、妙覚寺を退出し、丹波小泉に蟄居(ちっきょ)した。その際、日奥は秀吉に『法華宗諫状』を提出した。一五九六年七月一二日、大地震が起こり、問題の大仏殿が崩壊した。

一五九九年一一月、今度は、徳川家康が、大仏供養を受け入れた日蓮宗の他の宗派(注・出仕派・受派という)と日奥を論争させ、出仕させようとしたが、日奥は出仕を拒否し続けた。その結果、日奥は、対馬への流罪を言い渡された。一三年にわたる流罪生活の後、日奥は、一六一二年に京都に帰った。一六二九年、徳川秀忠が崇源院大夫人菩提のため、芝増上寺において、諸宗の僧侶に諷経(ふぎん。注・経文を声を出して読むこと)を命じた。これが発端となって、身延山(受派)と池上本門寺(不受派)との間に訴訟合戦が起こり、一六三〇年二月、日奥は、幕府に逆らう不受不施派の首謀者と裁決され、再度、対馬に流されることになったが、その直前に日奥は、亡くなっている。これは、「死後の流罪」と言われている。

一六六九年三月、徳川幕府は、不受不施寺院の寺請(注(2)で解説する)の停止を発令し、不受不施は明治に入っても禁制(注・法令によって禁止されること)であった。この禁制は、一八七六年に解除されたのであるが、じつに、この派は、二〇〇年にわたって禁制にされていたのである(http://homepage3.nifty.com/y-maki/bd/bd09.htm)。

(2)仏教の檀信徒であることの証明を寺院から請ける制度である。寺請制度の確立によって民衆は、いずれかの寺院を菩提寺と定め、その檀家となることを義務付けられた。寺院では現在の戸籍に当たる宗門人別帳が作成され、旅行や住居の移動の際にはその証文(寺請証文)が必要とされた。各戸には仏壇が置かれ、法要の際には僧侶を招くという形が定まり、寺院は、一定の信徒と収入を保証される形となった。

その目的において、寺請制度は、邪宗門とされたキリスト教や不受不施派の発見や締め出しを狙ったものであったが、宗門人別改帳など住民調査の一端も寺院に担わせていた。こうして、仏教教団は、幕府の統治体制の一翼を担うこととなった（http://gankaiun.com/bukkyou/25.html）。

（3）中山忠能は、明治天皇の生母・慶子（よしこ）の父。一八六四年七月、長州藩の武力上洛を支持、しかし、禁門の変で長州藩兵が敗北した直後、謹慎を命じられる。一八六七年一月の孝明天皇の死に伴う大赦によって処分解除。長老として岩倉具視らと共に王政復古の政変を画策、政変後、三職制が新設されて議定（ぎじょう）に就任した。三職制とは、一八六七年の王政復古の大号令に伴い、定められた政治の最高幹部制度で、総裁・議定・参与の三職を指す。議定とは、議員のこと（http://www.memomsg.com/dictionary/D1367/485.html）。

（4）飛鳥時代の仏教伝来以来、日本の古い神道は仏教と混ざり合った。これが、「神仏習合」である。神道には、根本聖典がないことが、神学を形成していく上で障害となっていた。江戸時代の国学者の平田篤胤は、法華宗や密教、キリスト教などの他宗教や神仙道を取り入れ、復古神道を体系化した「平田派国学」を作り上げた（菅田［一九九四］、一〇二～〇四ページ）。この平田派国学の流れから明治維新の思想的一面が形成された。儒教や仏教などの影響を受ける以前の日本民族固有の精神に立ち返ろうというのがこの思想であり、明治維新の尊皇攘夷運動のイデオロギーに取り入れられた。彼らが、神仏分離、廃仏毀釈の運動を起こし、神道国教化を推進したのである。日本民族の固有の精神とは、明治時代に本田親徳（ほんだ・ちかあつ）や、本田の弟子・長沢雄楯（ながさわ・かつたて）らによって打ち出された思想である。人間の心は、根源神の分霊である「直霊」（なおひ）が、「荒魂」（あらたま）、「和魂」（にぎたま）、「奇魂」（くしたま）、「幸魂」（さきたま）の四つの魂を統御するという日本古来の「一霊四魂」説を整理したのが、彼らの思想である。

彼らが唱道する復古神道は、天之御中主神（あめのみかぬしのかみ）、高御産巣日神（たかみむすびのかみ）、神皇産霊神（かみむすひのかみ）の造化三神を根源神としている。『古事記』では、天之御中主神が、天地開闢の際に高天原に最初に出現した神であるとしている。その名の通り天の真ん中にいる神である。その後、後の二神が現れ、すぐに姿を隠したとしている。この三柱の神を造化三神といい、性別のない「独神」（ひとりがみ）という。

高御産巣日神は、天孫降臨の際には高木神（たかきのかみ）という名で登場する。本来は高木の神格化されたものを指したと考えられている。「産霊」（むすひ）は生産・生成を意味する言葉で、神皇産霊神と共に「創造」を神格化した神である。

神皇産霊神は、死と再生を司る神でもあった。『古事記』の大国主命（おおくにぬしのみこと）の物語に異母兄弟の八十神（やそがみ・多くの神）に謀殺されて、蘇る物語がある。八十神たちは稲羽（いなば）の八上比売（やがみひめ）に求婚したが、ことごとく断られてしまったのに、大国主命は助けた因幡の白兎の知恵を授かり、とうとう八上比売の心を射止めた。これに怒った八十神たちは、「山の赤い猪を追い落とすから、捕まえろ」と言って、猪に似た大石を真っ赤に焼いて落とした。待っていた大国主命は落ちてきた焼石に焼かれて死んでしまった。その母の刺国若姫（さしくにわかめひめ）は嘆いて、神皇産霊神に助けを乞うと、その二人の娘、蚶貝比売命（さきがいひめのみこと）、蛤貝比売命（うむがいひめのみこと）という貝の精を遣わし、大国主命を作り活かしたとされる。このように、神皇産霊神は、いったんは死なせて、新たに生まれ変わらせる神でもあった（http://shrine.s25.xrea.com/sansingosin.html, http://www.honza.jp/author/3/takahashi_hideharu?entry_id=515）。

（5）平田派の明治維新期における影響力は短命に終わり、すぐに、津和野派に実権が移った。津和野派の福羽美静（ふくば・びせい）が実質的な権力を握ったものと思われる。

平田派の祭政一致は神祇事務局設置で実現したが、その一か月後平田派は解任され、事務局の実権は福羽美静に移ったのである。おそらく神学上の対立と地域的に近い長州閥を利用した津和野派による政治的な追い落としがあったと思われる（http://www.d1.dion.ne.jp/~s_minaga/myoken43_1.htm）。

（6）権現とは仏が衆生（しゅじょう。注・生命あるものすべて）救済のために権（注・仮にという意味）に神となって現れたことを指す。その淵源は平安時代の中期（一〇世紀頃）にあるとされている。権現は、本地垂迹説（ほんじすいじゃくせつ）と関連している。本地垂迹説とは、仏や菩薩を本地、神を垂迹と言う。本来の姿（本地）の仏が、衆生を救うために姿を変えて迹（あと）を垂（た）れるものだとする考え方である。これは日本独特の神仏観である。権現の例としては、天照大神の本地が大日如来、八幡神の本地は阿弥陀仏や観音菩薩などがある。春日権現や熊野権現などのように権現名で神を呼ぶこともある。家康は東照大権現と呼ばれた。明治政府の行なった神仏分離により、これまで権現号を名乗っていたところが神社を名乗るようになり、多くの場所で権現の名称が削られた（http://www.ohaka-im.com/butsuji/butsuji-gongen.html）。

（7）釈迦の寺院を祇園精舎（ぎおんしょうじゃ）というが、その守り神が牛頭天王（ごずてんのう）であるという説もある（http://members.jcom.home.ne.jp/3366537101/sub3.htm）。

牛頭天王は、日本に伝来後、様々な要素が合体してできたものである。日本では、牛の神様とされ、京都では公家たちが牛車を使っていたため、八坂の地に牛頭天王を祀る祠が作られたのではないかとも言われている。同じ地に祇園寺と八坂神社もあり、平安時代の御霊会・祇園会などであがめられた。八坂神社は元々は高麗系の八坂氏の氏神で農耕神だったとも言われている。牛頭天王は全国の八坂神社・祇園神社・津島神社で祭られている（http://www.ffortune.net/spirit/tera/hotoke/gozu.htm）。

（8）鰐口の多くは鋳銅（銅の鋳物）製であるが、まれに鋳鉄製や金銅（銅に鍍金を施したもの）製のものも見られる。通常は神社や仏閣の軒先に懸けられ、礼拝する際にその前に垂らされた「鉦の緒」（かねのお）と呼ばれる布縄で打ち鳴らすもので、今日でも一般によく知られている。その形態は偏平円形である（http://www.city.kawasaki.jp/88/88bunka/home/top/stop/zukan/z0305.htm）。

（9）比叡山麓の日吉大社（ひよしたいしゃ、滋賀県大津市）より生じた神道の信仰に山王信仰（さんのうしんこう）があった。日吉神社（ひよしじんじゃ）、日枝神社（ひえじんじゃ）あるいは山王神社などという社名の神社は、日吉大社より勧請（かんじょう。注・神仏を迎え奉ること）を受けた神社で、大山咋神（おおやまくいのかみ）と大物主神（おおものぬしのかみ）を祭神とし、日本全国に約三八〇〇社ある。神仏習合期には山王、山王権現、日吉山王などと称されていた。猿が神の使いとされている。比叡山は、もとは日枝山（ひえのやま）と呼ばれていた。初めは日枝山の神である大山咋神のみを祀っていたが、大津京遷都の翌年である天智七（六六八）年、大津京鎮護のため大和国三輪山（みわやま）の大三輪神（おおみわのかみ）、すなわち大物主神を勧請した。

比叡山に天台宗の延暦寺ができてからは、大山咋神と大物主神は地主神（じぬしのかみ）として延暦寺の守護神とされ、延暦寺は、この両神を「山王」と称した。これが、「山王神道」を発展させた。山王神道では山王神は釈迦の垂迹であるとされた（http://www.din.or.jp/~a-kotaro/gods/kamigami/ooyamakui.html・http://www.niigata-u.com/files/ngt2003/hie1.html）。

（10）八幡信仰は、大分県の宇佐（うさ）を発祥地として日本全国に普及した。地域や時代によって、信仰対象が変化してきた。戦いの神、鍛冶の神、海の神、焼畑の神、等々である。北九州の地方神であった八幡神は、奈良時代の聖武天皇による東大寺大仏造立事業に貢献したとして、七五二年の大仏完成後、都に迎えられ、一品（いっぽん）という最高位を授けられた。七六九年の僧道鏡を天皇にしようとした事件が発生したとき、国家の危機を救ったとされて鎮護国家神になった。天皇の即位や重大な事業については、その報告が宇佐八幡宮に派遣されて祈願を受けた。八幡神は応神天皇であるとも解釈されるようになった。七八一年には、朝廷から大菩薩の神号が贈られた。東大寺をはじめ奈良、京都の大寺の境内に鎮守の神として勧請された。

京都の石清水（いわしみず）八幡宮は、八六〇年に宇佐から勧請され、僧侶が運営する宮寺（みやでら）であった。しかし、明治政府の神仏分離政策で仏教色が一掃され、僧侶の関与はなくなった（http://senmon.fateback.com/soukagakkai/shukyou/hachiman_kami.html）。

（11）慶応四年九月三日（旧暦）に改元の詔勅（しょうちょく。注・天皇の意思表示のこと）が出され、慶応という元号が、明治に変えられた。しかし、改元は、九月三日からではなく、過去の慶応四年一月一日に遡（さかのぼ）って、慶応四年一月一日を明治元年一月一日とした。しかし、これは、改元されても依然として旧暦表示であったので、旧暦の明治元年一月一日とは、新暦に直すと明治元年一月二五日になる。天皇が即位したのは、旧暦の明治元年八月二七日（新暦では明治元年一〇月一二日）であるので、厳密に表現すれば、明治は一九六八年一〇月一二日（新暦）から始まる（http://homepage1.nifty.com/gyouseinet/calendar/meijikaigen.htm）。

日本におけるグレゴリオ暦（新暦）導入は、天保歴（旧暦）の明治五年一一月九日（新暦に換算すると一八七二年一二月九日）に公布された。従来の太陰太陽暦を廃して翌年から太陽暦を採用することが布告された「明治五年太政官布告第三三七号、改暦ノ布告」では、当時の天保暦における明治五年一二月三日がグレゴリオ暦の一八七三年一月一日に当たっていたので、その日を明治六年一月一日と定めた。

天保歴は、天保一五年（弘化元年、一八四四年）にそれまでの寛政暦から改暦され、明治五年（一八七二年）末に太陽暦であるグレゴリオ暦が採用されるまでの二九年間用いられた。正式には「天保壬寅元暦」（てんぽうじんいんげんれき）と言う。

天保暦は、天球上の太陽の軌道を二四等分して二四節気を求める「定気法」を採用した。渋川景佑（しぶかわ・かげすけ）らが、完成させたこの暦は、それまで実施された太陰太陽暦としてはもっとも優れたものであった（http://homepage2.nifty.com/o-tajima/rekidaso/calendar.htm）。

日本では、一八七三年以前の年代をグレゴリオ歴に換算するか、しないかは、執筆者各自に任されている。確実にグレゴリオ歴で表記されるのは、一八七四年以降である。

ちなみに、福沢諭吉は新暦の採用で大儲けした。太陽暦への改暦を唱えていた福沢諭吉は、改暦決定の報を聞くと直ちに『改暦弁』を著して改暦の正当性を論じた。太陽暦施行と同時に慶應義塾出版局から刊行されたこの書は、「たちまち、一〇万部が売れた」（内務官僚の松田道之に宛てた福沢の書簡（一八七九年三月四日付）（http://www.keio-up.co.jp/kup/webonly/ko/fukuzawaya/21.html）。

突然の太陽暦への改訂には、大隈重信による官吏給与カットの陰謀があったという説もある。真偽のほどは不明であるが、紹介しておく。

改暦された明治五（一八七二）年は、政府の要人のほとんどは、岩倉具視使節団として一年半にわたる海外視察の途上にあった。使節団は、留守を預かる大隈重信に、使節団が帰国するまでは、重要な変革は行なわないと約束させたのに、大隈は改暦という大変化を日本社会に起こしてしまった。これには、明治政府の深刻な財政難があった。旧暦のままだと、翌年（明治六年）は、閏年（平年より一か月多い）であり、政府は役人に一三か月分の給料を支払わねばならなくなる。新暦に直せば、一月分の給与が浮く。

改暦の日も重要である。旧暦のままだと、一二月分給与を払わなければならないからである。来年から太陽暦を採用すると発表したのは旧暦の明治五年一一月九日であった。そして旧暦は一二月二日までで、旧暦の一二月三日に当たる日が新暦の明治六年一月一日とされた。つまり、旧暦の一二月三日から大晦日まで、支払わなければならない日が消えたのである。事実、給与は支払われなかった（http://www.geocities.jp/guuseki/calender.htm）。

（12）神祇省は、明治四年八月八日（旧暦。新暦では、一八七一年九月二二日）～明治五年三月一四日（一八七二年四月二一日）に神祇の祭祀と行政を掌る機関として律令制以来の神祇官に代わって設置された。しかし、新しく設置された宣教使による大教宣布を強化するために、わずか半年で教部省に改称され、宮中祭祀は分離されて宮内省式部寮に移されることとなった（http://www.oit.ac.jp/japanese/toshokan/tosho/kiyou/jinshahen/51-1/02inoue.pdf）。

キリスト教と見紛う明治初期の神道の宣教師は、一八七〇年正月に「神祇鎮祭の詔」と、「治教を明らかにし、以って惟神の大道を宣ぶべし」との「大教宣布の詔」に基づき、神道教化を推進する目的で設置されたものである。各藩に宣教担当が置かれるが、この宣教使制度はその後ほとんど機能することなく、短期間で廃された（http://www.nippon-bunmei.jp/tsurezure-40.htm）。

（13）教導職とは、明治時代初期の大教宣布のために設置された宗教官吏である。一八七二年から一八八四年まで存続した。一八七〇年に設置された宣教使制度を前身とする。教部省設立と同時に置かれた職。教部省の管轄下にあった。教導職は、無給の官吏で、当初は、神官、神道家、僧侶が任命された。教導職は、各地の社寺で説教を行なった。講じられた内容は国家・天皇への恭順や、敬神思想、家族倫理、文明開化、国際化、権利と義務、富国強兵であった（http://ci.nii.ac.jp/naid/110007054392）。

（14）大教院は、一八七二年、国民に対して尊皇愛国思想の教化（大教宣布）をするために設立された機関である。仏教各宗もこの政策に同調した。東京紀尾井坂の紀州邸が大教院に当てられたが、翌明治六年、東京芝増上寺にこれを移し、全国に中、小教院を設け、祭神に造化三神、天照大神を奉斎した。しかし、一八七五年、神仏合同布教禁止の令が発せられ、大教院は解散させられた（http://klibredb.lib.kanagawa-u.ac.jp/dspace/bitstream/10487/8206/1/N-07.pdf）。

（15）「三条教則」は一八七二年、教部省が大教宣布運動の大綱について教導職に通達した日常生活の倫理綱領である。第一条で「敬神愛国」、第二条で「天理人道」、第三条で「天皇の意志に従うこと」とある。条文は、三宅［二〇〇七］に収録されている。

（16）一八六九年に設置された中央官庁の一つ。土木・駅逓・鉱山・通商など民政関係の事務を取り扱った。一九七一年に大蔵省に吸収された（http://dic.yahoo.co.jp/dsearch/0/0na/21794317834900/）。

（17）浄土真宗の宗派は、親鸞の血脈を継ぐ東本願寺と西本願寺の二派と、門弟の流れを継ぐ八派がある。明治維新後の宗教再編時、現在の浄土真宗本願寺派（西本願寺）のみ「浄土真宗」として、他は単に「真宗」として宗教登録されている。以下、一〇派を記す。括弧内は本山と所在地である。①浄土真宗本願寺派（本願寺（西本願寺）、京都市下京区）、②真宗大谷派（真宗本廟（東本願寺）、京都市下京区）、③真宗興正（こうしょう）派（興正寺、京都市下京区）、④真宗仏光寺（ぶっこうじ）派（仏光寺、京都市下京区）、⑤真宗誠照寺（じょうしょうじ）派（誠照寺、福井県鯖江市）、⑥真宗山元（やまもと）派（證誠（しょうじょう）寺、福井県鯖江市）、⑦真宗出雲路（いずもじ）派（毫摂（ごしょう）寺、福井県武生市）、⑧真宗三門徒（さんもんと）派（専照（せんしょう）寺、福井市）、⑨真宗高田（たかだ）派（専修（せんじゅ）寺、三重県津市）、⑩真宗木辺（きべ）派　（錦織（きんしょく）寺、滋賀県野洲（やす）市）（http://www.kyototsu.jp/Temple/SyuhaJyoudoSinSyu.html）。

（18）不発に終わった教導職の活動であったが、教導職階級名称は、教導職廃止後も、いくつかの教派神道や仏教宗派において教師の階級として残った。一四の階級は、以下の通り。①大教正（だいきょうせい）、②権大教正（ごんだいきょうせい）、③中教正、④権中教正、⑤少教正、⑥権少教正、⑦大講義、⑧権大講義、⑨中講義、⑩権中講義、⑪少講義、⑫権少講義、⑬訓導、⑭権訓導。

なお、教派神道とは、教導職が廃止された時に国家によって統制されていた神道から分かれて独立した一三の派のこと。一八七六年、①神道修成派と②黒住教が独立。一八八二年、③大成教、④神習教、⑤御嶽教、⑥出雲大社教、⑦実行教、⑧扶桑教が独立。一八八四年、教導廃止に伴い、神道事務局の教導達は「神道局」という名の宗派を立てる。これが一九四〇年に⑨神道大教となる。一八九四年、「神道局」から⑩神理教が独立。一八九六年、⑪禊教が独立。一九〇〇年、⑫金光教が独立。一九〇八年、⑬天理教が独立（井上［一九九六］、國學院大學［一九九九］、http://www.ffortune.net/spirit/zinzya/kyoha.htm）。

（19）廃仏毀釈の猛威に反発して生じた明治初期の信濃の一揆に関する西村寿行の感動的な小説がある。さわりを引用しよう。字数の関係で原文の改行を無視している。

「千国街道は日本海の糸魚川から姫川沿いに松本平に至る塩の道である。名にし負う豪雪地帯だ。ために、千国街道は山の峰近くを通っている。雪崩、落石を避けるためだ。信濃では日本海から入る塩を北塩という。太平洋から運び込まれる塩は南塩と呼ぶ。海のない信濃国では、塩は貴重であった。塩は黒牛が運ぶ。馬では冬場の雪は越せないからだ。牛方は牛をだいじにする。宿駅では小舎に牛と共に眠る。塩を運んで家族を支えてくれる牛はいのちにも変えられないくらいたいせつであった。その牛が、死ぬ。吹雪に道を失って崖から落ちることもある。黙々と働きつづけて若死にするものもある。凍結に足をとられるのもある。牛方は号泣をあげる。牛の死体に取り縋って泣く。牛方は石工にたのんで地蔵菩薩を彫る。馬頭観音を刻む。牛の死んだ峠に建てて供養するのである。千国街道にはおびただしい石仏が祀られている。どの石仏にもものいわぬ悲しみがこもっている。ひとびとは通りすがりに、それらの石仏に野花を供える。ほとんど麦ばかりの握り飯を供えてゆく者もある。松本藩知事、戸田光則は、それらの石仏の首を打ち落とすように命じた。平田国学に心酔する大参事、稲村九兵衛、その部下の岩崎作造らが戸田の廃仏毀釈を補佐した。藩士は狂奔した。野にある石仏、街道にある道祖神、供養塔、念仏塔すべてを打ち壊して回った。明治二年七月、戸田光則は明治政府によって松本藩知事に任命された。それにすがるように、戸田は明治維新政府への迎合姿勢を露骨に示した。政府の神仏分離策に盲従したのだった。千国街道にあるおびただしい石仏はすべて破壊し尽くされていた」（西村［一九八四］、六〜七ページ）。

（20）高橋和己の小説『邪宗門』（全二巻、河出書房新社、一九六六年、のち新潮文庫、角川文庫、講談社文庫、朝日文庫）で人口に膾炙した「邪宗門」は、権力が正当性を認めない宗門のことをいう。豊臣秀吉が一五八九年に出した「伴天連追放令」以後、日本における正当な権力を認める宗門が「正法」（正しい宗教）であり、これを認めない宗門は日本の正統な国家秩序を破る「邪法」を信じる宗門、すなわち「邪宗門」であるとの位置付けが行なわれ、江戸幕府もこれを継承した。一般民衆は、キリスト教＝邪宗門とする観念を植え付けられた。

慶応四年三月一四日（新暦で一八六八年四月六日）、明治新政府は「五箇条の御誓文」を公卿や大名向けに発布したが、その翌日、全国に五つの高札を張り出した。これを「五榜の掲示」（ごぼうのけいじ）という。三つめの高札には、「切支丹邪宗門」の禁止という言葉があった。外国からの抗議を受けて、旧暦の閏四月四日に、「切支丹」と「邪宗門」を別々に書き分けて、それぞれを禁止すると言い換えたが、新政府の権力者は、明らかにキリスト教＝邪宗門という認識を持っていた。「邪宗門」という名を冠した文芸作品には、高橋和己以外に、芥川龍之介、北原白秋のものがある。芥川龍之介の『邪宗門』は、一九一八年一〇月から『大阪毎日新聞』に連載されていたが、未完のままであった。北原白秋の詩集『邪宗門』は処女詩集（一九〇九年）であり、邪宗門に落ちた自らを父に対して謝った内容である（http://jpco.sakura.ne.jp/shishitati1/kou-moku-tougou1/kou-moku42/kou-moku42a0.htm など）。

(21) 国会図書館憲政資料室に所蔵されている『青木周蔵文書』の「文書（その一）」には、以下のような目録が付けられている。「1．帝国大日本政典草案（一八七二年八月一日、木戸公の依頼によりて起草せし憲法原案）。2．大日本政規（一八七二年冬ロンドン客中、木戸公の命により起草）。3．青木周蔵書簡草稿（一八七三年四月一五日、在伯林公署より井上伯へ回答）。4．青木周蔵憲法制定の理由書。5．青木周蔵独文書簡草稿（一八九二年六月一九日、ポツダムにてドイツ皇帝宛）。6．青木周蔵宛封筒（空封筒、表に書入あり）。7．青木周蔵政治意見書（一八八四年一冊）（http://rnavi.ndl.go.jp/kensei/entry/aokishuzou1.php）。

(22) 中島三千男の言う「エタティスト」とは、下層階級から一気に政権の中枢に上り詰めた維新の獅子たち＝「国家至上主義者」を指しているようである。

(23) 当時の駐日英国公使のハリー・パークス（Harry Smith Parkes）が、一八七一年に賜暇のために英国に帰国中、アダムズが代理公使となった。パークスは、賜暇休暇中の一八七二年、訪英中の岩倉具視、駐英公使・寺島宗則と会見し条約改正問題について話し合っている（http://www.kaikou.city.yokohama.jp/document/kaigai/gov-england_02.html）。

(24) 周知のことだが、慶応四（明治元）年～明治二年（一八六八～六九年）の戊辰戦争（ぼしんせんそう）は、王政復古を経て明治政府を樹立した薩摩藩・長州藩らを中核とした新政府軍と、旧幕府勢力及び奥羽越列藩同盟が戦った戦争である。慶応四年の干支が戊辰であったことに由来する。明治新政府が同戦争に勝利し、国内に他の交戦団体が消滅したことにより、これ以降、同政府が日本を統治する政府として国際的に認められることとなった。

この戊辰戦争が続いている慶応四（一八六八）年三月一四日（新暦では四月六日）、福井藩出身の参与・由利公正（ゆり・きみまさ）と土佐藩出身の参与・福岡孝弟（ふくおか・たかちか）が原案を書き、木戸孝允・岩倉具視・三条実美（さんじょう・さねとみ）が文章を編集した「五箇条の御誓文」が発布された。「五箇条の御誓文」は、京都御所の紫宸殿（ししんでん）において神道の形式である「天神地祇御誓祭」に則って発表されたものである。

それより先の慶応三（一八六七）年一二月九日（新暦では一八六八年一月三日）に「王政復古の大号令」が出された。これは、薩摩藩などが、起こした一種のクーデターであったが、その際、朝廷側の岩倉具視は、天皇は神であると言い、「建武の中興」（注・後醍醐天皇の新政）ではなく、「神武創業」（注・記紀の神話時代）が明治政府の主権理念として採用されるべきであると強く主張した。この主張から、天皇家は、神話時代の初代・神武天皇から続く「万世一系の系譜」に公式に位置付けられることになったのである。「五箇条の御誓文」の第五条には、「智識を世界に求め、大いに、皇基（こうき）を振起（しんき）すべし」とある。先進的・実用的な知識は、世界に求めるが、国の基本形は、天皇主権の統治の基盤を発展させようと主張したものである（http://www5f.biglobe.ne.jp/~mind/vision/history001/meiji001.html）。

（25）赤松連城の娘・安子が、京都岡崎の本願寺派願成寺（がんじょうじ）の次男・与謝野照幢（よさの・しょうどう）と結婚した。照幢は赤松家の養子に入った。照幢の実弟が与謝野鉄幹である。照幢は、義父・連城の援助を受けながら、一八八七年、「私立白蓮女学校」（後の徳山女学校）を創設した。この時に、国語教師として招かれたのが弟の鉄幹である。鉄幹は、一八八九～九二年にかけて徳山の地に留まった（http://www.tokutuu.co.jp/tokuyama/tokuyama.htm）。

（26）当時の西本願寺の改革派は、長州出身者が支配的勢力であったが、同じ改革派でありながら、長州閥に抵抗した僧侶もいた。北畠道龍（きたばたけ・どうりゅう）である。道龍は僧侶でありながら、軍事の才があり、第二次長州征伐の戦闘では一隊を率いて奇兵隊を蹴散らし、幕府軍の中で気を吐いた。維新前後には和歌山藩の兵制をプロシア式に改革した。紀州出身の北畠道龍は、西本願寺の改革派ではあったが、宗門内の長州閥グループと激しく対立していた。一八七九年、道龍は明如法主を東京に連れ去り、本願寺の東京移転と西本願寺派の大粛正を宣言し、宗門を大混乱に陥れた。この騒動は、明如の京都帰還によってひとまず治まったが、一八八一年、道龍は海外視察の命を受けて長期間外遊。帰国後、再び仏教改革の獅子吼を発した道龍ではあったが、僧籍を剥奪され、大阪の陋巷に逼塞してその生を終えた。伝記に（神坂［一九九四］）がある（http://homepage1.nifty.com/boddo/ajia/all/eye5.html）。

（27）井上円了（一八五八～一九一九年）は、現在の新潟県長岡市浦の真宗大谷派慈光寺の長男として誕生、新潟学校第一分校（旧長岡洋学校）で洋学を学ぶ。一八七八年、東本願寺の留学生として上京し、一八八一年に設立間もない東京大学文学部哲学科にただひとりの一年生として入学。勉学を通して「洋の東西を問わず、真理は哲学にあり」と確信する。ここでいう哲学とは、「万物の原理を探り、その原理を定める学問」であり、それは観念的演繹的な哲学ではなく、事実と実証に基づく哲学であるというのが、井上の哲学観であった。

「ものの見方・考え方」の基礎を身に付けることが日本の近代化につながると確信し、私立の教育機関創立へと行動を起こす。そして一八八八年、二九歳という若さで「私立哲学館」（現在の東洋大学の前身）という哲学専修の専門学校を創設した。学校開設の翌年から「哲学館講義録」を発行して、通学できない者にも勉学の機会を与えた。

全国各地を巡回し一般民衆を対象に講演活動を行なった。迷信打破を説いた妖怪学者としても有名であった（http://www.city.nagaoka.niigata.jp/kankou/rekishi/jiin/i-enryo.html、http://www.toyo.ac.jp/founder/enryo_00_j.html）。

第八章

（1）会衆派教会（congregational church）とは、一六世紀に生まれた信者による直接民主主義で運営される教会組織。会衆とは、人々が集うこと。この派の教会に、契約関係（covenanted）で人々が集う。各教会は世俗的権威からは自由であり、ただ神の感化によって信仰の規範を定め、実践するということを目標としている。組合教会とは、会衆派教会の日本での名称。日本では、一九一〇年以後、「日本組合教会」として発足した。一九四一年六月二四日、プロテスタントの各派（三三派）と合同して「日本基督教団」（United Church of Christ in Japan）になった（http://church.ne.jp/koumi_christ/shosai/doctrines.pdf）。

（2）カルヴァンは、北フランスに生まれ、パリ大学などで法学・神学・人文主義などを学ぶ。当時ルターの宗教改革の影響はフランスに及び、フランスでもルター派が広まっていた。彼の福音主義（Evangelicalism）は危険思想として弾圧されていた。福音主義とは、キリストの伝えた福音にのみ救済の根拠があるとし、律法主義や儀礼・制度・伝統などを軽視する立場である。カルヴァンはパリを追放され（一五三三年）、後にスイスの新教都市バーゼルに逃れた（一五三四年）。バーゼルでカルヴァンは、有名な『キリスト教綱要』（*Christianae Religionis Institutio*）を著した（一五三六年）。その中でカルヴァンは、〈魂の救済は、人間の意志によるのでなく、神によって最初から決められている〉との「予定説」（predestination）を示した。ただし、「予定説」といっても宿命的なものではない。〈人は信仰によって「自分は救われる」と確信することができる。また救済の確証を得るために、人は禁欲的な生活を営み、職業を神から与えられた天職と考えて勤労に従事すべし〉というものであった。『キリスト教綱要』によって一躍有名となったカルヴァンは、ジュネーブに改革者として迎えられて宗教改革に従事したが（一五三六年）、一時反対派によって追放されてストラスブルクに赴いた（一五三八年）。後に再び請われてジュネーブに帰り（一五四一年）、以後死ぬまで同市に留まった（http://www.sqr.or.jp/usr/akito-y/kindai/12-kaikaku2.html）。

（3）長老派については、宗派によって定義が異なるので、簡潔な解説はできないが、上記、注（1）で説明した会衆派のような信者全体の直接民主主義ではなく、各教会内の人望の篤い信者代表が長老と呼ばれ、そうした長老の発言力を高くする教会の統治の仕方を踏襲する派のことを指す（http://www.church.ne.jp/yurinoki/choro.html）。

（4）カートライトは、ケンブリッジ大学のトリニティー・カレッジ（Trinity College）で神学を専攻していた。英国国教会はローマ・カトリック教皇の支配から脱したものの、教会は英国王の支配下に置かれ、体制はカトリックそのものであった。カートライトは、英国国教会の監督制を厳しく批判し、教会の国家からの自立を訴えていたために、つねに弾圧にさらされていた（http://enrichmentjournal.ag.org/200501/200501_120_cartwright.cfm）。

（5）ロビンソンは、一五九二年よりケンブリッジ大学のコルプス・クリスティ・カレッジ（Corpus Christi College）で学び、その後は同カレッジの教壇に立った。一二年間の学生・教員生活を経て、ノリッチ教会（Norwich Church）で牧師となるが、国教会の方針に従わなかったため解職された。その後もイングランドに留まって分離派（英国国教会から分離・独立する）の教義を広めようとしたが、ジェームズ一世（James I）の治世の宗教的抑圧に耐えかねて、オランダへの移住を計画した。一六〇七年の脱出計画は失敗に終わり投獄されたが、翌一六〇八年に再び脱出を試みて、信徒と共にオランダのアムステルダムに渡った。しかし、華美な国際都市アムステルダムは、教団にとって望ましくないと考え、ライデンにその拠点を移した。その後、教団の行き詰まりを感じたロビンソンは、「ヴァージニア・カンパニー」（Virginia Company）の計画に乗って、北米大陸に移住しようとした。この会社は、「プリマス会社」（Plymouth Company）と「ロンドン会社」（London Company）との合弁会社（joint stock company）であり、北米入植地建設を目的として一六〇六年にジェームズ一世に勅許されたものである（http://www.virginiaplaces.org/boundaries/boundaryk.html）。

ロビンソンは、「プリマス会社」と契約し、米大陸への移民を計画した。当時の船体では全員の信徒を一度で北米入植地へ運ぶことができなかったため、段階的に渡航することになり、高齢であったことや残った信徒をまとめるため、ロビンソンはライデンに留まった。一六二〇年、まず先発隊が「スピードウェル号」（Speedwell）に乗って、イングランド経由で米大陸を目指した。しかし、その途中で船が故障したため、イングランドから合流したもう一隻の船であった「メイフラワー号」（Mayflower）に乗り換えることになった。先発隊は多くの苦難を乗り越えて、入植を果たした「ピルグリム・ファーザーズ」（Pilgrim Fathers = 巡礼始祖）と賞賛されるようになった。「巡礼始祖」という言葉は、『新約聖書』の「ヘブライ人への手紙」第一一章第一三節の叙述にちなむものである。

しかし、留意しなければならないのは、ニュー・プリマス（後のニューイングランド入植地）を建設したのは、ピューリタンだけでなく、入植者の半分はライデンから乗船した非ピューリタンのオランダ人であったということである（http://www.nd.edu/~rbarger/www7/puritans.html）。

また、ピューリタンだけに限っても、指導者のロビンソンが不在のため、牧師を欠いた状態でその共同体を運営しなくてはならなかった。ロビンソンは、結局、米大陸への渡航を果たせぬまま、一六二五年に病死した（http://www.pilgrimhall.org/psnotenewpilgrimpuritan.htm、大西［一九九八］、綾部［二〇〇五］）。

（6）マサチューセッツという名は、当時の現地のインディアン部族によるもので、「大きな丘のある所」の意味を持つ（http://www.holisticoptions.org/）。また、マサチューセッツの開拓は、ピューリタンたちが出資し、イングランド国王に多額の支払いをして、国王から勅許を得て設立された合資会社のマサチューセッツ湾会社が独占権を持っていた。つまり、教会員でなければ、入植地建設の利益が分配されることはなかったのである。一般的には、会社の株主のみが「自由民」であると定義されていた（後述のように、マサチューセッツ湾会社は自由民の資格を緩和した、http://www.yk.rim.or.jp/~kimihira/yogo/04yogo11_2.htm）。

会衆派ピューリタンの内、国教会からの完全な分離を主張する分離派ピューリタンがプリマス入植地へ、国教会からの分離は主張しないものの教会改革の徹底を主張する非分離派ピューリタンが、マサチューセッツ湾入植地へと移住し、プリマスをはるかに上回る大規模な入植地建設を行なった。移住者の中には、ジョン・コットン（John Cotton, 1584-1652）、トーマス・フッカー（Thomas Hooker, 1586-1647）、ジョン・ダベンポート（John Davenport, 1597-1670）といった当時のイングランド・ピューリタニズムの中心的な指導者たちも含まれていた。牧師を慕い、英国イングランドの教区民が一斉に集団移住する例もあった。

マサチューセッツ湾会社は、画期的な入植地経営の方法を採用した。通常、出資者である株主を総会の構成員とするのが本来の経営方法なのだが、マサチューセッツ湾会社は、この構成員の枠を広げた。成人男子の教会員ならば、株を取得していなくても総会の構成員となることができるとしたのである。こうして、入植地では「自由民」の枠が拡大された。総会は、各タウンに土地を分譲し、その土地は、成人男子の自由民に分配される。各タウンでは、タウン・ミーティングが持たれ、その代表が総会に出席し、入植地全体の政治に参加する。これが、「ニューイングランド・ウェイ」と呼ばれたものである。しかし、マサチューセッツでは「自由民」の条件が「教会員」として認められることであった。そして、新しく教会員となる者には、教会で公に神の救済の恵みの体験、すなわち、回心体験を語ることが求められ、「契約」を遵守することが誓わされる。

教会員には、ピューリタン信仰と教義を守り、「聖徒」としての道徳的生活が求められた。ジョン・ウィンスロップが総督として政治的実権を握った入植地初期の二〇年間は、生活面でかなり厳しい統制があった（http://www.info.sophia.ac.jp/amecana/Journal/17-5.htm）。

（7）ジョン・ウィンスロップは、ピューリタンの牧師であり、裕福な土地所有者でもあった。マサチューセッツ湾会社の最高経営責任者が、植民地の知事や総督を兼ねていたのである。当然、経営責任者の彼が、植民地マサチューセッツ湾岸州の初代総督に選ばれたのを含め、以後も総督に一二回選出された。一六三〇年、ウィンスロップは新大陸上陸前の「アルベラ号」（Arbela）上で「キリスト教の慈愛のモデル」（"A Model of Christian Charity"）と題する説教を行なった。その中で、「我々の目的は、神に対しいっそうの奉仕をし、キリストによる恵みと繁栄が与えられ、キリストによる救いを全うするという神との間の盟約に基づいて、神聖なる共同体を建設することである」と彼は述べた。〈自分たちは、英国と袂を分かつのではなく、新天地で本国の手本となるような理想的な教会組織を建設しよう〉、〈腐敗に満ちた英国社会を贖い、改革し、どちらの地においても、よき英国の復興をかなえよう〉、〈これから築く新しい共同体は〉、「世界中の目が注がれる丘の上の町である」（for we must consider that we shall be as a city upon a hill, the eyes of all people are upon us.）。

ニューイングランドという地名には、そうした意味が込められている。ただし、気になる個所も演説にある。

「一〇〇〇人の敵に、何十人かの同志で抵抗でき、神が我々に祈りと栄光を下さる時、ニューイングランドのような入植地を次々と建設できるようになる時、我々はイスラエルの神と共にあることを知ることになるだろう」（we shall find that the god of Israel is among us, when tens of us shall be able to resist a thousand of our enemies, when he shall make us a prayer and glory, that men shall say of succeeding plantations: the lord makes it like that of New England:）。

「丘の上の町」とは、新約聖書の「マタイによる福音書」に記されたイエス・キリストの言葉にある。「あなた方は世の光である。

丘の上にある町は隠れることができない」（「マタイによる福音書」第五章第一四節（You are the light of the world. A city on a hill cannot be hidden; Matthew 5:14）。「灯火を点して枡（ます）の下に置くものはいない。燭台の上に置く。そうすれば、家の中のもの全てを照らすのである。そのようにあなた方の光を人々の前に輝かしなさい。人々が、あなた方の立派な行ないを見て、あなた方の天の父をあがめるようになるためである」。

一九六一年一月九日、大統領選挙で勝利したジョン・F・ケネディ（John F. Kennedy, 1917～63）は、就任前の演説で、一六三〇年のアルベラ号のエピソードに触れた。一九八九年一月、ロナルド・レーガン（Ronald Wilson Reagan, 1911～2004）は、「輝く町」（the shining city）をピルグリムの入植になぞらえて語った。

そして、二〇一一年一月二五日、オバマ（Barack Hussein Obama, Jr., 1961～）は、大統領の一般教書演説の中で、「輝ける丘の上の町」の代わりに、「世界の光」"Light to the World"という言葉を用いた（http://ocean-love.seesaa.net/index-2.html）。

（8）一六九二年一月、一〇〇戸ほどの小さなセイラム村で、一〇～二〇歳の少女数人が、床をのたうちまわり悲鳴を挙げるということが発生した。村人は、これを魔女のせいにした。少女たちの証言で、犯人とされたのが、黒人の家政婦であった。彼女は、裁判の中で、「他にも悪魔と契約した人間がいる」と「自白」したために、村はパニックに陥った（小山［一九九二］、参照）。

（9）ハーバード大学校門には、「学問を進め、これを子々孫々に絶えず残せ。将来教会が無学の牧師に任せられるようなことがあってはならない」（一六四三年の文書）の文章が刻まれている。ジョン・ハーバードは、寄付者の一人であった。一六三六年のマサチューセッツ湾入植地代表者会議で、大学（カレッジ）新設のための資金募集が決められた。翌年の三七年に当時の地名、「ニュー・タウン」（New Town）に開設することが同じ会議で議決された。三八年にジョン・ハーバードは死去している。彼は遺言で、新設されるカレッジに大口の寄附をした。その翌年の三九年、カレッジは彼にちなんで「ハーバード・カレッジ」（Harvard College）と名付けられた。

三八年には、「ニュー・タウン」が「ケンブリッジ」（Cambridge）に改称された。英国のケンブリッジ大学から取った名称である。これは、「ハーバード・カレッジ」の初代学長・ヘンリー・ダンスター（Henry Dunster）、そして、ジョン・ハーバード、初代校長（Schoolmaster）・ナサニエル・イートン（Nathaniel Eaton）、初代のマサチューセッツ湾入植地総督・ジョン・ウィンスロップが、ケンブリッジ大学出身であったからである。「カレッジ」でなく、「ユニバーシティ」になったのは、一七八〇年の「マサチューセッツ州憲法」が制定されてからである（http://www.harvard.edu/）。

（10）リチャード・マザーは、国教会の祭式の作法に従わなかったという理由で、一六三三年八～一一月に司祭補佐の職を停止され、さらに、国教会では、「カンタベリー大主教」（Archbishop of Canterbury）の次席の地位にある「ヨーク大司教」（Archbishop of York）であったリチャード・ネイル（Richard Neile、在職、1631～40）の使節団の調査を受け、聖職者としての在職一五年間で一度も白衣

（surplice）を着用しなかったとして、一六三四年に再度、停職処分を受けた。彼は、反省をするよりも、「七人の暗黒の悪魔（Seven Bastards）に加えてもらう方がよい」とまで言い切った（http://matherproject.org/node/49）。

（11）時代や地域によって異なるが、一般的には、会衆派の教会では、説教者としての「牧師」（minister, pastor, preacher）、宣教の純正維持を図る「神学教師」（teacher）、信徒の訓練に携わる長老（elder）、慈善事業に携わる執事（steward, deacon）の四種の奉仕者から成っている（児玉［一九九二］、一四一ページ）。

（12）リチャード・マザーは、最初の妻との間で、六人の男子を儲け、うち四人が聖職者になり、いずれもハーバード・カレッジの関係者である。

長男のサムエル（Samuel, 1626～71）は、オックスフォード大学マグダレン・カレッジ（Magdalen College, Oxford）の卒業生であり、同カレッジ付き牧師（chaplain）であった。ハーバード・カレッジの最初の理事とか、ダブリンのセント・ニコラス（St Nicholas, Dublin）教会の牧師を歴任した。次男のナザニール（Nathaniel, 1630～97）は、ハーバード・カレッジ卒業後、デボン（Devon）、ロッテルダム（Rotterdam）、兄の跡を継いでダブリン、最後はロンドンの教会で牧師を務めた。三男のエレザール（Eleazer, 1637～69）も、ハーバード・カレッジを卒業後、地元の教会牧師になった（http://www.1911encyclopedia.org/Richard_Mather）。

そして、末の六男のインクリース（Increase, 1639～1723）。この変わった名前は、人々から忘れ去られないようにという父親の願いから付けられたという。やはり、ハーバード・カレッジを卒業した。一六九二～一七〇一年、ハーバード・カレッジ学長（President）を務めた。彼は、英国の介入と戦う政治家でもあった。一六八六年、英国王・ジェームズ二世がニューイングランドを英国領（Dominion）にするとの宣言を出した。その方針に従って植民地総督になったのは、ピューリタン嫌いのエドムンド・アンドロス（Edmund Andros）であった。彼の統治は専制的であった。彼は、それまでの入植地の基本形であった「地区会議」（Town Meetings）を非合法化し、新植民地統治には、住民の合意を得る必要はないとし、牧師から結婚の儀式を執り行なう権利を奪い、会衆派の拠点であった「オールド南部教会」（Old South Church）に、国教会の業務を押し付け、英国国教会の権利を向上させるべく、ピューリタン組織の弱体化を図った。インクリースは、アンドロスの暴政ぶりを国王に訴えるために渡英した。そして、一六八八～八九年のロンドン滞在中に「名誉革命」（Glorious Revolution）の勃発という幸運に恵まれた。名誉革命によって、体制が刷新され、その一環として、アンドロスは罷免され、新たな入植地への特許状が出され、議会も復活された。そして、マサチューセッツ湾入植地とプリマス入植地が合併した。インクリースは、新しい総督（Royal Governor）・ウィリアム・フィプス（William Phips）を同行して入植地に帰還した。

インクリースは、セイラムの魔女裁判事件での聴聞委員（oyer）をも務めた。一六九二年半ば、魔女とされた人々を擁護し、地域住民の集団ヒステリーを諫める声明も出している（http://www2.iath.virginia.edu/salem/people/i_mather.html）。インクリースの息子、コットン・マザー（Cotton Mather, 1663～1728）もニューイングランドの著名人であった。やはり、ハーバード・カレッジを卒業し、政治家として活躍した（http://en.wikipedia.org/wiki/Cotton_Mather）。

（13）ハーバード・カレッジの世俗化を批判して設立したエール・カレッジの気概は、そのモットーにも表されている。ハーバード・カレッジが「真実」というモットーをラテン語で"Veritas"と正門に彫っていたのに対して、エール・カレッジはこれに「光」（Lux）を付け加えて、「光と真実」（Lux et Veritas）を掲げた。設立当初の名称は単に"The Collegiate School"であった。一七一八年に"The Yale College"、一八八七年に"Yale University"に改称された。エールという名称は、創立時に寄附をしたエリフ・エール（Elihu Yale, 1649～1721）にちなむ（http://www.yale.edu/about/history.html）。

（14）プリンストン大学の創設時の名称は「カレッジ・オブ・ニュージャージー」（College of New Jersey）で、この名称のまま一五〇年間続いた。一七五六年にプリンストンに移転、一八九六年に地域名を冠した「プリンストン大学」に改称した（http://www.princeton.edu/main/about/history/）。

（15）メソジストは、一八世紀の英国で国教会の司祭であったジョン・ウェスレー（John Wesley, 1703～91）よって興されたキリスト教の「信仰覚醒運動」（Christian Revival Movement）から生まれた。規則正しい生活が実践できているかどうかを互いに報告し合う、信仰のレベル別（バンド）ミーティングを重視した。ミッション・スクールや病院の建設、貧民救済などの社会福祉にも熱心であった。当時は教育の機会に恵まれない子どもに一般教育を与える日曜学校や、口語による平易な讃美歌を普及させたのもメソジストの貢献であった。上流階級よりも中下層の人々あるいは軍人への布教に力を入れた。信徒を軍隊的に組織した「救世軍」（Salvation Army）、「聖霊」（Holy Spirit）によって魂の清めがあるとする「ホーリネス運動」（Holiness Movement）、「聖霊の言葉」を「異言」（glossolalia）として重視する「ペンテコステ」（Pentecostes）派なども、メソジスト運動を出自としている。「異言」とは、宗派によって定義が違うが、新約聖書のルカやパウロの言葉を手がかりとして、〈聖霊によって語らせられる、学んだことのない言葉、自分では何を語っているか分からない言葉である。「使徒行伝」第二章の場合は、全世界から集まってきていた人々が、キリストの弟子たちが話していた異言を理解したとある〉。「ペンテコステ」の原義は、ギリシャ語の「五〇番目の日」である。キリスト教では、「聖霊降誕日」を指す。キリストが十字架に掛けられた後に三日目に復活したとされる復活祭（Easter）から（その日を第一日と）数えて五〇日後に、聖霊が降誕してきた日のことである（http://christianity.about.com/od/devotionals/a/Methodist.htm）。

（16）ウィリアムズは、二一歳の時に、アメリカン・ボードの紹介業務に携わるべく、一八三三年、広東に赴任した。その地で、彼は、広東語と日本語の習得に努めた。一八三七年、日本人の船員を雇って、交易を開くべく日本に向かったが、上陸は許されずに引き返した。しかし、日本に同行させた船員たちを広東に住まわせ、自己の日本語能力のレベル・アップを図った。広東で英字新聞（*Chinese Repository*）の発行をした。そして、一八五三年、ペリー提督（Commodore Perry）の対日交渉団の一員として、日本に上陸した。一八七七年米国に帰り、エール大学で米国で最初の中国語教授に就任した。一八八一年には「米国聖書協会」（American Bible Society）の会長を引き受けた（http://www.americanbiblehistory.com/samuel_williams.html）。

（17）グイド・ヘルマン・フリドリン・フルベッキ（フェルベック、一八三〇～九八）は、オランダの法学者・神学者、宣教師。オランダ・ザイスト（Zeist）出身。ユトレヒト（Utrecht）大学で工学を学んだ。日本では発音しやすいようフルベッキと名乗った。一八五九年に長崎に上陸。長崎では洋学校の済美館（せいびかん）の英語教師を務め、一八六四年に校長となる。一八六六年、長崎に設けられた佐賀藩の致遠館（ちえんかん）で、大隈重信や副島種臣（そえじま・たねおみ）らを育成した。一八六九年、上京して開成学校の設立を助け、のち大学南校（東京大学の前身）の教頭となった。その後、太政官顧問を経て、東京一致神学校（明治学院の前身）や学習院の講師となる。一八八六年、明治学院の創設時に理事として関わり、明治学院神学部教授、明治学院理事会議長などを歴任した。一八八七年、明治学院の教授時代にフルベッキは、A Synopsis of all the Japanese Verbs with Explanatory Text and Practical Application という日本語の動詞活用の本を横浜の「ケリー社」（Kelly & Walsh）から出版している。

　一八六九年、明治政府の顧問、つまり、「お雇い外国人」となった。大隈重信に渡した文書で、信教の自由をはじめ、諸々の理解のため政府高官が直接欧米を視察するように建白し、岩倉使節団の米欧派遣の素案となった。また太政官顧問としてのフルベッキは主に各国の法律の翻訳や説明に当たった。

　一八八七年一二月三一日、『旧約聖書』の日本語訳が完成した。この中の「詩篇」と「イザヤ書」はフルベッキの名訳と言われている（http://shiryokan.meijigakuin.jp/archive/people/verbeck）。

（18）安中教会は一八七八年、新島襄から洗礼を受けた湯浅治郎をはじめ三〇名によって創設された（初代の牧師は海老名弾正）。群馬県では最初のキリスト教会であり、同時に、日本人の手により創立された日本で最初のキリスト教会でもある（http://www8.wind.ne.jp/a-church/profile/index.html）。安中は新島襄生誕の地。

　安中教会創設者の湯浅治郎は、安中の醤油醸造業有田屋の当主。自由民権運動に参加。新島の没後、同志社の経営・発展に尽力する。また政府支援による日本組合教会の朝鮮伝道については柏木義円・吉野作造等と共に反対した。出版社警醒社の発起人の一人。後妻の初子は徳富兄弟の姉。詩人で聖書学・図書館学の湯浅半月は弟。国際基督教大学初代学長の八郎は子。一九一六年、安中教会に東大生の矢内原忠雄（後、戦後二代目の東大総長、東大出版会第二代会長）が訪れている。矢内原は新島襄、内村鑑三、柏木義円を生んだ「上州は日本に対して誇るに足る」とその日記に記している（http://d.hatena.ne.jp/ya022978/20110419/1303221342）。

参考文献

邦語

綾部恒雄編［二〇〇五］、『結社の世界史5・クラブが創った国・アメリカ』山川出版社。

李省展［二〇〇六］、『アメリカ人宣教師と朝鮮の近代――ミッションスクールの生成と植民地下の葛藤』社会評論社。

李錬［二〇〇六］、「朝鮮総督府の機関紙『京城日報』の創刊背景とその役割について」、『メディア史研究』二一号、一二月。

家永三郎・松永昌三・江村栄一編［一九八五］、『明治前期の憲法構想』福村出版。

井門富二夫編［一九九二］、『アメリカの宗教――多民族社会の世界観』弘文堂
池田十吾［一九九四］、『石井・ランシング協定をめぐる日米交渉』近代文芸社。

市川正明［一九七九］、『日韓外交史料』〈第二巻〉壬午事変、明治百年史叢書、原書房。

伊藤一男［一九六九］、『北米百年桜』北米百年桜実行委員会。

伊藤之雄［一九九九］、「日露戦争以前の中国・朝鮮認識と外交論」、京都大学法学部百周年記念論文集刊行委員会編［一九九九］所収。

稲田正次［一九六〇］、『明治憲法成立史』（上）有斐閣。

井上円了［一八八七］、『仏教活論・第一篇破邪活論』哲学書院。

井上順孝ほか編［一九九六］、『新宗教教団・人物事典』弘文堂。

岩波書店編集部［一九九一］、『近代日本史総合年表』岩波書店。

植村正久編［一九七九］、『福音週報』（全五一号・復刻版）、友愛書房。

海野福寿［一九九五］、『韓国併合』岩波書店。

大江志乃夫・浅田喬二・三谷太一郎・小林英夫・高崎宗司・若林正丈・川村湊編［一九九三］、『岩波講座・近代日本と植民地』（第四巻）岩波書店。

大西直樹［一九九八］、『ピルグリム・ファーザーズという神話』講談社選書メチエ。

大野謙一［一九三六］、『朝鮮教育問題管見』朝鮮教育会。

小笠原省三［一九二五］、「朝鮮神宮と内鮮融和策の研究」（特集号）、『神道評論』。

小笠原省三編［一九五三］、『海外神社史・上巻』海外神社史編纂会。

小笠原正敏［一九八七］、『教会史』（第四版新装版）（下）日本基督教団出版局。

小川圭治・池明観編［一九八四］、『日韓キリスト教関係史資料、一八七六～一九二二』新教出版社。

尾佐竹猛［一九八五］、「日本国憲法制定史要」、家永ほか編［一九八五］、所収。

外務省調査部編［一九三九］、『日米外交史』。

外務省編纂［二〇〇七］、『日本外交年表竝主要文書』（上）、オンデマンド版、原書房。

柏原祐泉［一九七五］、「明治期真宗の海外布教」、橋本博士退官記念仏教研究論集刊行会編［一九七五］所収。

柏原祐泉編［一九七五］、『真宗資料集成・第一一巻・維新期の真宗』同朋舎。

片山慶隆［二〇〇三］、「日英同盟の成立と日本社会の反応」『一橋法学』第二巻、第二号。

桂太郎［一九五一］、『桂太郎関係文書』、国立国会図書館所蔵。

鎌田茂雄［一九八七］、『朝鮮仏教史』（東洋叢書①）東京大学出版会。

神坂次郎［一九九四］、『天鼓鳴りやまず・北畠道龍の生涯』中公文庫。

カルヴァン、ジャン、渡辺信夫訳［一九六二～六五］、『カルヴァン・キリスト教綱要』（全六巻）新教出版社。改訳版［二〇〇七～〇九］。

川瀬貴也［二〇〇九］、『植民地朝鮮の宗教と学知——帝国日本の眼差しの構築』（越境する近代8）青弓社。

姜渭祚、沢正彦訳［一九七六］、『日本統治下朝鮮の宗教と政治』聖文社。

姜在彦［一九八二］、『朝鮮近代史研究』（第二版）日本評論社。初版は一九七〇年。

姜東鎮［一九七九］、『日本の朝鮮支配政策史研究——一九二〇年代を中心として』東京大学出版会。

姜徳相編［一九六六］、『現代史資料・第二五巻（朝鮮・一）』みすず書房。

姜徳相編［一九六七］、『現代史資料・第二六巻（朝鮮・二）』みすず書房。

姜徳相編［一九七〇］、『現代史資料・第二七巻（朝鮮・三）』みすず書房。

姜徳相編［一九七二］、『現代史資料・第二八巻（朝鮮・四）』みすず書房。

韓国基督教歴史研究所、藏田雅彦・韓晳曦監訳［一九九五］、『韓国キリスト教の受難と抵抗——韓国キリスト教史一九一九—四五』新教出版社。

木田吉勝［一九〇六］、「韓京に神宮を興すの建議に就いて」、内務省神社局［一九〇六］所収。

君塚直隆［二〇〇〇］、「伊藤博文のロシア訪問と日英同盟——イギリス政府首脳部の対応を中心に」、『神奈川県立外語短期大学紀要・総合篇』第二三巻、一二月。

京都大学法学部百周年記念論文集刊行委員会編［一九九九］、『京都大学百周年記念論文集・第一巻』有斐閣。

金一勉［一九八四］、『天皇と朝鮮人と総督府』田端書店。

金正明編［一九六四］、『日韓外交資料集成』（全一〇巻）巌南堂書店。

國學院大學日本文化研究所編［一九九九］、『縮刷版・神道事典』弘文堂。

国立公文書館［一九三九］、『公文類聚』、二A・一二・類二二七五。

黒龍会［一九六六］、『日韓合邦秘史』（全二巻）原書房、初版は一九三〇年。

児玉佳與子［一九九二］、「ワスプの宗教思想――メインライン・プロテスタント伝統の批判的研究」、井門編［一九九二］所収。

小林志保・栗山義久［二〇〇一］、「排耶書『護国新論』、『耶蘇教の無道理』にみる真宗本願寺派の排耶運動」、『南山大学・図書館紀要』第七号。

小松緑編［一九二七］、『伊藤公全集』（全三巻）伊藤公全集刊行会。

小村寿太郎［一九一〇］、「一九一〇年一〇月六日付オブライアン宛て小村書簡」、『日本外交文書』第四三巻、第一号。

小山敏三郎［一九九一］、『セイラムの魔女狩り――アメリカ裏面史』南雲堂。

佐伯有義［一九〇五］、『全国神職会会報』、第六九号。

佐伯啓思［二〇一〇］、「日の陰りの中で――歴史『ものがたり』と『論理』」、『産經新聞』、二月一五日、二面。

佐木秋夫［一九七二］、「国家神道」、『世界大百科事典』第一一巻（初版）平凡社。

桜井匡［一九七一］、『明治宗教史研究』春秋社。

塩野和夫［二〇〇五］、『一九世紀のアメリカンボードの宣教思想Ⅰ、一八一〇～一八五〇』新教出版社。

信夫淳平［一九四二］、『小村寿太郎』（新伝記叢書、第一二巻）新潮社。

信夫清三郎［一九七四］、『日本外交史』（上・下）毎日新聞社。

司馬遼太郎［二〇〇四］、『坂の上の雲』（新装判）（第一巻、第四巻）文藝春秋社。

彰如［一九一七］、「満鮮巡教所感（上）」、『中外日報』六月一七日付。

中奎燮・大槻健・君島和彦訳［二〇〇〇］、『新版韓国の歴史――国定韓国高等学校歴史教科書』（第二版、世界の教科書シリーズ）、明石書店。

菅浩二［二〇〇四］、『日本統治下の海外神社――朝鮮神宮・台湾神社と祭神』弘文堂。

菅田正昭［一九九四］、『古神道は甦る』（タチバナ教養文庫）橘出版。

曹渓宗総務院編［一九五七］、『仏教訴訟事件参考資料』曹渓宗総務院。

曽根暁彦［一九九一］、『アメリカ教会史』（第七版）日本基督教団出版局。初版は、一九七四年。

袖井林二郎［二〇〇四］、『マッカーサーの二千日』（改訂版）中公文庫。

高井弘之［二〇〇九］、『検証「坂の上の雲」』えひめ教科書裁判を支える会。

竹中正夫［一八六八］、「ニューイングランド・ピューリタニズムと日本伝道――アメリカン・ボード日本開教一〇〇年を迎えて」、『同志社アメリカ研究』第五号。

田代和生［二〇〇二］、『倭館――鎖国時代の日本人町』文春新書。

田中明［一九九七］、「日本における朝鮮研究の停滞と関連して」、『海外経済事情』第四五巻、七・八号。

田村光三［一九六六］、「初期マサチューセッツ植民地の宗教社会学的考察一班」、『政經論叢』第三六巻・第一号。

朝鮮開教監督部編［一九二九］、『朝鮮開教五十年誌』大谷派本願寺朝鮮開教監督部。

朝鮮総督府［一九一一］、『朝鮮総督府官報』第二二七号。

朝鮮総督府編［一九一三］、『朝鮮総督府施政年報・明治四十四年版』朝鮮総督府。

朝鮮総督府［一九一五］、『朝鮮総督府官報』第九一一号。

朝鮮総督府［一九一七］、『朝鮮の保護及び併合』朝鮮総督府。復刻、緑陰書房、一九六六年。

朝鮮総督府［一九二〇］、『朝鮮における新施策』朝鮮総督府。

朝鮮総督府［一九二一］、『朝鮮の統治と基督教』朝鮮総督府。復刻、青柳綱太郎・朝鮮総督府『韓国植民策、韓国植民案内・朝鮮の統治と基督教（韓国併合史研究資料）』龍渓書舎、一九九五年。

朝鮮総督府編［一九二二］、『朝鮮総督府施政年報・大正七－九年版』朝鮮総督府。

デイヴィス、J・D、北垣宗治訳［一九七七］、『新島襄の生涯』（一〇〇万人の創造選書二〇）小学館。

寺内正毅［一九六四］、『寺内正毅文書』、国立国会図書館所蔵。

徳富蘇峰編［一九一七］、『公爵桂太郎伝』（上・下巻）故桂公爵記念事業会。『明治百年史叢書・第四九巻』原書房、二〇〇四年。

徳富蘇峰編［一九二九］、『素空山縣公伝』山縣公爵伝記編纂会。

徳富蘇峰編［一九六九］、『公爵山縣有朋伝』（下）山縣有朋公記念事業会、一九六九年復刻、原書房。

富坂キリスト教センター編［一九九五］、『日韓キリスト教関係史資料Ⅱ』新教出版社。

戸村正博編［一九七六］、『神社問題とキリスト教』新教出版社。

内務省神社局［一九〇六］、『神社協会雑誌』第五四五号。

中尾祖応編［一九〇二］、『甫水論集』東京博文館。

中島三千男［一九七六］、「大日本国憲法第二八条「信仰自由」規定成立の前史――政府官僚層の憲法草案を中心に――」、『日本史研究』一六八号。

長田彰文［一九九二］、『セオドア・ルーズベルトと韓国』未來社。

中塚明［二〇〇九］、『司馬遼太郎の歴史観――その「朝鮮観」と「明治栄光論」を問う』高文社。

中濃教篤［一九七六］、『天皇制国家と植民地伝道』国書刊行会。

中濃教篤［一九九七］、（研究ノート）「『宗教法』の歴史的変遷と社会変動」、『現代宗教研究』第三一号。

西村寿行［一九八四］、『虚空の影落つ』徳間文庫。

新渡戸稲造［一九三一］、『偉人群像』実業之日本社。新渡戸稲造全集編集委員会『新渡戸稲造全集』（全二三巻・別巻二巻）教文館、第五巻、一九八四年に所収。

ネルー、ジャワーハルラール（Nehru, Jawaharlal）、大山聡訳［一九六六］、『父が子に語る世界歴史、第四巻「激動の十九世紀」』みすず書房。

萩原延壽［二〇〇八］、『帰国・遠い崖8・アーネスト・サトウ日記抄』朝日新聞社。

橋本博士退官記念仏教研究論集刊行会編［一九七五］、『仏教研究論集』清文堂。

馬場恒吾［一九三七］、『木内重四郎伝』ヘラルド社。

韓晳曦［一九八八］、『日本の朝鮮支配と宗教政策』未来社。

韓守信［二〇〇四］、「韓国併合および武断統治期における朝鮮総督府の宗教政策――非西欧系宗教と西欧系宗教の比較を通して――」、『基督教研究』第六六巻第一号。

比嘉康文［二〇一〇］、「尖閣列島と琉球」、『情況』二〇一〇年一二月・二〇一一年一月合併号。

菱木政晴［一九九三］、「東西浄土真宗教団の植民地布教」、大江志乃夫ほか［一九九三］所収。

平山洋［一九九二］、「朝鮮総督府の宗教政策」、源了円・玉懸博之共編［一九九二］所収。

福沢諭吉［一八七三］、『改暦弁』慶應義塾大学出版会。

藤田正勝・安富信哉［二〇〇二］、『清沢満之』法蔵館。

藤村道生［一九七三］、『日清戦争』岩波新書。

二葉憲香・福嶋寛隆編［一九七三～七八］、『島地黙雷全集』（全五巻）本願寺出版協会。

ベルツ、トク編、菅沼竜太郎訳［一九七九］、『ベルツの日記』（上）岩波文庫。

増井志津代［二〇〇六］、『植民地時代アメリカの宗教思想――ピューリタニズムと大西洋世界』上智大学出版
松尾尊兊［一九六八ａ］、「日本組合教会の朝鮮伝道――日本プロテスタントと朝鮮（一）」、『思想』第五二九号。

松尾尊兊［一九六八ｂ］、「三・一運動と日本プロテスタント――日本プロテスタントと朝鮮（二）」、『思想』、五三三号。

丸山眞男［一九六四］、『現代政治の思想と行動』（増補版）未来社。

三上一夫［二〇〇〇］、「護法一揆」、『日本歴史大事典2』小学館。

源了円・玉懸博之共編［一九九二］、『国家と宗教、日本思想史論集』思文閣出版。

峰島旭雄［一九七二］、「明治期における西洋哲学の受容と展開（7）――井上円了の排耶論――」、『早稲田商学』一二月号。

三宅守常編［二〇〇七］、『三条教則衍義書資料集』（全二巻）錦正社。

陸奥宗光［一九八三］、中塚明校注『新訂・蹇蹇録』岩波文庫。

村井章介［一九九三］、『中世倭人伝』岩波新書。

明治文化研究会編［一九二九］、『明治文化全集・第二四巻・雑史編』日本評論社。

森孝一［一九九〇］、「ジョサイア・ストロングと社会的福音」、『基督教研究』第五一巻第二号。

森山茂徳［一九八七］、『近代日韓関係史研究――朝鮮植民地化と国際関係』東京大学出版会。

『八重山毎日新聞』［一九九五］、「上陸・尖閣諸島・下」、六月二三日付。

安丸良夫・宮地正人編［一九八八］、『日本近代思想大系5・宗教と国家』岩波書店。

柳田国男［一九四二］、『日本の祭』弘文堂。

山辺健太郎［一九六六］、『日韓併合小史』岩波新書。

梁賢恵［一九九六］、『尹致昊と金教臣・その親日と抗日の論理――近代朝鮮における民族的アイデンティティとキリスト教』新教出版社。

尹慶老［一九九〇］、『一〇五人事件と新民會研究』一志社。

横田康［一九二六］、『朝鮮神宮紀』国際情報社。

吉岡吉典［二〇〇九］、『「韓国併合」一〇〇年と日本』新日本出版社。

吉田久一［一九八五］、「護法一揆」、『国史大辞典5』吉川弘文館。

吉野作造［一九九五］、『吉野作造選集九』岩波書店。

吉野誠［二〇〇四］、『東アジア史のなかの日本と朝鮮』明石書店。

吉村昭［一九七九］、『ポーツマスの旗――外相・小村寿太郎――』新潮社。

龍頭神社社務所［一九三六］、『龍頭神社史料』、国立公文書館［一九三六］、所蔵。

和田春樹・石坂浩一編［二〇〇二］、『岩波小辞典・現代韓国・朝鮮』岩波書店。

和田春樹［二〇〇九］、『日露戦争、起源と開戦（上・下）』岩波書店。

渡瀬常吉［一九一三］、『朝鮮教化の急務』警醒社書店。

渡辺利夫［二〇一〇］、「正論――『陸奥宗光よ、ふたたび』を思う」、『産經新聞』、一二月一五日、九面。

外国語

Bergholz, Leo A.［1934］, "Bergholz to the Secretaries of the American Missionary Stations in Korea, 24 January 1919," *Foreign Affairs of the United States, 1919*, vol. II, Government Printing Office.

Best, Ernst E.［1966］, *Christian Faith and Culture Crisis, The Japanese Case*, E. J. Brill.

Blair, William E. & Bruce F. Hunt［1977］, *The Korean Pentecost and the Sufferings Which Followed*, The Banner of Truth Trust.

British Chamber of Commerce［1916］, "Manchurian Trade," *British Chamber of Commerce Journal —China*, 1, 5, 1.

Brown, Arthur［1919］, *The Mastery of the Far East*, Charles Scribner's Son.

Bruder, Otto［1946］, *Das Dorf auf dem Berge*（Eine Begebenheit. Erzählt von Peter Holzschuh）, Evangelischer Verlag（Gebundene Ausgabe）. 邦訳、ブルーダー、O、森平太訳、『嵐の中の教会――ヒトラーと戦った教会の物語』新教新書、一九八九年。

Cain, Peter（ed.）［1996］, *Free Trade Under Pressure, 1904-13*, vol. 4 of *Free Trade and Protectionism*, Routledge/Toemmes Press.

Caldarola, Carl［1979］, *Christianity: the Japanese Way*, E. J. Brill.

Chung, Chong Wha & J. E. Hoare［1984］, *Korean-British Relations: Yesterday, and Tomorrow*, Center for International Studies of Ch'ongju University.

Clark, Allen D.［1971］, *A History of the Church in Korea*, Christian Literature Society of Korea.

Clark, Donald N.［1986］, *Christianity in Modern Korea*, The Asia Society, Asian Agenda Report 5, University Press of America.

Conroy, Francis Hillary & T. Scott Miyagawa（eds.）［1972］, *East Across the Pacific: Historical and Sociological Studies of Japanese Immigration and Assimilation*, ABC-Clio Press.

Copplestone, J. Tremayne［1973］, *History of Methodist Missions*, Vol. 4, The Board of Global Ministries of the United Methodist Church.

Cotton, John［1636］, "Copy of a Letter from Cottton to Loard Say and Seal," in Miller et.al.（eds.）［1963］.

Danniels, Roger［1962］, *The Politics of Prejudice: The Anti-Japanese Movement in California and the Japanese Exclusion*, University of California Press.

Dennett, Tyler［1924］, "President Roosevelt's Secret Pact with Japan," *Current History*, XXI.

Department of State Archives［1905］, Miscellaneous Letters, July, Part 3.

Esthus, Raymond A.［1967］, *Theodore Roosevelt and Japan*, University of Washington Press.

F. O.（British Foreign Office Records）［1907］-［1910］, Japan Correspondence.

Franke, Otto [1923], *Die Grossmächte in Ostasien von 1895 bis 1914*, Verlag George Westemann.

Grayson, James H. [1984], "The Manchurian Connection: The Life and Work of The Rev. Dr. John Ross," in Chun & Hoare [1984].

Grayson, James H. [1985], *Early Buddhism and Christianity in Korea: A Study in the Implantation of Religion*, E. J. Brill.

Grayson, James H. [1993], "Christianity and State Shinto in Colonial Korea: a Clash of Nationalisms and Religious Beliefs," *Diskus*, Vol. 1, No. 2.

Holton, D. C. [1943], *Modern Japan and Shinto Nationalism*, University of Chicago Press. 邦訳、ホルトン、D・C、深沢長太郎訳、『日本の天皇と神道』逍遙書院、一九五〇年。

Hosmer, James Kendall (ed.) [1846], 'History of New England, 1630～1649,' *Winthrop's Journal*, vol.1.

Hotta-Lister, Ayoka [1999], "The Anglo-Japanese Treaty Revision of 1911," International Studies Discussion Paper, IS/99/377, LSE.

Hunt, Michael H. [1973], *Frontier Defence and the Open Door: Manchuria in Chinese-American Relations*, 1895-1911, Yale University Press.

Hunter, Janet [2003], "The Anglo-Japanese Alliance and the Development of the International Economy," The Suntory Centre, *Studies in the Anglo-Japanese Alliance (1902-1923)*, Discussion Paper, No. IS/03/443, January.

Hyndman, Henry Mayers [1919], *The Awakening of Asia*, Cassell & Co.

Kay, Anderson [1995], *Vancouver's Chinatown: Racial Discourse in Canada, 1875-1980*, McGill-Queen's University Press.

Keene, Donald [2002], *Emperor of Japan: Meiji and His World, 1852-1912*, Columbia University Press. 邦訳、キーン、ドナルド、角地幸男訳『明治天皇』(全四冊)新潮文庫、二〇〇七年。

Kelley, Ninette & Michael J. Trebilcock [1998], *The Making of the Mosaic: a History of Canadian Immigration Policy*, University of Toront Press.

Kenwood, A. G. & A. L. Lougheed [1992], *The Growth of the International Economy, 1820-1990*, 3rd edition, Routledge.

Law, Andrew Bonar [1910], "Tariff Reform and the Cotton Trade," *The National Review*, vol. 56, December 1910. repr. in Cain (ed.) [1996].

Lawton, Lancelot [1912], *The Empires of the Far East*, 2 vols., Grant Richards, Ltd., vol. 2.

Lee, Ki Baik, translated by Wagner, Edward W. [1984], *A New History of Korea*, Harvard U. P.

Lone, Stewart [1991],"The Japanese Annexation of Korea 1910: The Failure of East Asian Co-prosperity," *Modern Asian Studies*, Vol. 25, No. 1, February.

Lowe, Peter [1969], *Great Britain and Japan, 1911-15: a Study of British Far Eastern Policy*, Macmillan;

Macmurray, John Van Antwerp [1935] (Waldron, Arthur (ed.) [1991]), *How the Peace Was Lost: The 1935 Memorandum: Developments Affecting American Policy in the Far East* (Hoover Archival Documentaries), Hoover Institute. 邦訳、マクマリー、ジョン(ウォルドン、アーサー編)、北岡伸一訳『平和はいかにして失われたか――大戦前の米中日関係もう一つの選択肢』原書房、一九九七年。

Maddison, Angus [2001], *The World Economy: a Millennial Perspective*, Development Centre, OECD.

Mason, Mark [1992], *American Multinationals and Japan: the Political Economy of Japanese Capital Controls, 1899-1980*, Harvard University Press.

Matsui, Masato [1972],"The Russo-Japanese Agreement of 1907: Its Causes and the Progress of Negotiations," *Modern Asian Studies*, Vol. 6, No. 1.

McKenzie, Fred A. [1906], *The Colonial Policy of Japan in Korea*, Central Asian Society.

Miller, Perry & Thomos H. Johnson (eds.) [1963], *The Puritans, A Sourcebook of Their Writings*, Harper.

Moulton, Harold [1931], *Japan: an Economic and Financial Appraisal*, The Brookings Institution.

Nagata, Akifumi [2005],"American Missionaries in Korea and U. S.- Japan Relations 1910-1920," *The Japanese Journal of American Studies*, No. 16.

Nish, Ian [1966], *The Anglo-Japanese Alliance: the Diplomacy of Two Island Empires, 1894-1907*, Athlone Press.

Paik, Lak Geoon, George [1929] *The History of Protestant Missions in Korea: 1832 - 1910*, Yonsei University Press, revised edition, 1971.

Sauer, Charles A. [1973], *Methodist in Korea: 1930-1960*, Christian Literature Society of Korea.

Sokolsky, George E. [1932], *The Lytton Report: an address before the League of Nations Association at New York*, October 13, the League of Nations Association.. 外務省全訳『リットン報告書』東治書院、一九三二年。

Strong, Josiah [1885], *Our Country: Its Possible Future and its Present Crisis*, the American Home Missionary Society.

Sugimoto, Howard [1972], "The Vancouver Riots of 1907: a Canadian Episode," in Conroy & Miyagawa (eds.) [1972].

Suzuki, Toshio [1994], *Japanese Government Loan Issues on the London Capital Market, 1870-1913*, Athlone Press.

Tawney, Richard Henry [1954], *Religion and the Rise of Capitalism, A Historical Study*, Mentor Books, 1st ed., 1926. 邦訳、トーニー、出口勇蔵・越智武臣訳『宗教と資本主義の興隆——歴史的研究』(上巻)岩波文庫、一九五六年。

Udagawa, Masaru [1990], "Business Management and Foreign-Affiliated Companies in Japan before World War II," in Yuzawa & Udagawa (eds.) [1990].

Vos, Frits [1977], *Die Religionen Koreas*, Verlag W. Kohlhammer.

Walker, David [1999], *Anxious Nation: Australia and the Rise of Asia, 1850-1939*, University of Queensland Press.

Wilson, Hungtinton [1911], "Wilson to O'Brien, 17 September 1910," *Foreign Relations of the United States, 1911*, Government Printing Office.

Wilson, Robert. A. & Bill Hosokawa [1980], *East to America; A History of the Japanese in the United States.*, William Morrow and Company, Inc.

Winthrop, John [1636], "Winthrop's Speech to the General Court, July 3, 1945, in Miller et.al. (eds.) [1963].

Winthrop, John [1645], "Copy of a Letter to Mr. Hooker, August 28, 1638, in Hosmer, (ed.) [1846].

Yuzawa, Takeshi & Masaru,Udagawa (eds.) [1990], *Foreign Business in Japan before World War II*, University of Tokyo Press.

あとがき

本書を執筆する過程で、本屋に立ち寄る度に、保守派の出版物が増えているのに、いわゆる進歩派に属する刊行物は激減しているという事実を思い知らされた。保守派の議論には定型がある。民族国家の強化を繰り返し声高に叫ぶという型がそれである。

周知のように、戦争遂行時には、日本の軍部・マスコミは「大東亜戦争」という用語で通してきた。しかし、敗戦後は、ＧＨＱの横槍もあって、「太平洋戦争」という言葉が慣用的に使用されるようになった。日本が巻き込んだアジアにおける戦争の命名の仕方によって、人それぞれの思想が踏み絵を迫られている。

日本はアジアを侵略していないというのが、保守派の見解であるが、いかなる理由であれ、他国の領土で戦うことはれっきとした侵略である。

現地人を教化したというのが、侵略者たちの免罪符であるが、それでは、なぜ日本人は現地から叩き出されてしまったのか。

戦争中に私たち家族が疎開していた地域は、広島県の安浦という所である。身を寄せてもらった家は、急峻な丘の中腹にあり、眼下には潮流の早い瀬戸が美しく横たわっていた。軍港の呉が近くにあったことから、巨大な爆撃機のＢ29が頻繁に飛来していた。低い爆音は腹の底に響いた。山から連れてこられた新米の兵隊が、水泳訓練のために海に投げ込まれていた。広島の海は、牡蛎が付着した石ころがごろごろしていて、干潮時（潮が「みてる」という）には、牡蛎で足を切るので、満潮時（潮が「みつる」という）に新米兵は船から海に突き落とされた。強引に泳ぎを覚えさせるという、まさに軍隊式教練であった。私は、数度、その訓練で溺死した人を見た。幼児の私は、号令をかける兵隊の指揮官を嫌悪していた。そして、最後は、ピカドンを見た。一家の働き手を激戦地で失った叔母を見るのは辛かった。

疎開先から屋根のない貨車に長時間揺られてやっと神戸に帰ってきたが、駅頭から見た焼け野原の光景は、いまだに目に焼き付いている。一面に瓦礫が広がっていた。神戸でも辛い思い出がある。悪餓鬼たちが、「一銭五厘の月給で、便所の掃除も辛かろう」と韓国・朝鮮人に悪罵を投げつけていた。韓国・朝鮮人の目に浮かんだ涙を私は生涯忘れない。いまは亡き私の父親を私は心から尊敬していたが、軍需工場の熟練工であった父親は徴兵されなかった。それが負い目であったのだろう。父親からは、「大きくなったら兵隊さんになれ」と聞かされて私は育った。

当時の日本人たちが、韓国・朝鮮人をもう少し暖かく扱っていたら、また、それまで敵国であった米国に、一瞬にしてすり寄るという、あきれるような身の変わり方をしていなければ、日本人はこれほどまでに憎まれることはなかっただろうにと、私は心底から思う。にもかかわらず、「日本人は自虐史観に毒されるな」というスローガンが多くの人の心に根付くようになっている。

しかし、日本政府や日本軍、日本の官憲、日本の民衆が、日本の支配下にあった現地の人たちとの暖かい交情ができていたら、さらに、自己中心の「主我主義」ではなく、自らの身を犠牲にしても、他人を助けるという「利他主義」の心を私たちが持っていたら、日本はアジアでの孤立感を深めることもなかったであろう。

前回の戦争の戦没者は三一〇万人であった。うち、非戦闘員の死者数は八〇万人であった。戦前、天皇は「生き神様」であった。生きている神様が統帥権を付与されていた。お気の毒にも、天皇の一身に宗教的権力と政治的権力が集中させられていた。よく言われている「日本的ナショナリズム」は、天皇だけに民族の保護者としての役割を押しつけていたものである。これは、逆説的に言えば、「神聖にして侵すべからず」の天皇は別格なので、事が行き詰まった時、責任の所在は雲散霧消することになる。

吉本隆明は言う。

「日本人というのは、国民性というのか、昔から、伝統的にあいまいなところがあって、状況にすぐなびいちゃうというところがあるんです」(吉本隆明・田近伸和『私の「戦争論」』ちくま文庫、二〇〇二年、八七ページ)。

広島の原爆慰霊碑には、「安らかに眠って下さい、過ちは繰返しませぬから」という文字が刻まれている。しかし、戦争は、毎日、地球上のどこかで繰り返され、無辜の民が殺されている。

主語のない反省は、誰も責任を取らず、ふたたび同じ過ちを犯すことに連なる。過ちの経緯と真相は不問に付され、「あの時は正しかった」という主張が繰り返される。そこには、無意味に殺される他者への鎮魂の念はない。

一九四五年七月二四日に、神戸市にある川崎車両、三菱重工業、神戸製鋼所、国有鉄道工場（鷹取工場）に模擬原爆が投下された。それは、原爆投下のための訓練として、爆薬が装填されたプルトニウム型原爆（長崎型原爆）と同重量、同型のパンプキン爆弾であった。そして、いまなお不発弾が掘り起こされている（http://www.city.kobe.lg.jp/information/institution/institution/document/kushu/kushu30.html）。

ポツダム宣言受諾のわずか二〇時間前、一トン爆弾が大阪を火の海に化した。B29が二〇〇機ほど大阪を空襲した。大阪城東の造兵廠が壊滅した。B29のパイロットは地上の焦熱地獄などまったく見なかったであろう。戦争は、鎮魂の念を希薄にさせる。

この地獄は終わったのか。誰しもこの問いを発するべきである。

二〇一一年三月一一日の東日本大地震・大津波の被災地は、原発事故については予断を許さないが、早期に復旧するであろう。瓦礫の処理、港湾設備の復旧は目を見張るものとなるであろう。そして、日本人は相変わらず強い「現場力」を持つと政治家も評論家も賛美するであろう。それはそれですばらしいこととして素直に認めなければならない。しかし、システムが何一つ変えられない可能性もある。

神戸市がそうであった。

私は、一九九五年一月一七日の阪神・淡路大震災の直撃を受けた。父母を含む親族が被災の後遺症に苦しんだ末になくなった。地上の火事を消す水が出なかった。火の恐怖におののく私たちの上空を報道陣のヘリコプターが爆音を響かせて旋回していた。腹立たしかった。悔しかった。せめて、放水してくれとヘリコプターに向かって罵ることしかできなかった。

阪神・淡路大震災前は、神戸市の行政が繰り返してきた「山、海へ行く」という山を削り、海を埋め立てるという乱開発は、「瀬戸内海環境保全特別措置法」(一九七三年一一月二日施行)によって、埋め立てによる人工土地、人工島建設には一定の歯止めがかけられていた。しかし、震災以後、その法律は棚上げされ、「復興」の合い言葉によって、震災前に倍する埋め立てが強行されたのである。危機が次の危機を用意しているのである。これが、神戸の教訓である。

小田実(おだ・まこと)は言った。全員が「共生」を言い募りだしたことが危なっかしいと。

「〈共生〉は過去のけじめをはっきりつけてから言うものだ。これでは、本能的な意図とは別に〈大東亜共栄圏〉の再来となる」(小田実『被災の思想・難死の思想』朝日新聞社、一九九六年、六〇七ページ)。

本書の狙いは、まさにこの視点にある。「韓国併合」のケジメは可能なかぎり付けておこう。とくに、思想の領域では、きちんとしておこうと。

もはや、「古来稀」ではなくなった齢を迎えて、他者を包み込む「非主我」の思想を得たく願う日々である。

二〇一一年六月一八日　神戸大空襲六七周年の日に　神戸御影にて

本山美彦

著者紹介

本山　美彦（もとやま・よしひこ）

世界経済論専攻。1943年神戸市生まれ。現在、大阪産業大学学長。京都大学名誉教授。元・福井県立大学経済学部教授。社団法人・国際経済労働研究所理事。元・日本国際経済学会長（1997～99年、現在、顧問）。元・京都大学大学院経済学研究科長兼経済学部長（2000～02年）。元・日本学術会議第一八期第三部（経済学）会員（2000～03年）。

金融モラルの確立を研究テーマにしている。

最近の主な著書に、『論理なき資本主義の時代』（三嶺書房、1996年）、『売られるアジア』（新書館、2000年）、『ドル化』（シュプリンガーフェアラーク、2001年）、『ESOP――株価資本主義の克服』（シュプリンガーフェアラーク、2003年）、『民営化される戦争』（ナカニシヤ出版、2005年）、『売られ続ける日本、買い漁るアメリカ』（ビジネス社、2006年）、『姿なき占領』（ビジネス社、2007年）、『金融権力』（岩波新書、2008年）、『格付け洗脳とアメリカ支配の終わり』（ビジネス社、2008年）、『集中講義・金融危機後の世界経済を見通すための経済学』（作品社、2009年）、『オバマ現象を解読する――金融人脈と米中融合』（ナカニシヤ出版、2010年）など多数。

韓国併合《かんこくへいごう》――神々《かみがみ》の争《あらそ》いに敗《やぶ》れた「日本的精神《にほんてきせいしん》」――

2011年8月15日　第1版第1刷発行

著　者――本　山　美　彦

発行者――橋　本　盛　作

発行所――株式会社 御茶の水書房

〒113-0033 東京都文京区本郷5-30-20

電話 03-5684-0751

Printed in Japan

組版・印刷／製本――株式会社タスプ

ISBN978-4-275-00940-1 C3010

人名索引

【あ　行】

【か　行】

【さ　行】

【た　行】

【な　行】

【は　行】

【や　行】

【ら　行】

【わ　行】

事項索引

【か　行】

【さ　行】

【た　行】

【な　行】

【は　行】

【ま　行】

【や　行】

【ら　行】

【わ　行】